REDACTARIO

Sencillas recetas para redactar con soltura y distinción

ERIC A. ARAYA

REDACTARIO

Sencillas recetas para redactar con soltura y distinción

OCEANO

REDACTARIO
Sencillas recetas para redactar con soltura y distinción

© 2021, Eric A. Araya

Diseño de portada: Ivonne Murillo

D. R. © 2021, Editorial Océano de México, S.A. de C.V.
Guillermo Barroso 17-5, Col. Industrial Las Armas
Tlalnepantla de Baz, 54080, Estado de México
info@oceano.com.mx

Primera edición: 2021

ISBN: 978-607-557-384-7

Impreso en México / Printed in Mexico

A Cosita y a Cosita Anaíssa

AGRADECIMIENTOS

A todos quienes de alguna manera contribuyeron al desarrollo de esta obra... A mi esposa, mi gran apoyo, desde siempre, desde antes de todo y nada. A mi madre, siempre presente, sin tiempo, sin distancia.

A Leonardo Crespo y a Miguel Amaranto, por su confianza y su inyección de fe a mi labor.

A todos mis alumnos, por ayudarme, sin saberlo, a elaborar este libro; especialmente a los que desde 2014 han fungido como tales, por ayudarme a afinarlo y ajustarlo.

Y por qué no, a Mingo, Travis, Yoko y Yumi, por estar siempre ahí, incondicionales.

A todos, infinitas gracias.

AGRADECIMIENTOS

ÍNDICE

PRESENTACIÓN

Sin que yo lo supiera entonces, este libro comenzó a fraguarse en 2016, en el norte de México. Fue en un receso, café en mano. Entre referencias de libros, películas y música, también de política, y una que otra cháchara, todo propio de la camaradería, una alumna se encaminaba a encajar el primer móvil. Mientras sus ojos comenzaban a acrecentar un inusitado resplandor, fue planteándome con total entusiasmo lo que para ella era una idea "genial": tener un libro con todo lo que trataba el curso que nos convocaba, el que ella estaba tomando. Así, tal cual, con la misma disposición, el mismo talante; tal vez un poquito más largo, ya que íbamos a medio camino.

Por supuesto, lo tomé (o eso creí) únicamente como un elogio; eso de que alguien me planteara semejantes ideas ya había sucedido antes. Por redes sociales me lo habían solicitado en no pocas ocasiones, por lo demás, y dos años antes ya me habían preconizado con una solicitud similar, aunque con la lectura como tema, con un ramillete heterogéneo de alumnos y con otra ciudad como escenario, aquella vez en el centro de México. Claro, en aquel lejano instante, en el centro, al calor del encomio, pensé en hacerles caso inmediatamente, cómo no. Comenzaría ese mismo día. Pero, horas después, ya con la mente fría, no tuve más remedio que desistir. Proyectos así implican mucho trabajo, además de muchas privaciones. Y hay que sumar que por aquel entonces yo estaba en pleno proceso de un titánico proyecto de investigación; asimismo, tenía otros tantos proyectos, literarios, acumulándose tenazmente y ciertas vicisitudes venían vapuleándome con rigor desde hacía algún tiempo. Eso sí, algún día lo haría; quién sabe cuándo. Sí, algún día.

¿Pero qué tenía en particular aquel curso? Consistía en un manojo de cápsulas, progresivas y de una sencillez considerable. Cada una era una pequeña fórmula, como una receta. Además, las cápsulas se apoyaban en ejemplos seleccionados de gente de letras. Esto último respondía, primero, a la precisión de evitarme la desconfianza de algunos —lo que sucede más seguido de lo que un editor divulgador y enseñador quisiera— y a, segundo, mi intención de brindar ejemplos que de verdad fueran ejemplificadores —valga justamente la redundancia—, además de excelsos y atrayentes.

Pues bien, para 2019 este libro comenzó a acosarme hasta el punto de tornarse en un espectro intolerable. La visión de aquella norteña había logrado inquietarme de verdad; sin quererlo (?), sus palabras habían sabido acoplarse cautelosamente en la inquietud original, para nunca marcharse, para quedarse esperando los momentos propicios de manifestarse; ese "quién sabe cuándo lo haré" se acercaba, con total desenfreno, a un "pronto lo haré". Faltaba el tiempo y alguna señal, si no divina, al menos agraciada.

Y al final, esta señal llegó. Pero el tiempo siempre faltó, como podrán imaginar, y sigue faltando. El proyecto titánico tuvo que quedar postergado; y mientras escribo estas líneas, en plena pandemia, retomarlo y retomar otros tantos se ha convertido en mi nuevo espectro intolerable.

Y, así, después de poco más de un año, aquí está mi respuesta materializada. Se trata de una obra de carácter pragmático, en el total sentido de la palabra, es decir, en lo práctico, en lo lingüístico e incluso en lo filosófico (al menos en lo de *práctica inteligente*). *Redactario* es prácticamente un curso, uno que va directo al grano, y lo hace con sencillez, evitando a más no poder cualquier tipo de terminología. Es, pues, un libro para cualquiera, sin distinción alguna. Rehúye tenazmente de los barullos la gramática, de la ortografía; únicamente utiliza unos pocos términos totalmente inteligibles, incluso recordables, para el menos perito en el tema. Ejemplo de esto es que he llamado simplemente "nexo" a muchos asuntos, ignorando lo que la gramática suele entender como tal.

Hay en este libro, en un comienzo, una selección rigurosa de los contenidos necesarios para dar con la escurridiza redacción. Para tal, tomé todos los puntos de *Abecé de redacción* (una pormenorizada obra anterior mía); los filtré por medio de diversas actividades académicas, con diversos alumnos, para quedarme finalmente con los absolutamente necesarios en la práctica; y los agrupé en temáticas útiles y en los órdenes reales que, hasta donde he logrado avistar, exige el ejercicio real de la redacción. Para esto, por medio de en verdad muchísimas horas de lectura y especialmente relectura, y apoyándome en todos mis conocimientos y experiencias acumulados, recurrí a la colaboración de numerosos personajes de letras y de pensamiento. No vengo solo, pues, como anticipé; en esta cruzada me acompañan varios amigos —escritores, editores, traductores—, quienes, gracias al derecho de cita, me ayudarán a mostrarles las formas correctas y a dilucidar algunos "secretos". He aquí también un trabajo de corpus. Disfrútelo.

Como sabemos, el lenguaje literario es elevado, contiene tintes muchos más eminentes que los utilizados en nuestra vida cotidiana; no obstante, he tomado las coincidencias, los puntos comunes entre uno y otro lenguaje. Así pues, no hay que temer a la grandilocuencia del lenguaje literario; no es impedimento para aprender, no aquí. Todo lo contrario: nos apoya particularmente con nuestro razonamiento verbal.

El libro busca comodidad y claridad para el que escribe, pero también inteligibilidad en quien lee. Obvio. La comunicación es la meta; y la comunicación no es unilateral, como sabemos. Nos debemos a los lectores, al menos estratégicamente. No tenemos que olvidarlo.

La redacción podría ser relativamente sencilla si nos enfocamos en lo que realmente importa. Ojo... No hay recetas mágicas; sí hay recetas, incluso recetarios, que dan muy buenos resultados. Con todo, siempre surge algo no contemplado, siempre algo nos deja en jaque, sea una excepción, un patrón infranqueable (escondido detrás de otro patrón), una jugarreta de nuestra mente, enmarañada entre las letras... La escritura siempre puede desbordarnos, y lo hará; a pesar de las reglas, siempre hay posibilidad de imprecisión. Así pues, este libro no abarca todo; esto es imposible. Sí abraza muchos parajes, los que en una primera instancia he considerado como los indicados.

Dicho esto, es claro que el libro está destinado a seguir creciendo. Inevitablemente lo hará. Más allá de las sugerencias que sus lectores puedan hacer, de alguna u otra manera alguien o algo me hará saber qué asunto debe ser incluido o qué asunto debe ser mejorado. En uno u otro curso seguiré descubriendo resquicios. Seguiré topándome con alumnos universitarios que no sepan siquiera una pizca de lo planteado en este libro. El libro está destinado a seguir creciendo.

Comencemos, pues, con estas 33 recetas prácticas y caladas, más suplementos. Y esperemos que la obra sea de total satisfacción para usted, y que, en su caso, se sienta con la total libertad de sugerirme mejoras.

ERIC A. ARAYA

ADVERTENCIA

Antes de avanzar por el camino de la redacción, debo advertir sobre dos situaciones que pueden sacar ronchas en algunos. Primero, en este libro utilizo tilde en el adverbio *sólo*, en los pronombres demostrativos y en la *o* que se presenta junto a cifras. Segundo, también aparecen usos de "coma aclaratoria".

Este último punto tiene sus explicaciones particulares en las instancias indicadas, cuando son desplegadas en el libro, y se le suman, al igual que con todos los puntos, múltiples ejemplos de la mano de prestigiosas voces. De todos modos, al final del libro, después de las recetas, viene un apartado llamado GLOSA DE LA ADVERTENCIA INICIAL. Ahí encontrará una justificación, tanto para las tildes como para las comas, por si quiere enterarse.

CÓMO ABORDAR EL LIBRO

Como verá, los contenidos del libro se van acumulado de manera progresiva. Así fueron ideados previamente, y con total deliberación y estudio. De este modo, a pesar de que, por ejemplo, la puntuación es un gran pilar de la obra, no abordo el uso de comas, el uso de punto y coma..., sino que, de acuerdo con metas cognitivas y didácticas, planteo situaciones en las que estos contenidos surgen de manera auténtica y precisa al momento de intentar redactar.

En este contexto, primero, abordo únicamente aspectos clave en la composición de textos, en la elaboración de mensajes; por tanto, no rasgueo situaciones que no afectan este propósito puntual, como uso de mayúsculas o signos de interrogación y de exclamación, situaciones, por lo demás, de una simpleza accesible para cualquiera. Segundo, fiel a la realidad de que existen personas con cierta ventaja al momento de incursionar en la redacción, concedo un complaciente salvoconducto: quien esté un poco o bastante avanzado en asuntos de puntuación —gran parte de este *Redactario*— puede comenzar con las recetas 26 y 27, para luego tomar el orden natural. No obstante, recomiendo desde un comienzo asumir el libro en el dichoso orden natural.

Con el orden sugerido busco que el lector aborde primero la claridad en la enunciación (coherencia local, en la frase). Apunto a frases y oraciones congruentes, con sentido cabal. Al respecto, concibiendo una leve digresión, debo mencionar que hay un factor sobre el que no tengo control alguno: la contradicción entre lo escrito y lo ya estipulado con la experiencia o con lo que nuestra civilización hasta hoy haya logrado atesorar. En palabras sencillas: si lo que redacta es descabellado o peor, hablamos de harina de un costal forastero. Este sentido común es responsabilidad de cada quien. Por último, y retomando, en este orden de sentencias busco equivalencia y afinidad en el contenido (coherencia temática) e información lineal, bien distribuida (coherencia lineal, estructural). Me refiero a progresión y continuidad, de modo que todas las partes del texto estén perfectamente relacionadas, sin rupturas, incongruencias o vacíos. Así fue premeditado el libro, incluso desde antes de ser libro.

Respecto a los títulos, a pesar de que, reitero, el presente no es libro de puntuación, en muchos casos estos rótulos sí hacen alusión a los signos, pero sólo por un asunto de fácil búsqueda en el índice. Plasmar los títulos de acuerdo al escenario comunicativo puntual, especialmente lingüístico, sería aterrador para el lector e iría en contra del alma de este libro: sencillez, alejamiento de los tecnicismos. También hay aspectos estratégicos, como vemos.

En cuanto a marcas en algunas ejemplificaciones, todas las erradas han sido señaladas con una *bolaspa*, ⊗. En algunos casos, especialmente para contrastar con las erradas, para marcar los ejemplos correctos he utilizado una *marca de verificación*, ☑.

También hay llamadas, algunas con signos y otras con números. Las numerales derivan a las respuestas de los ejercicios y, en pocos casos, a explicaciones de situaciones complejas, para satisfacer a quien se interese en profundizar. Todo eso está al final. Y las sígnicas conducen a un pie de nota, con detalles, pequeños detalles, tipo apostillas, o, en su gran mayoría, a las fuentes de los ejemplos. Así pues, si usted lo considera o inevitablemente sucede, puede tomar algunos ejemplos como referencia o, por qué no, indirectas recomendaciones bibliográficas.

Asimismo, además de **negrita**, en muchas ocasiones recurro a la letra VERSALITA (no mayúscula) para remarcar. Da al rótulo un matiz distinto, muy útil para quien intenta explicar.

Hay ejercicios en toda sección o receta que lo permita. Obviamente, son insuficientes para una redacción decorosa. Son, eso sí, una excelente base. La corrección llegará con la práctica sostenida de lo planteado. Empirismo asistido; de eso se trata.

DIAGNÓSTICO

Antes de comenzar con nuestro REDACTARIO, debemos realizar este leve diagnóstico.

Veamos...

1. Redacte un leve texto, de entre 3 y 5 párrafos. Tema: mi experiencia en redacción y las expectativas sobre mi adiestramiento (de aquí en adelante).
2. En los siguientes textos, gran parte de la puntuación fue cambiada por Ⓟ. Resuelva dónde va PUNTO Y SEGUIDO y dónde va COMA.*

[...] *Solamente es el caballo que va y viene* Ⓟ *ellos eran inseparables* Ⓟ *corre por todas partes buscándolo y siempre regresa a estas horas* Ⓟ *quizá el pobre no puede con su remordimiento* Ⓟ *cómo hasta los animales se dan cuenta de cuando cometen un crimen, ¿no?* [...]

[...] *Todo comenzó con Miguel Páramo* Ⓟ *sólo yo supe lo que le había pasado la noche que murió* Ⓟ *estaba yo acostada cuando oí regresar su caballo rumbo a la Media Luna* Ⓟ *me extrañó porque nunca volvía a esas horas* Ⓟ *siempre lo hacía entrada la madrugada* Ⓟ *iba a platicar con su novia a un pueblo llamado Contla* Ⓟ *algo lejos de aquí* Ⓟ *salía temprano y tardaba en volver* Ⓟ *pero esa noche no regresó... ¿Lo oyes ahora? Está claro que se oye* Ⓟ *viene de regreso.* [...]

[...] *Demostró ser una joya de niñera* Ⓟ *qué meticulosa era a la hora del baño* Ⓟ *lo mismo que en cualquier momento de la noche si uno de sus tutelados hacía el menor ruido* Ⓟ *por supuesto, su perrera estaba en el cuarto de los niños* Ⓟ *tenía una habilidad especial para saber cuándo no se debe ser indulgente con una tos y cuándo lo que hace falta es abrigar la garganta con un calcetín* Ⓟ *hasta el fin de sus días tuvo fe en remedios anticuados como el ruibarbo y soltaba gruñidos de desprecio ante toda esa charla tan de moda sobre los gérmenes y cosas así.* [...]

[...] *Por raro que parezca* Ⓟ *no fue en el agua donde se encontraron* Ⓟ *Garfio se subió a la roca para respirar y en ese mismo momento Peter la escaló por el lado opuesto* Ⓟ *la roca estaba resbaladiza como un balón y más bien tenían que arrastrarse en lugar de trepar* Ⓟ *ninguno de los*

---

* Juan Rulfo, *Pedro Páramo*; J. M. Barrie, *Peter Pan*.
Nota 1: en los textos que tenían PUNTO Y SEGUIDO, la primera letra de la siguiente palabra fue cambiada por minúscula. ¿Por qué? Porque la idea es no soplar cuándo va PUNTO Y SEGUIDO. Nota 2: en el segundo texto hay un caso de DOS PUNTOS ([...] *tropezaron con el brazo del contrario: sorprendidos* [...]). Considérelo un PUNTO Y SEGUIDO ([...] *tropezaron con el brazo del contrario. Sorprendidos* [...]).

dos sabía que el otro se estaba acercando Ⓟ *al tantear cada uno buscando un asidero tropezaron con el brazo del contrario: sorprendidos* Ⓟ *alzaron la cabeza; sus caras casi se tocaban; así se encontraron.* [...]

[...] *Algunos de los héroes más grandes han confesado que justo antes de entrar en combate les entró un momentáneo temor* Ⓟ *si en ese momento eso le hubiera ocurrido a Peter, yo lo admitiría* Ⓟ *al fin y al cabo, éste era el único hombre al que el Cocinero había temido* Ⓟ *pero a Peter no le dio ningún miedo* [...]

RESPUESTAS Y OBSERVACIONES

1. Guarde el texto, y revíselo una vez concluido este REDACTARIO. Se sorprenderá.
2. Como veremos, en la gran mayoría de los casos iba PUNTO Y SEGUIDO:

[...] *Solamente es el caballo que va y viene. Ellos eran inseparables. Corre por todas partes buscándolo y siempre regresa a estas horas. Quizá el pobre no puede con su remordimiento. Cómo hasta los animales se dan cuenta de cuando cometen un crimen, ¿no?* [...]

[...] *Todo comenzó con Miguel Páramo. Sólo yo supe lo que le había pasado la noche que murió. Estaba yo acostada cuando oí regresar su caballo rumbo a la Media Luna. Me extrañó porque nunca volvía a esas horas. Siempre lo hacía entrada la madrugada. Iba a platicar con su novia a un pueblo llamado Contla, algo lejos de aquí. Salía temprano y tardaba en volver. Pero esa noche no regresó... ¿Lo oyes ahora? Está claro que se oye. Viene de regreso.* [...]

[...] *Demostró ser una joya de niñera. Qué meticulosa era a la hora del baño, lo mismo que en cualquier momento de la noche si uno de sus tutelados hacía el menor ruido. Por supuesto, su perrera estaba en el cuarto de los niños. Tenía una habilidad especial para saber cuándo no se debe ser indulgente con una tos y cuándo lo que hace falta es abrigar la garganta con un calcetín. Hasta el fin de sus días tuvo fe en remedios anticuados como el ruibarbo y soltaba gruñidos de desprecio ante toda esa charla tan de moda sobre los gérmenes y cosas así.* [...]

[...] *Por raro que parezca, no fue en el agua donde se encontraron. Garfio se subió a la roca para respirar y en ese mismo momento Peter la escaló por el lado opuesto. La roca estaba resbaladiza como un balón y más bien tenían que arrastrarse en lugar de trepar. Ninguno de los dos sabía que el otro se estaba acercando. Al tantear cada uno buscando un asidero tropezaron con el brazo del contrario: sorprendidos, alzaron la cabeza; sus caras casi se tocaban; así se encontraron.* [...]

[...] *Algunos de los héroes más grandes han confesado que justo antes de entrar en combate les entró un momentáneo temor. Si en ese momento eso le hubiera ocurrido a Peter, yo lo admitiría. Al fin y al cabo, éste era el único hombre al que el Cocinero había temido. Pero a Peter no le dio ningún miedo* [...]

¿Sorpresa? La puntuación es clave en la redacción; gran parte del proceso está centra-
do en la colocación de estos signos...

Ahora bien, por medio de este REDACTARIO tendremos la posibilidad de derribar
ciertos mitos. Ya pudo ver uno. ¿Sí? ¿Aún no?

Ahora bien, para que no se sienta mal: si pensó que antes de *pero* iba coma, no está
del todo mal. Antes de *pero* puede ir COMA, PUNTO Y COMA O PUNTO, o simplemente
podría haber ausencia de puntuación; dependerá del caso puntual y de las intenciones del redactor. Pronto lo analizaremos...

I

CONCIBIENDO TEXTOS CLAROS Y ARMONIOSOS

La redacción basa gran parte de su ejecución en el orden. Sin este atributo, todo lo demás es infructuoso. En consecuencia, debemos comenzar a cultivarlo y convertirlo en un hábito.

El orden es clave, por lo demás, en nuestras vidas. Y la redacción no es la excepción. Por ejemplo, nuestras cocinas están (o deberían estar) ordenadas: un lugar para cada cosa y cada cosa en su lugar. Es así como preparar alimentos no se convierte en una hazaña cotidiana de grandes proporciones. Lo mismo con nuestras cómodas: un cajón para determinadas prendas, una, dos o más; tenemos posibilidades. Destinamos y dispensamos. Si no fuera así, si no tuviéramos un orden mínimo establecido, nadie sería capaz de encontrar con facilidad algo en ellas, ni siquiera nosotros mismos. Podemos alterar, claro está, pero no desordenar; y sí podemos también instaurar una nueva orientación.

Por otro lado, además del orden en asuntos discursivos, esta sección apunta a fomentar un orden en la cabeza. Y, como todos bien sabemos —imagino—, el orden se trata en el fondo básicamente de plasmación o ejecución de esquemas. Por ende, buscaremos encuadrar nuestras ideas, encajarlas y ajustarlas de acuerdo a criterios que nos permitan entregar un mensaje legible y ajustado a nuestras intenciones. Apuntamos a un párrafo claro, armonioso.

Ejecutaremos este orden de acuerdo a las normas y disposiciones que el lenguaje escrito demanda. Mucha atención: hay disparates que erradicar, disparates acumulados desde los orígenes de su contacto con la escritura.

RECETA 1
ORACIÓN MÁS PUNTO Y SEGUIDO,
PARA TEXTOS CLAROS Y LEGIBLES

El signo principal en la escritura es el PUNTO Y SEGUIDO (.). Sí, leyó bien, el principal. Se emplea para indicar que todo lo anterior a él forma un sentido completo, y que procederá otro fragmento que en algún momento irremediablemente tendrá también sentido completo.

Indica los elementos principales del PÁRRAFO* (y, por ende, del texto). De esta suerte, aglutina y desglosa los enunciados que lo integran: ideas, mensajes, expresiones independientes que tienen una misma unidad temática.

> Es muy importante saber que los enunciados —marcados por los puntos—, aparte de ser independientes, tienen una misma jerarquía: ningún enunciado está por sobre el otro. No hay que olvidar esto. Por lo demás, si estos enunciados no están correctamente aplicados, con un punto, resulta totalmente infructuoso emplear otro signo. Tampoco hay que olvidar esto. Primero el punto; después el resto.

Ahora bien, ¿qué sucedería (o qué sucede) si no colocamos puntos? El caos, una legión difusa de oraciones (en el mejor de los casos), una maraña de ideas entremezcladas. Este caos, esta AGLOMERACIÓN,** suele asumir la forma de sucesión prolongada de segmentos demarcados con comas.

> El PUNTO Y SEGUIDO se escribe siempre sin dejar un espacio de separación respecto a la palabra o el signo que lo precede, y separado por un espacio de la palabra o el signo que sigue, a no ser que estos últimos sean de cierre.
> Luego de éstos siempre se escribe con mayúscula.

AGLOMERACIÓN VS. REDACCIÓN MODESTA

Lo primero que debemos hacer es dominar el PUNTO Y SEGUIDO. Primero lo primero. Para empezar, veamos un ejemplo, uno que nos demuestre cómo acostumbramos a equivocarnos con este primordial requerimiento:

Muy buenas tardes, mi nombre es Eric, estoy aquí para ayudarles a redactar, espero que con estas recetas logren pronto su objetivo, gracias, hasta pronto.

---

* En texto escrito, un párrafo es una unidad de discurso que expresa una idea o un argumento. Está integrado por un conjunto de oraciones que se encuentran relacionadas entre sí por una unidad temática y por su organización lógica.
** Por AGLOMERACIÓN, término de este libro y de *Abecé de redacción* a partir de su segunda edición, debemos entender el empalme descuidado y ambiguo de una idea tras otra. Si no se materializa con una sucesión de comas (como si se tratase de una inepta enumeración de frases), lo hará sin signo alguno entre los segmentos.

Lamentablemente, así suele escribir la gente, en general. Sí, tal vez usted no vea el error, probablemente porque así también escribe o porque así son los mensajes que siempre lee (en sus círculos de amigos, en el trabajo, con la familia...), o por ambos motivos. Pero, lastimosamente, debo informarle que aquel parrafito está mal escrito, muy mal. Hay una aglomeración: no está indicada la ordenación lógica.

Lo peor de esta aglomeración es que —incluso si explicamos el quid a quienes la cometen— suele reaparecer una y otra vez en los textos. Y los esclarecimientos lingüísticos muchas veces entorpecen su erradicación. De este modo, aquí va una "técnica" sencilla para solucionar este error. Veamos...

Una forma sencilla de saber si debe ir PUNTO (en lugar de coma) es escribir o imaginar las oraciones en un listado vertical. Si un mensaje individual tiene sentido completo, es decir, si se entiende por sí solo, debemos utilizar PUNTO para zanjarlo. Punto. Veamos...

			¿Tienen sentido completo?
1	*Muy buenas tardes*	|	Alguien nos saluda. ☑
2	*Mi nombre es Eric*	|	Ese alguien se presenta. ☑
3	*Estoy aquí para ayudarles a redactar*	|	Nos indica su objetivo. ☑
4	*Espero que con estas recetas logren pronto su objetivo*	|	Nos plantea sus expectativas. ☑
5	*Gracias*	|	Agradece. ☑
6	*Hasta pronto*	|	Se despide. ☑

¡Todos son comprensibles por sí mismos, todos tienen sentido completo! Así que por lo pronto:*

Muy buenas tardes. Mi nombre es Eric. Estoy aquí para ayudarles a redactar. Espero que con estas recetas logren pronto su objetivo. Gracias. Hasta pronto.

---

* Con casi 20 años ejerciendo el oficio de corrector de estilo, puedo aseverar que, al menos en mi experiencia, colocar comas en lugar de puntos es el error más recurrente en diversos textos, sean académicos, literarios o de otro entorno. Sin exagerar, al menos 7 de cada 10 errores recaen en este patrón. Por eso considero adecuado, entre otros asuntos, que sea éste el punto que encabece la obra (y, en general, cualquier otra actividad didáctica).

Por otro lado, digo "por lo pronto" porque hay más posibilidades. Es más, en este caso en particular podríamos formular más de un párrafo si lo quisiésemos.

¿Puntos? Sí, puntos, por defecto. ¿Se ve "raro"? A ojos de quien está acostumbrado a leer sin descanso la aglomeración, seguramente sí. Pero este párrafo (con una unidad temática amplia) sí está correcto...

Por supuesto, este tipo de redacción —con la exclusividad de los puntos— es sumamente modesto, sin chispa, lacónico, parco. Es por eso que no podemos quedarnos aquí, a pesar de que nos garantiza navegar por una zona segura. Pero, por otra parte, esta franquicia del PUNTO Y SEGUIDO también podría tener sus ventajas estilísticas, como veremos un poco más adelante.

> Ojo... Los enunciados también pueden ser negativos, interrogativos, exclamativos, imperativos...
> [...] *Yo sí estoy bien. ¿Y tú cómo estás? Espero que bien. No quiero que estés mal.*

A este procedimiento lingüístico, al de concertar con puntos, lo llamaremos YUXTAPOSICIÓN de enunciados.[*] Con éste, las oraciones de un párrafo, reiteramos, tienen la misma jerarquía; y la diferencia entre éstas radica en el orden y, tal vez, en la función que tienen en el párrafo (harina de otro costal). Pero lo importante es que ninguna está por sobre otra.

Por lo demás, si vemos la panorámica de un párrafo, sus oraciones se distribuyen así:

El lector va leyendo y asimilando una por una las oraciones. Asimila un mensaje sólo cuando ve un PUNTO Y SEGUIDO; y luego asimila el siguiente. Y así.

Ahora bien, para suplementar la anterior fórmula, la del listado vertical, aquí va un consejo muy práctico para no tropezar con la aglomeración: cuando tengamos la tentación de poner una COMA, probemos primero con un PUNTO. Si no queda mal (si no cercena o si no deja información incompleta al menos de un lado), definitivamente era PUNTO. Es todo.

Veamos ahora cómo los profesionales utilizan el PUNTO Y SEGUIDO:[**]

---

[*] Yuxtaponer es poner algo junto a otra cosa o inmediata a ella.
[**] CAMUS, Albert: *El extranjero*; "Ojos de perro azul", extraído de GARCÍA MÁRQUEZ, Gabriel: *Ojos de perro azul*.

[...] La enfermera entró en ese momento. La tarde había caído bruscamente. La noche ha-bíase espesado muy rápidamente sobre el vidrio del techo. El portero oprimió el conmutador y quedé cegado por el repentino resplandor de la luz. Me invitó a dirigirme al refectorio para cenar. Pero no tenía hambre. Me ofreció entonces traerme una taza de café con leche. [...]

[...] Su madre había tenido meticulosos cuidados durante el tiempo que duró la transición de la infancia a la pubertad. Se preocupó por la higiene perfecta del ataúd y de la habita-ción en general. Cambiaba frecuentemente las flores de los jarrones y abría las ventanas todos los días para que penetrara el aire fresco. [...] Tenía la maternal satisfacción de verlo vivo. Cuidó asimismo de evitar la presencia de extraños en la casa. Al fin y al cabo era desagradable y misteriosa la existencia de un muerto por largos años en una habitación familiar. Fue una mujer abnegada. Pero muy pronto empezó a decaer su optimismo. [...][*]

Lea (otra vez) entre punto y punto. ¿Lo ve? Así es como el lector entiende el men-saje, entre punto y punto, tramo por tramo.

EL PUNTO CERCENADOR

A veces sucede que algunos de quienes antes aglomeraban y después comenzaron a asimilar el uso del punto, ahora comienzan a poner puntos donde no corresponde. Ese punto cortará en dos retazos la oración, y dejará una o dos fracciones incomple-tas. Como sea, ese punto cercenará al menos un sentido completo.

Ahora bien, la solución es sumamente sencilla... Primero, reiterando el consejo previo, probemos un PUNTO en lugar de una COMA, siempre. En general, si no queda mal, definitivamente era PUNTO. Y si queda mal, posiblemente sea COMA.

Veamos en qué consiste eso de "quedar mal".[**] Primer ejemplo:

⊗ Pero lo hará sin duda pasado mañana	.	Cuando me vea de luto.

1	(pero) lo hará sin duda pasado mañana	|	Alguien en efecto hará algo en un tiempo determinado.☑
2	cuando me vea de luto	|	¿Qué sucederá cuando me vea así?
			No tiene sentido completo. No se entiende por sí sola.

---

[*] Estrictamente, después de *al fin y al cabo* debe ir una coma. Lo veremos en la receta 28.
[**] Otra vez...: CAMUS, Albert: *El extranjero*; "Ojos de perro azul", extraído de GARCÍA MÁRQUEZ, Gabriel: *Ojos de perro azul*.

Así pues, no iba punto; iba coma (al menos en este caso):

| ☑ Pero lo hará sin duda pasado mañana | , | cuando me vea de luto. |

Otro ejemplo:

⊗ Y volvió a poner las manos sobre el velador	.	Con el semblante oscurecido por una niebla amarga.
1 (y) volvió a poner las manos sobre el velador	|	Alguien puso algo sobre algo. ☑
2 con el semblante oscurecido por una niebla amarga	|	¿Qué pasa con ese semblante?

No hay sentido completo.

Iba coma:

| ☑ Y volvió a poner las manos sobre el velador | , | con el semblante oscurecido por una niebla amarga. |

EL ESTILO TELEGRÁFICO Y EL ESTILO SENTENCIOSO

Por estado de ánimo, por economía de lenguaje (atribuible a cualquier porqué) o por cualquier otra motivación, un texto puede tener un ESTILO TELEGRÁFICO.

¿Telegráfico? ¿Qué es esto? Simplemente la utilización exhaustiva y exclusiva de punto y seguido entre oraciones cortas:

El uso de punto es sencillo. No tiene complicaciones. Pronto lo dominarás. Solamente pon atención. El primer paso ya está dado.

¿Está mal? No, está correctísimo. ¿Mejor poner comas? ¡No!, ¡por ningún motivo!

Bien, pero el estilo telegráfico es muy feo, podríamos pensar. Tal vez. Pero es un estilo totalmente válido si su utilización es deliberada y si con ella no cercenamos nada.[*]
Así que no debemos temerle.

---

[*] En textos literarios, muchas veces este estilo connota un estado de ánimo alejado de lo positivo o lo óptimo: tristeza, enojo, inseguridad... Asimismo, suele aparecer en momentos de clímax. Por lo demás, este estilo podría potenciar mensajes concluyentes o reveladores.

Ahora bien, en ciertos ámbitos, poner exclusiva o casi exclusivamente PUNTOS Y SEGUIDO es bastante ventajoso. Documentos como textos administrativos o judiciales son más eficientes si están enmarcados en un ESTILO SENTENCIOSO. Éste es similar al telegráfico en cuanto a puntuación, pero ostenta, en general, oraciones no tan cortas.

MANOS A LA OBRA

1. Redacte un texto utilizando únicamente PUNTO Y SEGUIDO. Recuerde que cada idea debe plasmar un mensaje completo. Tema: por qué necesito redactar bien.
2. Redacte un segundo texto, otra vez evitando las comas. Tema libre.
3. En los siguientes textos, resuelva en cuáles de los ℗ va PUNTO Y SEGUIDO.[*1]

[...] *Tú has visto morir sólo a tu madre.* ℗ *yo los veo diñarla a diario en el Mater y el Richmond y con las tipas fuera en la sala de disección* ℗ *es algo bestial y nada más* ℗ *simplemente no importa* ℗ *tú no quisiste arrodillarte a rezar por tu madre cuando te lo pidió en su lecho de muerte. ¿Por qué? Porque tienes esa condenada vena jesuítica* ℗ *sólo que inyectada al revés* ℗ *para mí todo es una farsa bestial* ℗ *sus lóbulos cerebrales dejan de funcionar* ℗ *llama al médico Sir Peter Teazle y coge margaritas de la colcha. Síguele la corriente hasta que todo se acabe* ℗ *la contrariaste en su última voluntad y en cambio te molestas conmigo porque no lloriqueo como una plañidera cualquiera de casa Lalouette* ℗ *¡qué absurdo! Supongo que lo diría* ℗ *no quise ofender la memoria de tu madre.* [...]

   [...] *Sentado a su lado* ℗ *Stephen resolvía el problema* ℗ *demuestra por álgebra que el espectro de Shakespeare es el abuelo de Hamlet* ℗ *Sargent miraba de reojo a través de sus gafas caídas* ℗ *los palos de hockey traqueteaban en el trastero: el golpe hueco de una pelota y voces en el campo.* [...]

[...] *Una noche hacia las once los despertó el ruido de un caballo que se paró justo en la misma puerta* ℗ *la muchacha abrió la claraboya del desván y habló un rato con un hombre que estaba en la calle* ℗ *venía en busca del médico; traía una carta*

---

* JOYCE, James: *Ulises*; FLAUBERT, Gustave: *Madame Bovary*. Nota 1: en los textos que tenían PUNTO Y SEGUIDO, la primera letra de la siguiente palabra fue cambiada a minúscula. Nota 2: ya está la experiencia del diagnóstico. Ojo.

Ⓟ Anastasia bajó las escaleras tiritando y fue a abrir la cerradura y los cerrojos uno tras otro Ⓟ el hombre dejó su caballo y entró inmediatamente detrás de ella Ⓟ sacó de su gorro de lana con borlas una carta envuelta en un trapo y se la presentó cuidadosamente a Carlos Ⓟ quien se apoyó sobre la almohada para leerla. [...]

   [...] Algunos días charlaba con una facundia febril; a estas exaltaciones sucedían de pronto unos entorpecimientos en los que se quedaba sin hablar Ⓟ sin moverse. Lo que la reanimaba un poco entonces era frotarse los brazos con un frasco de agua de Colonia.

   Como se estaba continuamente quejando de Tostes Ⓟ Carlos imaginó que la causa de su enfermedad estaba sin duda en alguna influencia local, y Ⓟ persistiendo en esta idea Ⓟ pensó seriamente en ir a establecerse en otro sitio.

   Desde entonces Ⓟ Emma bebió vinagre para adelgazar, contrajo una tosecita seca y perdió por completo el apetito. [...]

Ojo...
Recuerde que, primero, si una secuencia entrega un mensaje completo, debe ir PUNTO. Segundo, si el punto hace que, o de lado izquierdo o de lado derecho, quede algo inconcluso, a medias, no debe ir PUNTO, sí (en general) COMA. Más adelante veremos esto último.

SUPLEMENTO. EL PUNTO Y SEGUIDO Y OTROS SIGNOS

o El PUNTO Y SEGUIDO irá siempre detrás de COMILLAS, PARÉNTESIS y RAYAS DE CIERRE:

Dijo: «Así está bien».
Tras estas palabras se marchó, luego de dar un portazo. (Creo que estaba muy enojada).
En el café la esperaba Enrique —un muy buen amigo—. Éste, al verla llegar, sonrió.

o No debemos escribir PUNTO tras los SIGNOS DE CIERRE de INTERROGACIÓN o de EXCLAMACIÓN, aunque con ellos termine el enunciado; así pues, está incorrectamente puntuada la secuencia siguiente:

⊗ ¿Quieres darte prisa?. ¡Vamos a llegar tarde por tu culpa!. Pero ¿se puede saber qué estás haciendo?.

○ Sólo debemos escribir PUNTO si tras los signos de INTERROGACIÓN o de EXCLAMA-
CIÓN hay PARÉNTESIS O COMILLAS DE CIERRE:

Se puso a gritar como un loco (¡vaya genio que tiene el amigo!).
Me preguntó muy serio: «¿De veras puedo contar contigo?».

○ Si el PUNTO de una abreviatura coincide con el punto de cierre del enunciado, sólo
debemos escribir un punto, nunca dos:

A la boda fueron todos sus parientes: tíos, primos, sobrinos, etc. Fueron en total ciento veinte
invitados.

○ Nunca debemos escribir otro PUNTO tras los PUNTOS SUSPENSIVOS cuando éstos
cierran un enunciado:

Le gusta todo tipo de cine: negro, histórico, de aventuras... Es un cinéfilo empedernido.

RECETA 2
PUNTO Y NEXO, PARA REALZAR O ACLARAR

Después de un PUNTO Y SEGUIDO siempre hay un vínculo, uno que une las oraciones
que lo rodean. Muchas veces está implícito, por ser innecesario, ya que hay suma
sencillez en la relación entre las dos oraciones. Otras veces el redactor sí los incluye...
para enfatizar o para evitar alguna confusión.

¿Cuáles son estas relaciones, estos vínculos?*

Y (E) Ni	O (U)	Pero No obstante, Sin embargo,	Es decir, O sea,	Así que Por (lo) tanto, Por eso/esto,
suma o acumula	marca opción o elección	marca oposición	aclara	marca consecuencia

---

* Los ejemplos son referenciales. Hay muchos más: *pero: mas, empero...; es decir: en otras palabras, mejor*
dicho...; así que: por ende, por consiguiente... Y como vemos, algunos deben llevar coma pospuesta.

El más común, especialmente en las narraciones y las descripciones, es *y*. Pero suele estar sobrentendido.

| *En la mañana iré al parque. En la tarde me quedaré en casa.* | = | *En la mañana iré al parque. Y en la tarde me quedaré en casa.* |

En ambos ejemplos la pareja de oraciones dice lo mismo; y la puntuación es la misma. Lo único distinto es que el segundo ejemplo tiene una segunda oración encabezada con *y*. ¿Para qué? Para enfatizar sobre la idea de adición, de que la segunda oración se suma a lo escrito hasta el momento.

> Por supuesto que hay otras posibilidades de puntuación antes de y (COMA O PUNTO Y COMA, o, de plano, ausencia de puntuación), al igual que en los demás casos. Pero estas posibilidades responden a otros criterios. Vamos paso a paso, receta a receta, comenzando con lo más sencillo y necesario.

Corroboremos con ejemplos de escritores:*

[...] *hay que asegurarse de cada paso antes de dar el siguiente.* **Y** *debe conservarse el secreto* [...]
[...] *lo había aplastado.* **Y** *en un tercer lugar había "matado a un corredor de pararrayos".* **Y** *así aumentaba la lista* [...]
[...] *les robaba manzanas de los bolsillos.* **Y** *bosquejaron toda clase de ridículos dibujos de la medalla detectivesca* [...]

[...] *A todo le pones un número, tú.* **Y** *ésta es igual.* [...]
[...] *Nadie sabe ya cuántos instrumentos lleva perdidos, empeñados o rotos.* **Y** *en todos ellos tocaba como yo creo que solamente un dios puede tocar un saxo alto* [...]
[...] *y mañana es mucho después de hoy.* **Y** *hoy mismo es bastante después de ahora* [...]
[...] *veo una palangana con flores rosadas y una jofaina que me hace pensar en un animal embalsamado.* **Y** *Johnny sigue hablando con la boca tapada a medias por la frazada* [...]
[...] *Lo que tiene es sed, una sed, una sed.* **Y** *unas ganas de fumar, de fumar.* [...]

---

* "El robo del elefante blanco", extraído de Twain, Mark: *El robo del elefante blanco y otros cuentos*; "El perseguidor", extraído de Cortázar, Julio: *Las armas secretas*.

[...] *debe de tener exactamente la dosis que le hace falta para tocar con gusto.* **Y** *justamente cuando lo estoy pensado, Johnny me planta la mano en el hombro* [...]

Ojo... Lo que viene a continuación de y se suma, como mínimo, a la oración anterior; sí, podría sumarse a segmentos mayores, dos o tres oraciones, o a todo el párrafo.

¿Cuándo se suma exclusivamente a la oración anterior? Lo veremos en la receta 5.

¿Y el caso de *pero*? A veces lo utilizamos también para enfatizar, y otras veces, para aclarar. Veamos...

Tengo ganas de descansar. Prefiero seguir hasta terminar.	=	*Tengo ganas de descansar.* **Pero** *prefiero seguir hasta terminar.*

Si bien el primer ejemplo marca claramente la oposición de la segunda oración respecto a la primera, los redactores bisoños (o los temerosos de que su mensaje no quede claro) se inclinan generalmente por agregar inexcusablemente el *pero*. Sin embargo, podemos ver que al menos en este ejemplo no hay posibilidad de malinterpretación. En otros casos, no obstante, la confusión sí está latente, por tanto, el *pero* es totalmente necesario.

A ver:*

[...] —*No es forzoso que no coincidan.* **Pero** *no. Quiero las suyas, claro.* [...]

[...] *Govoni se mece parsimoniosamente.* **Pero** *está en otra parte.* [...]

[...] *A los seis meses se cansó de su musculoso e intentó volver.* **Pero** *no quise.* [...]

[...] *Ojalá yo tuviera un recuerdo así.* **Pero** *no.* [...]

[...] *Lo que no quiero para la humanidad, tampoco lo quiero para mí.* **Pero** *tengo que irme, borrarme, estar a solas conmigo, tratar de comprender este relajo cósmico* [...]

[...] *Miguel no puede dejar de mirarlos, asombrado, todavía incrédulo.* **Pero** *ellos ignoran que padecen un testigo involuntario* [...]

[...] *Entonces puedo pasármela sin estimulantes artificiales.* **Pero** *aborrezco la rutina monótona de la existencia.* [...]

---

* "Más o menos hipócritas", "Ausencias" y "Primavera de otros", extraídos de BENEDETTI, Mario: *Buzón del tiempo*; CONAN DOYLE, Arthur: *El signo de los cuatro*.

[...] *Estas cosas me interesan muchísimo, en especial desde que he tenido la opor-tunidad de observar la aplicación práctica que usted les da. **Pero** hace un momento hablaba usted de observación y deducción. [...]*

[...] *Oí la disputa, y oí el golpe. **Pero** mis labios están sellados. [...]*

[...] —*Es una espina. Puede usted extraerla. **Pero** tenga cuidado porque está envenenada.*

[...] *Jones y yo volvimos a nuestros cigarros y a nuestra conversación. **Pero** súbitamente oímos la voz de Holmes junto a nosotros. [...]*

[...] *Puede aprovechar oficialmente todo el crédito que resulte de nuestra obra. **Pero** no procederá sino conforme a las instrucciones que yo le daré.*

Ojo por segunda vez... Lo que viene a continuación de *pero* se opone, como mínimo, a la oración anterior; podría oponerse a segmentos mayores, dos o tres oraciones, o a todo el párrafo.

¿Cuándo se opone exclusivamente a la oración anterior? Lo veremos en la receta 5.

El caso de *o* es especial; muy pocas veces los redactores utilizan esta conjunción para encabezar un enunciado yuxtapuesto. Prefieren no utilizar puntuación, que también es correcto —al igual que con *y*—; pero eso es otro asunto, reitero. No obstante, la colocación forzosa de la *o* encabezando una oración yuxtapuesta es comprensible, ya que sin ésta no queda clara la relación.

| *Mañana aprenderé esto. Puedo hacerlo ahora.* | ¿=? | *Mañana aprenderé esto. **O** puedo hacerlo ahora.* |

Esta vez, ambos pares no sugieren necesariamente lo mismo. Sin nexo, perfecta-mente se podría entender un *pero* (*pero puedo hacerlo ahora*). Es por eso que el segun-do incluye *o*, para evitar cualquier posible confusión. Es absolutamente necesario. Corroboremos:[*]

[...] —*Ya lo hago. **O** al menos... al menos pienso lo que digo... Viene a ser lo mismo, ¿no?* [...][**]

---

[*] CARROL, Lewis: *Alicia en el país de las maravillas*; CLANCY, Tom: *La caza del Octubre Rojo*.

[**] Para efectos prácticos, hemos quitado una acotación del narrador (*se apresuró a replicar Alicia*). Así, se nota claramente la yuxtaposición disyuntiva.
—*Ya lo hago* —**se apresuró a replicar Alicia**—. *O al menos... al menos pienso lo que digo...* [...]

*[...] Un hombre podía hacerse zampolit y convertirse en un paria entre sus pares. **O** ser oficial de navegación y avanzar hacia su propio mando. [...]*

*[...] podía tomarse el tiempo para cumplir bien su trabajo. **O** tal vez habían enviado a comprarlo fuera. [...]*

*[...] Sería como cambiar de montura, de un pura sangre a una vaca. **O** quizá lo asignaran a un mando de escuadrón para sentarse en una oficina a bordo de un buque auxiliar [...]*

*[...] pero su misión principal sería molestar a los capitanes subalternos que no deseaban tenerlo allí. **O** podía tener un trabajo de escritorio en el Pentágono... [...]*

*[...] Puede ser. **O** puede ser que hayan dado alguna ayuda técnica a los polacos... [...]*

*[...] Era extraño que esos hombres vinieran de la Unión Soviética. **O** tal vez no tan extraño, pensó Ryan [...]*

Ojo por tercera vez... Lo que viene a continuación de *o* es disyuntiva, como mínimo, de la oración anterior; podría ser una disyuntiva de segmentos mayores, dos o tres oraciones, o de todo el párrafo.

¿Cuándo es disyuntiva exclusiva a la oración anterior? Lo veremos en la receta 5.

Por su parte, *es decir* casi siempre sirve para enfatizar, ya que, aunque tal vez no de manera rápida o consciente, es claro cuando queremos dar a entender que vamos a revelar de mejor manera o de otro modo lo que ya habíamos expresado.

La felicidad ya no cabe en mí. La dicha me invade.	=	*La felicidad ya no cabe en mí.* **Es decir,** *la dicha me invade.*

En algunos casos, cuando hay ambigüedad, no poner *es decir* podría dar un sentido de adición, es decir, de *y*.

Veamos cómo lo hacen los escritores:*

*[...] Y Adán, y la manzana, y toda la restante culpa hereditaria estaban además allí. **Es decir,** que todo esto había que purgarlo, purgatorio infinito [...]*

*[...] Pero para recalibrar esas últimas tres horas tenemos que volver al punto donde se quemó el fusible y avanzar desde allí. **Es decir,** que tenemos que recalibrar veintitrés horas. [...]*

---

* Hesse, Hermann: *Lobo estepario*; Crichton, Michael: *Punto crítico*.

[...] *Los guarda el fabricante.* **O sea,** *que los tiene la Norton.* [...]

[...] *creemos que la decisión de instalar una u otra marca de motor debe dejarse en manos del cliente.* **Es decir,** *instalamos el motor que solicita el cliente.* [...]

[...] *Daremos una conferencia de prensa inmediatamente después.* **O sea,** *mañana a mediodía.* [...]

[...] *Notará que los hijos del comandante se llaman Erica y Thomas.* **Es decir,** *que Thomas Chang es el hijo del piloto.* [...]

Ojo por cuarta vez... Lo que viene a continuación de *es decir* explica, como mínimo, a la oración anterior; podría explicar a segmentos mayores, dos o tres oraciones, o a todo el párrafo.

¿Cuándo explica exclusivamente a la oración anterior? Lo veremos en la receta 5.

Ahora vámonos con *así que*... Suele aparecer por la necesidad de evitar confusiones; los lectores a menudo no ven bien la relación, y muchas veces con justa razón: confunden consecuencia (*por lo tanto*) con explicación (*es decir*). Así, es mejor poner siempre el nexo:

Estoy aprendiendo mucho. Pronto redactaré muy bien.	¿=?	*Estoy aprendiendo mucho.* **Así que** *pronto redactaré muy bien.*

Sin un nexo, muchos lectores podrían entender que la relación es explicativa (*es decir, pronto redactaré muy bien*). Por tanto, se vuelve absolutamente necesario poner *así que* o similar.

Ejemplos:[*]

[...] *por eso no ha venido a buscar su estuche.* **Por lo tanto,** *puedo contar con ese dinero* [...]

[...] *Eres un matador peligroso.* **Por lo tanto,** *no voy a correr el riesgo de que te fugues de aquí* [...]

[...] *Por lo menos dos meses.* **Por lo tanto,** *tengo por delante dos meses cruciales.* [...]

[...] *tengo setenta años, de los que he pasado cuarenta en presidio.* **Así que,** *compréndalo usted, duermo mucho.* [...]

---

[*] CHARRIÈRE, Henry: *Papillon*; CONAN DOYLE, Arthur: *Las aventuras de Sherlock Holmes.*

[...] *Hay más compradores que mercancía.* **Así que** *los precios son altos.* [...]

[...] *Muy a menudo, los mineros se matan o se roban entre sí.* **Así que** *toda esta gente va armada* [...]

[...] *Sólo los alemanes son tan desconsiderados con los verbos.* **Por tanto,** *sólo falta descubrir qué es lo que quiere este alemán que escribe en papel de Bohemia* [...]

[...] *en su casa no había nada que pudiera justificar unos preparativos tan complicados y unos gastos como los que estaban haciendo.* **Por tanto,** *tenía que tratarse de algo que estaba fuera de la casa.* [...]

[...] *—Se notaba que el extremo no había estado en la boca.* **Por lo tanto,** *había usado boquilla.* [...]

[...] *su cuenta en el banco, el Capital & Counties Bank, arroja un saldo favorable de doscientas veinte libras.* **Por tanto,** *no hay razón para suponer que sean problemas de dinero los que le atormentan.* [...]

[...] *cuando trabajé como actor había aprendido todos los trucos del maquillaje, y tenía fama en los camerinos por mi habilidad en la materia.* **Así que** *decidí sacar partido de mis conocimientos.* [...]

[...] *Aquella mujer, por lo que yo sabía, bien podía estar loca.* **Así que,** *con una expresión firme, aunque su comportamiento me había afectado más de lo que estaba dispuesto a confesar, volví a negar con la cabeza* [...]

Ojo por quinta vez... Lo que viene a continuación de *así que* es consecuencia, como mínimo, de la oración anterior; podría ser consecuencia de segmentos mayores, dos o tres oraciones, o de todo el párrafo.

¿Cuándo es consecuencia exclusiva de la oración anterior? Lo veremos en la receta 5.

En las disposiciones de toda esta receta, las oraciones de un párrafo se distribuyen así:

1		Y 2		Pero 3	
1		Es decir, 2		Por tanto, 3	

La única diferencia con la receta anterior es que en este caso marcamos siempre el nexo.

Manos a la obra

1. Redacte un texto utilizando únicamente PUNTO Y SEGUIDO, pero esta vez agregue algunos nexos (todos, salvo *o*). Tema libre.
2. En los siguientes fragmentos, resuelva qué nexo va en cada Ⓟ. Considere *pero, así que* y *es decir*.*²

> [...] *Es muy profundo. Pero nadie sabe dónde se encuentra.* [...]
>> [...] *—Pero nadie puede encontrarlo.* Ⓟ *ten cuidado y no te apartes del camino.* [...]
>> [...] *Hay un pozo muy hondo por alguna parte.* Ⓟ *nadie sabe encontrarlo.* [...]
>> [...] *El mapa más detallado puede no servirnos en algunas ocasiones por esta misma razón.* Ⓟ *ahora lo sé.* [...]
>> [...] *Cada mañana se levantaba a las seis usando el «Que tu reinado...» como despertador.* Ⓟ *no puede decirse que aquella ceremonia ostentosa de izamiento de la bandera no sirviera para nada.* [...]
>> [...] *Ya has visto que detrás de casa está la montaña.* Ⓟ *las piernas se me han ido fortaleciendo poco a poco.* [...]
>> [...] *Siempre llevaba la cartera forrada y era distinguido.* Ⓟ *todo el mundo lo respetaba* [...]
>> [...] *Comprenderás que haya engordado tres kilos desde que llegué.* Ⓟ *estoy en el peso ideal. Gracias al ejercicio y a comer bien a horas fijas.* [...]

3. En los siguientes fragmentos, resuelva cuándo enfatizar con *y*.**³

> [...] *Algún día acabarán. Cuando todo haya terminado, bastará con que reconsideremos el asunto. Bastará con que pensemos qué debemos hacer a partir de entonces. Ese día tal vez seas tú quien me ayude a mí. No tenemos por qué vivir haciendo balance. Si tú ahora me necesitas a mí, me utilizas sin más. ¿Por qué eres tan terca? Relájate. Estás tensa y por eso te lo tomas así. Si te relajas, te sentirás más ligera.* [...]
>> [...] *—¡No, hombre! No pido tanto. Lo que quiero es simple egoísmo. Un egoísmo perfecto. Por ejemplo: te digo que quiero un pastel de fresa, y entonces tú lo dejas todo y vas a comprármelo. Vuelves jadeando y me lo ofreces. «Toma, Midori. Tu pastel de fresa», me dices. Te suelto: «¡Ya se me han quitado las ganas de comérmelo!». Lo arrojo por la ventana. Eso es lo que yo quiero.* [...]

---

* MURAKAMI, Haruki: *Tokio Blues.*
** Ibídem.

Ojo...

Hay muchas opciones. Para que *y* a comienzo de frase esté mal, debe notarse inequívocamente. El ejercicio sirve para ir practicando, y para ver, por qué no, si el criterio coincide con el del escritor.

4. Lea muy bien los siguientes fragmentos;* luego responda las preguntas:[4]

- ¿A qué se suma la oración ennegrecida?

[...] *John Clark apuró su cerveza. No tenía sentido coger el coche y volver a Washington hasta que Mary Pat llamase. Él no era más que una hormiga obrera. Sólo los altos mandos de la CIA andarían ahora por allí.* **Y así era en efecto.** *No iban a conseguir gran cosa, porque en momentos como aquéllos nunca se lograba gran cosa, salvo dar la impresión de ser importante y de estar abrumado...* [...]

- ¿A qué se opone la oración ennegrecida?

[...] *Si algo más, algo de mayor envergadura, hubiese estado preparado cuando el avión se precipitó sobre el edificio, aquella «preciosidad» habría sido aún más... «preciosa». Ya nada podía modificar el hecho de que no había sido así.* **Pero** *como ocurría siempre en acontecimientos semejantes,* **había mucho que aprender, tanto de su éxito como de su fracaso, porque las secuelas, planificadas o no, no podían ser más reales.** [...]

- ¿De qué es disyuntiva la oración ennegrecida?

[...] *¿Que todo esto le viene un poco grande a Ryan? Pues sí. Pero ¿se esfuerza por hacer bien las cosas? De eso no me cabe duda. ¿Es honrado? Creo que sí.* **O por lo menos tan honrado como pueda serlo cualquier presidente.** [...]

- ¿A qué se opone la primera oración ennegrecida y de qué es consecuencia la segunda oración ennegrecida?

[...] *—En estos momentos, no estoy seguro de nada.* **Pero he hablado con los médicos y con las enfermeras del hospital y aseguran que esta religiosa no le puso ninguna inyección al «enfermo Cero». Por lo tanto, podría tratarse de un caso de transmisión por aerosol.** [...]

---

* CLANCY, Tom: *Órdenes ejecutivas.*

Receta 3
Punto y un nexo necesario, para afianzar

Los nexos de la receta anterior servían para enfatizar o para aclarar. En esta receta, en cambio, su colocación es absolutamente necesaria, en vista de que hay casos en que la relación entre las oraciones es más compleja; se trata de más que sumar o acumular (*y*), de marcar opción o elección (*o*), de indicar oposición (*pero*), de aclarar (*es decir*) o de determinar consecuencia (*así que*). En estos casos los nexos son obligatorios, ya que sin ellos la relación entre dos ideas seguramente será confusa. Y todos estos nexos llevan una coma pospuesta, todos.

Ahora bien, ¿cuáles son estos vínculos?*

a continuación, acto seguido, además, ahora bien, al final, al mismo tiempo, al principio, análogamente, antes que nada/todo, ante todo, aparte de eso, a pesar de todo, a propósito, a saber, así, así y todo, asimismo, así pues, a todo esto, aun así...	*bien, brevemente, bueno...*
con todo...	*de cualquier manera/modo, de hecho, de modo similar, del mismo modo, después, dicho de otro modo...*
efectivamente, enseguida, empero, en breve, en cambio, en cierta medida, en cierto modo, encima, en conclusión, en conjunto, en consecuencia, en definitiva, en efecto, en ese caso, en fin, en general, en otras palabras, en otro orden (de cosas), en particular, en pocas palabras, en primer lugar, en resumen, en resumidas cuentas, en tal caso, en todo caso, entonces, en síntesis, en suma, entonces, es decir, es más, específicamente, esto es...	*globalmente...*
finalmente...	*hasta cierto punto...*
igualmente, incidentalmente, incluso...	*lo más importante, luego...*
más adelante, más tarde, más aun, mejor dicho...	*no obstante...*

---

* Agrupamos algunos, no todos, en órdenes alfabéticos. Y reiteramos algunos de la receta anterior.

Asimismo, cabe recalcar que algunos pueden tener un significado distinto si no tienen coma pospuesta (de hecho, es posible que ya no sean nexos); por ejemplo, *entonces*, que sin coma pospuesta significa "en ese tiempo, momento u ocasión", mientras que con coma pospuesta significa "en tal caso". En este punto estamos viendo los que tienen coma pospuesta, todos; y se trata de nexos.

o bien, o sea...	*para comenzar, para finalizar, para ilustrar, para resumir, particularmente, por añadidura, por cierto, por consiguiente, por ejemplo, por el contrario, por ende, por eso, por esta razón, por fin, por lo que sigue, por (lo) tanto, por una/ otra parte, por regla general, por último, por un/otro lado, primero, pues, pues bien...*
quizá(s)...	*sin embargo...*
también, total...	*vale (la pena) decir, verbigracia...*

Los significados de estas ligaduras oracionales son de conocimiento general. Las hemos leído más de una vez, y al menos por ilación hemos podido interpretar sus significados. Veamos...

Después de tres recetas, ya puedes redactar algunos textos .	**En cierta medida,** *comienzas a convertirte en experto.*
Seguramente hace unos momentos no lo hubieses creído .	**Así y todo,** *vas por muy buen camino.*
Debes seguir aprendiendo .	**En definitiva,** *se trata de mejorar en lo personal y lo profesional.*

Ojo... A pesar de que en los ejemplos están patentes únicamente dos oraciones, lo que viene a continuación de cada nexo podría tener un alcance mayor a exclusivamente la anterior oración, como sucedió con la receta anterior. Es la suma del sentido mismo del mensaje y del nexo lo que nos dirá cómo está el asunto.

¿Cuándo una oración está ligada exclusivamente a la oración anterior? Lo veremos en la receta 5.

Veamos a los escritores:[*]

[...] *tú eres para él una curiosidad querida de la cual puede tomarse lo que se quiera para sí.* **En cambio,** *tú no eras para mí una curiosidad* [...]

---

[*] Kafka, Franz: *Carta al padre*; Dostoievski, Fiódor: *Memorias del subsuelo*; Graves, Robert: *El vellocino de oro.*

[...] *perdí la costumbre de hablar.* **De cualquier manera,** *nunca seguramente hubiera llegado a ser un gran orador* [...]

[...] *Ni me cuido ni me he cuidado nunca, pese a la consideración que me inspiran la medicina y los médicos.* **Además,** *soy extremadamente supersticioso...* [...]

[...] *no hallará otro medio para consolarse que darse de bofetadas o romperse los puños contra el muro de piedra.* **Pues bien,** *son precisamente estas crueles ofensas, estas burlas que se permite no se sabe quién, las que suscitan esa sensación de placer* [...]

[...] *Levamos anclas y nos hicimos de nuevo a la mar con el alma compungida.* **Aun así,** *no quisiera culpar ni a Tifis ni a Calais ni a Zetes por esta decisión.* [...]

[...] *estaría loco si supusiera que ella arde con una pasión igual por mí.* **Así pues,** *intentaré olvidar tus extrañas palabras* [...]

En estos casos, las oraciones se distribuyen de la misma manera en que lo hacen en la receta anterior:

1	.	En efecto, 2	.	Pues bien, 3	.
1	.	Ante todo, 2	.	Entonces, 3	.

La única diferencia con la receta anterior es que en este caso marcamos, sí o sí, el nexo, y que éste tiene siempre una coma pospuesta.

MANOS A LA OBRA

Redacte un texto utilizando únicamente PUNTO Y SEGUIDO. Agregue nexos complejos.

OJO...
Utilice los nexos del cuadro inicial. Pero no utilice *y*, *pero*, *no obstante*, *sin embargo*, *así que*, *por lo tanto*, *por eso*, *es decir*, *o sea* (los de la receta 2).

DOS VARIANTES ESTILÍSTICAS, PARA RESALTAR O ENGALANAR

Podemos anteponer *y* a nuestros nexos; marcamos el nexo principal pero también resaltamos la noción de ir añadiendo. Así de fácil. Y podemos hacerlo de dos maneras...
La primera simplemente antepone *y* al nexo en cuestión...

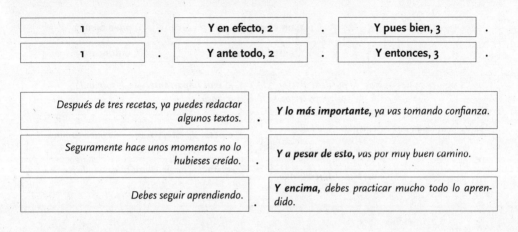

Ejemplos:*

[...] *Quizá los descendientes de mis compatriotas, con lágrimas en los ojos, se reconciliarán con mi nombre".* **Y en efecto,** *así fue, como si Gogol estuviera presintiendo.* [...]

[...] *Perependev, que iba conmigo, comentó: «Si Chichikov estuviera aquí...».* **Y por cierto,** *debes reconocer que no te comportaste nada bien conmigo cuando jugamos a las damas, ¿te acuerdas?* [...]

[...] *—Es la segunda vez que me contestas así —replicó su tía—.* **Y sin embargo,** *no eres tonta del todo.* [...]

---

* GOGOL, Nicolai: *Almas muertas*; JAMES, Henry: *Retrato de una dama*. En ambas obras hemos quitado una acotación del narrador, también para efectos prácticos.
   Con Gogol quitamos *agregaremos que Chichikov no conocía al tal Perependev*. La original:
   [...] *Perependev, que iba conmigo, comentó: «Si Chichikov estuviera aquí...»* **—agregaremos que Chichikov no conocía al tal Perependev—**. *Y por cierto, debes reconocer que no te comportaste nada bien conmigo cuando jugamos a las damas, ¿te acuerdas?*
   Y con James, por su parte, quitamos dos; la primera, *replicó su tía*. La segunda, *contestó gravemente Bill*. Las originales:
   —Es la segunda vez que me contestas así **—replicó su tía—**. *Y sin embargo, no eres tonta del todo.* [...]
   —También a mí se me ocurrió la idea **—contestó gravemente Bill—**. *Y por eso, cuando los vi correr por la nieve, me acerqué y observé las huellas.* [...]

[...] —*También a mí se me ocurrió la idea. **Y por eso,** cuando los vi correr por la nieve, me acerqué y observé las huellas.* [...]

La segunda opción agrega una *y* y también una coma después de ésta; queda el nexo principal entre comas...

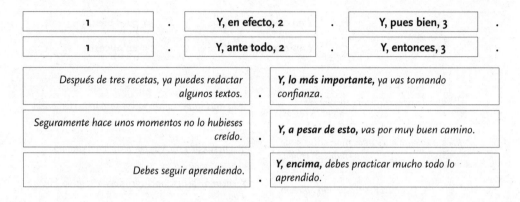

| 1 | . | Y, en efecto, 2 | . | Y, pues bien, 3 | . |
| 1 | . | Y, ante todo, 2 | . | Y, entonces, 3 | . |

Después de tres recetas, ya puedes redactar algunos textos.	.	***Y, lo más importante,** ya vas tomando confianza.*
Seguramente hace unos momentos no lo hubieses creído.	.	***Y, a pesar de esto,** vas por muy buen camino.*
Debes seguir aprendiendo.	.	***Y, encima,** debes practicar mucho todo lo aprendido.*

A ver:[*]

[...] *Rodeó la pista de tenis con la esperanza de encontrarla allí. **Y, efectivamente,** allí estaba.* [...]
  [...] *Ahora me llama "mi querido señor Flory". **Y, en cambio,** la ha tomado con Ellis.* [...]

[...] *no ha sabido cambiar lo bastante para eliminar espontáneamente a Víctor Massé. **Y, sobre todo,** porque no ha llegado a comprender que hay noches en que un ser de esencia algo delicada debe saber renunciar a un placer* [...]
  [...] *Y los días que me sentía con valor para pasar a su lado arrastraba a Francisca hacia allí. **Y, en efecto,** negaba el momento en que por el paseo, de pie y en dirección contraria a la nuestra, veía yo a la señora de Swann* [...]

En la práctica, no hay diferencia entre las dos opciones, con coma o sin ella; el mensaje es el mismo. No obstante, la segunda, además de menos fluida y con apariencia más sofisticada, remarca tanto el nexo como *y*; ambas relaciones están acentuadas.

---

[*] ORWELL, George: *La marca*; PROUST, Marcel: *En busca del tiempo perdido.*

MANOS A LA OBRA

1. Redacte un texto utilizando únicamente PUNTO Y SEGUIDO y varios nexos complejos. Esta vez también anteponga *y* a los nexos. Tema libre.
2. En los siguientes fragmentos, anteponga *y* a los nexos que inician oraciones.[*5] Luego lea el texto resultante, y determine dónde mantendrá la variante.

> [...] *las ciencias se diversifican de acuerdo a estos diversos órdenes que es propio a la razón considerar. Así, a la filosofía natural corresponde conocer el orden de las cosas que la razón humana considera pero no produce* [...]
>
> 　[...] *también a la metafísica la comprendemos dentro de la filosofía natural. En cambio, el orden que la razón al considerar produce en su propio acto, corresponde a la filosofía racional* [...]
>
> 　[...] *y el orden que los principios tienen entre sí y con respecto a las conclusiones. Por otra parte, el orden que la razón al considerar produce en las cosas exteriores constituidas por la razón humana, pertenece a las artes mecánicas. De este modo, en consecuencia, es propio de la filosofía moral, acerca de la cual versa la presente obra, considerar las operaciones humanas* [...]
>
> 　[...] *Esto resulta igualmente manifiesto a quien considere el orden de la divina providencia, que dispone perfectamente todas las cosas. En efecto, la perfección proviene en las cosas de la perfección de su causa* [...]
>
> 　[...] *el orden de la potestad desciende de Dios, según el Apóstol allí mismo indica. Por tanto, en cuanto las potestades proceden de Dios* [...]

3. En los mismos fragmentos del ejercicio 2, ahora anteponga *y* con una coma pospuesta a los nexos que inician oraciones.[6] Luego lea el texto resultante, y determine dónde mantendrá *y*.

RECETA 4
PUNTO Y SEGUIDO MÁS UN NEXO POSPUESTO, PARA ESCONDER O DAR SORPRESA (O PARA IMPRESIONAR)

De la receta anterior podemos obtener ésta, que es una variante estilística, variante que podría convertirse en un aliño de gran riqueza.

　¿Cómo es el asunto? Todos los nexos que tienen coma pospuesta (los de la receta

---

[*]　AQUINO, Tomás de: *Escritos políticos*.

anterior) pueden ir ubicados en otra posición que no sea el comienzo de una segunda oración. Y algo muy importante: deben llevar dos comas, una antes y otra después, salvo cuando van al final, caso en el cual sólo tienen una coma antepuesta. Veamos:

la forma más usual		posibles variantes
Quiero descansar. **No obstante,** *prefiero seguir hasta terminar.*	=	*Quiero descansar. Prefiero,* **no obstante,** *seguir hasta terminar.*
		Quiero descansar. Prefiero seguir, **no obstante,** *hasta terminar.*
		Quiero descansar. Prefiero seguir hasta terminar, **no obstante.**
Ya es tarde. **Por lo tanto,** *tenemos que irnos a dormir.*	=	*Ya es tarde. Tenemos,* **por lo tanto,** *que irnos a dormir.*
		Ya es tarde. Tenemos que irnos, **por lo tanto,** *a dormir.*
		Ya es tarde. Tenemos que irnos a dormir, **por lo tanto.**

¿Dónde podemos colocar los nexos? Lo más usual es después del sujeto o de la parte de la oración (véase la receta II) que encabeza la secuencia; pero, en realidad, pueden ir en cualquier lugar en que el sentido lo permita, incluso al final.

Esto es muy fácil. **Es decir,** *no hay ninguna complejidad aquí.*	→	⊗ *Esto es muy fácil. No hay,* **es decir,** *ninguna complejidad aquí.*
		⊗ *Esto es muy fácil. No hay ninguna complejidad aquí,* **es decir.**

Como vemos, no siempre se puede posponer el nexo. Depende de la orientación del mismo. Aquí es el sentido común el que nos ayudará.

Ahora bien, ¿qué logramos con esto? En la apariencia, nuestros textos se ven más prominentes; el lector podría quedar deslumbrado, tal vez. En el proceso mismo de la lectura, el lector comienza una segunda oración sin saber de antemano la relación que tiene con la anterior; se la revelamos cuando va a medio camino de la segunda, y apenas en este punto logra reafirmar o dilucidar. Hay, por tanto, cierta fluidez en la conexión de las ideas, y cierta sorpresa, inconsciente, en el lector.

Veamos a los escritores:*

[...] *prefiero aquella sentencia de Chesterton, que lo define como símbolo de terrible elegancia. No hay palabras, **por lo demás,** que puedan ser cifra del tigre* [...]

    [...] *Más de una vez he referido estas cosas y ahora me parecen ajenas. Las dejo, **sin embargo,** ya que las exige mi confesión.* [...]

[...] *calcular no es intrínsecamente analizar. Un jugador de ajedrez, **por ejemplo,** lleva a cabo lo uno sin esforzarse en lo otro.* [...]

    [...] *de cada diez casos, en nueve triunfa el jugador más capaz de concentración y no el más perspicaz. En el juego de damas, **por el contrario,** donde los movimientos son únicos y de muy poca variación* [...]

[...] *la cólera anudaba las palabras en mi garganta. Desnudé, **entonces,** mi espada* [...]

    [...] *Sus vestidos se cayeron a pedazos y tuvo que adoptar el traje de algodón de los macehuales. Tiñó, **además,** su piel con los colores de los kupules para que se le reconociese a donde quiera que viajase* [...]

¿Y cómo quedan las oraciones?

1	.	2$_1$, en efecto, 2$_2$	.	3$_1$, pues bien, 3$_2$	.
1	.	2$_1$, ante todo, 2$_2$	.	3$_1$, entonces, 3$_2$	.

El nexo queda claramente como inciso, es decir, como "algo" que se intercala en una oración (en este caso una segunda oración) para explicar algo relacionado con ésta (su conexión con la anterior). El nexo va siempre entre dos comas, y la segunda oración queda "fragmentada" porque el nexo se mete entremedio.

---

* "Tigres azules", extraído de BORGES, Jorge Luis: *La memoria de Shakespeare.*
    *No hay palabras, **por lo demás,** que puedan...* = ***Por lo demás,** no hay palabras que puedan...*
    *Las dejo, **sin embargo,** ya que las exige...* = ***Sin embargo,** las dejo ya que las exige...*
POE, Edgar Allan: *Los crímenes de la Rue Morgue.*
    *Un jugador de ajedrez, **por ejemplo,** lleva a cabo lo uno...* = ***Por ejemplo,** un jugador de ajedrez lleva a cabo lo uno...*
    *En el juego de damas, **por el contrario,** donde...* = ***Por el contrario,** en el juego de damas, donde...*
ANCONA, Eligio: *La cruz y la espada.*
    *Desnudé, **entonces,** mi espada...* = ***Entonces,** desnudé mi espada...*
    *Tiñó, **además,** su piel con los colores...* = ***Además,** tiñó su piel con los colores...*

Por su parte, cuando el nexo va al final de la segunda oración, la dispensación queda así:

| 1 | . | 2, en efecto | . | 3, Por ejemplo | . |
| 1 | . | 2, ante todo | . | 3, entonces | . |

MANOS A LA OBRA

1. En los siguientes fragmentos, posponga los nexos que encabezan las oraciones.*7

[...] *hay que perder un tiempo considerable en darse citas e ir de un lugar a otro, sin saber de verdad si lo único que aún funciona es el micrófono escondido donde menos lo pienses.* **En todo caso,** *lo primero se presta a una indeseada intimidad.* [...]

[...] *Sus principios no se avenían con la práctica imperial.* **En cambio,** *hasta el día de hoy "Séneca", en su nativo solar andaluz, significa "sabio", "filósofo".* [...]

[...] *La importancia de México y de Latinoamérica es que no sabemos administrar nuestras finanzas.* **En consecuencia,** *somos importantes porque les creamos problemas a los demás.* [...]

[...] *Puede ser tan corrupto como quiera.* **Sin embargo,** *el poder sobre él es nuestro* [...]

[...] *Sus ojos me dijeron que, una de dos: o se aburrían o no entendían.* **Además,** *la masa de papel que entraba día con día era tal que apenas daba tiempo de archivar.* [...]

OJO...
Las posibilidades son diversas. Busque variantes.

2. Redacte un texto utilizando nexos complejos. Una vez redactado, posponga algunos nexos. Decida, ahora, con cuántas modificaciones se quedará.

---

* FUENTES, Carlos: *La silla del águila.*

RECETA 5
BINOMIOS, PARA IMÁGENES, CONCEPTOS O SITUACIONES RICOS O COMPUESTOS

Una posibilidad adicional a lo visto hasta ahora es coordinar. ¿Qué es eso? La COORDINACIÓN es otro procedimiento lingüístico, uno mediante el cual podemos agrupar dos oraciones de acuerdo a ciertas relaciones. Se trata de un DOS POR UNO, de la disposición de BINOMIOS.

A propósito, son las mismas relaciones de la receta 2:

y (e) ni	o (u)	, pero	, es decir, , o sea,	, así que , por (lo) tanto, , por eso/esto,
suma o acumula	marca opción o elección	marca oposición	aclara	marca consecuencia

La diferencia con la receta 2 es que aquí no utilizamos punto después de la primera oración; aquí va coma o hay ausencia de puntuación.* Y lo más importante es que el nexo indica exclusivamente la relación de las dos oraciones que están entre el nexo, y nada más.

Así pues, en cuanto a lo que el lector percibe, hay, como ya dijimos, un DOS POR UNO. Así se coordina:

Estoy totalmente de acuerdo contigo	**y**	te apoyaré en todo lo que pueda.
No pienso rendirme ahora	**ni**	tampoco lo haré después.

> En algunos casos de *ni*, con la intención de enfatizar en la negación, la primera oración también podría ir encabezada con *ni*:
> **Ni** pienso rendirme ahora **ni** tampoco lo haré después.

---

* Algunos —como *y, ni, o*— no llevan puntuación. Otros —como *pero, así que*— llevarán sólo una coma antepuesta. Y otros —como *es decir, o sea, por lo tanto*— llevan dos comas, una antes y otra después.

 ¿Alguna fórmula para saber esto? Memorizar o leer mucho (para apropiarse por inducción). No hay más.

Iremos a la biblioteca	**o**	*podríamos ir a tomar un café.*

Él prometió ayudarnos a limpiar la casa	**, pero**	*no hizo nada.*

> En el caso del *pero*, algunos escritores suelen omitir esta coma. Es una licencia literaria.[*]

He tenido calificaciones impresionantes	**, es decir,** **, o sea,**	*he sido un excelente alumno.*

Mañana debemos levantarnos muy temprano	**, así que** **, por lo tanto,**	*nos iremos inmediatamente a la cama.*

Los pares de oraciones son independientes, pero están ensamblados en una misma situación.

Ejemplos:[**]

---

[*] Ejemplos:

[...] «*La vida tiene sus **atractivos pero** la muerte tiene sus encantos*». [...]

[...] *él había muerto como estaba anunciado en los lebrillos de muerte natural durante el **sueño pero** los altos mandos demoraban la noticia mientras trataban de dirimir en conciliábulos sangrientos sus pugnas atrasadas.* [...]

[...] *sabían expresarse en lengua **cristiana pero** eran sabios en trampas de dados y feroces y diestros en el manejo de las armas de guerra* [...]

[...] *eran las doce menos **cinco pero** el general Rodrigo de Aguilar no llegaba* [...]

[...] *se había quitado las **botas pero** se dejaba puestas las medias de púrpura de las doce docenas que le mandó el Sumo Pontífice de sus calceteros privados* [...]

[...] *el propio arzobispo primado se había ofrecido para administrar los últimos sacramentos a la **moribunda pero** él lo había plantado en la puerta* [...]

[...] *sentía el regocijo de su cuerpo en la **oscuridad pero** estaba paralizado de miedo* [...]

[...] *y él se levantó con su parsimonia **densa pero** volvió a acostarse junto a ella mientras dormía* [...]

[...] *El límite impide un aumento **desordenado pero** dificulta y retarda la desintegración.* [...]

[...] *El adorno ha **cambiado pero** siempre existió; se perseveraba* [...]

BAUDRILLARD, Jean: *De la seducción*; GARCÍA MÁRQUEZ, Gabriel: *El otoño del patriarca*; CANETTI, Elias: *Masa y poder*.

[**] ARLT, Roberto: *El jorobadito*; GREY, Zane: *Al oeste del Pecos*; BALZAC, Honoré de: *Eugenia Grandet*; HEMINGWAY, Ernest: *Al romper el alba*; ELLROY, James: *La dalia negra*; SARAMAGO, José: *La caverna*.

[...] *había puesto la silla al revés **y** apoyaba sus brazos en el respaldo de ésta.* [...]

[...] *el contrahecho encendió su cigarro medio consumido **y** después de observarme largamente dijo* [...]

[...] *Pecos no se sorprendió. Ni se afligió **ni** se preocupó. Había decidido* [...]

[...] *no he ido apenas a la escuela **ni** tengo ilustración.* [...]

[...] *El magistrado daba señales de benevolencia a los que le llamaban "señor presidente", **pero** sus sonrisas más halagüeñas eran para los que le adulaban dándole el nombre de "señor de Bonfons".* [...]

[...] *El tonelero bajó, **pero** habló distraídamente a su mujer* [...]

[...] *¿Yo puedo decirte más cosas **o** tú estás cansado del tema?* [...]

[...] *te marchas de esta tierra **o** te mato bien muerta.* [...]*

[...] *El niño continuaba con sus gritos de que fuese su papá, **así que** colgué el auricular con el deseo de no haber llamado.* [...]

[...] *Las noches del domingo la criada va a sus sesiones de vudú, **así que** aquí sólo estamos nosotros, los blancos.* [...]

[...] *otra vez queda demostrado lo que ya demostración no precisa, **o sea,** aquello que más le cuesta a un hombre es reconocer sus debilidades y confesarlas* [...]

[...] *debía ser fácil de solucionar a partir de aquí, **es decir,** el secreto era no calentar el horno ni de más ni de menos* [...]

Dos por una. Así quedan las oraciones en un párrafo:

1 y 2	.	3, pero 4	.	5, así que 6	.
1 o 2	.	3, es decir, 4	.	5 y 6	.

Más adelante, en la receta 18, veremos que los casos de *así que* o *por lo tanto* pueden ser considerados contextos lógicos. Ambas apreciaciones (binomio y contexto lógico) son correctas.

---

* En algunos casos, como vemos aquí, lo disyuntivo tiene en la práctica otro valor. Puntualmente, en el ejemplo es condicional: *si no te marchas de esta tierra, te mato bien muerta*, valga el pleonasmo.

Manos a la obra

1. Contemplando los siguientes fragmentos,* responda las siguientes preguntas:[8]

• ¿A qué se suman los fragmentos ennegrecidos?
[...] *Ninguna mujer respetable de Basílica habría permitido que su hija sirviera en casa de Rasa si allí residía un chico de catorce. Para colmo, desde los doce años Nafai crecía sin cesar **y no daba indicios de detenerse, aunque ya se acercaba a los dos metros de altura.** [...]*

*[...] Padre era tan fiel que las mujeres habían desistido de visitarlo para sugerirle que estarían disponibles cuando expirase el contrato. Claro que Madre se mantenía igualmente fiel **y aún había muchos hombres que la adulaban con obsequios e insinuaciones.** [...]*

• ¿A qué se oponen los fragmentos ennegrecidos?
*[...] —Mentirías mejor si practicaras con más frecuencia —dijo Tía Rasa—. Ve a la cama, mi dulce vidente. Luet obedeció, **pero durmió poco.** [...]*

*[...] Era momento de mencionar el precio. Elemak aguardó, **pero Gaballufix no dijo nada.** [...]*

• ¿Consecuencia de qué son los fragmentos ennegrecidos?
*[...] Hubo otro chequeo retinal en la puerta interior. Como eran ciudadanos y los ordenadores mostraban que no traían nada ni habían comprado nada en los puestos, no hubo que registrarlos en busca de lo que un eufemismo denominaba «préstamos no autorizados», **así que poco después entraron en la ciudad.** [...]*

*[...] Enfiló hacia la balaustrada para contemplar el paisaje que estaba prohibido a los ojos de los hombres. Tía Rasa no lo siguió, **así que Luet y Hushidh también se quedaron detrás de los biombos.** [...]*

2. Redacte un texto utilizando, de vez en cuando, alguna coordinación.

---

* CARD, Orson Scott: *La memoria de la tierra.*

RELACIÓN DE PAREJA (COMA), NO FAMILIAR (PUNTO Y SEGUIDO)

Tenemos que remarcar que hablamos de binomios. Esto quiere decir que la segunda oración del par se relaciona particularmente con su pareja, no con las oraciones anteriores (receta 2). Veamos el caso de *pero*.

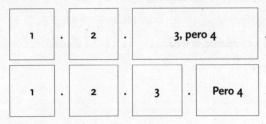

La oración 4 se opone a 3, a nada más. La relación es entre estas dos oraciones.

Receta 2. La oración 4 tiene más opciones. El mensaje en sí nos dirá si se opone a 3, a 2 y 1 ó a 1, 2 y 3.

Veamos los otros casos:

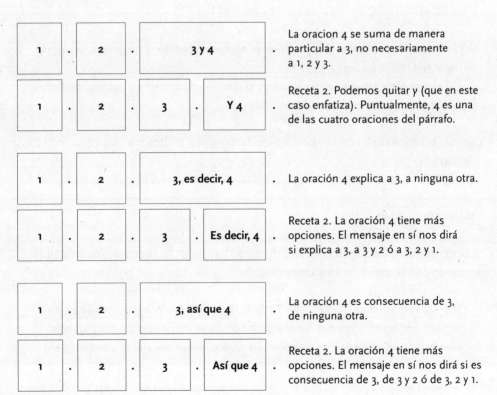

La oracion 4 se suma de manera particular a 3, no necesariamente a 1, 2 y 3.

Receta 2. Podemos quitar y (que en este caso enfatiza). Puntualmente, 4 es una de las cuatro oraciones del párrafo.

La oración 4 explica a 3, a ninguna otra.

Receta 2. La oración 4 tiene más opciones. El mensaje en sí nos dirá si explica a 3, a 3 y 2 ó a 3, 2 y 1.

La oración 4 es consecuencia de 3, de ninguna otra.

Receta 2. La oración 4 tiene más opciones. El mensaje en sí nos dirá si es consecuencia de 3, de 3 y 2 ó de 3, 2 y 1.

Casos especiales: , y

Cuando se trata de *y* en un binomio, en algunos casos podemos anteponer una coma
(,) a este nexo. Esto es frecuente y muchas veces aconsejable, aunque no obligatorio.
Hay tres casos...
Primero, cuando la primera oración es muy larga o compleja.[*]

Tuvimos muchísmo tiempo para aprender todas las lecciones de redacción	**, y**	*había disposición.*

Ejemplos:[**]

[...] *Un día mirabas a ese hombre y pensabas* Te amé, **y** *lo pensabas en tiempo pasado* [...]
   [...] *¿Fue pasada clandestinamente por la frontera de Gilead hasta lo que entonces era
Canadá,* **y** *se las arregló para ir de allí a Inglaterra?* [...]

[...] *Es indudable que Willoughby puede tener motivos suficientes para haberse comporta-
do así,* **y** *espero que los tenga.* [...]
   [...] *Fue su tesoro más valioso y preciado el que me encomendó,* **y** *gustoso me habría
hecho cargo de ella en el más estricto sentido* [...]

La segunda oración puede ser corta; pero si también es larga o compleja, hay más
razón para la coma.

Manos a la obra

Contemplando los siguientes fragmentos,[***] utilice el criterio aprendido para
estimar dónde poner coma antes de *y*:[9]

   [...] *¡Me convertiré en Conde de los Trolls de Inglaterra (quizá alguna noche en rey
   de todo Trollheim) y acudiré a darte caza con todas las fuerzas de que disponga!
   ¡También tú, al igual que los hombres, los elfos y cualquiera que se interponga en*

---

[*] Entiéndase "compleja", para fines de este punto, como una oración que tiene comas, comillas, parén-
tesis o signos de interrogación o exclamación, incluso factores visuales como letras cursivas.
[**] ATWOOD, Margaret: *El cuento de la criada*; AUSTEN, Jane: *Sentido y sensibilidad*.
[***] ANDERSON, Poul: *La espada rota*.
Las comas originales antes de *y* fueron eliminadas, para efectos didácticos.

> *mi camino, sentirás mi ira y jamás descansaré hasta que no haya despellejado viva a quien me partió el corazón con una sombra!* [...]
>
> [...] *Muchos roncaban en el suelo, junto a los perros; otros aullaban y discutían, rodeados de espectadores, más dispuestos a azuzarlos que a tranquilizarlos.* [...]
>
> [...] *Valgard extrajo el hacha de la cabeza de Steingrim y se quedó inmóvil, amenazante en la luz llena de humo, con los ojos que parecían copos de hielo glaciar. Preguntó en voz baja* [...]
>
> [...] *Valgard saltó por encima de él y cogió a Freda de una muñeca.* [...]
>
> [...] *Los saqueadores abusaron de ellas y después las dejaron marchar.* [...]
>
> [...] *Sólo se preguntó, de pasada, si no tendrían un antepasado común —algún danés que hubiese pasado un verano en Inglaterra cien años antes— y ya no volvió a acordarse de la cuestión.* [...]

Segundo caso... Cuando las oraciones tienen sujetos distintos.

Ella *comenzó a trabajar con la tarea de las correcciones*	**, y**	**su hermana** *se incorporó tiempo después.*

Ejemplos:*

[...] *dio a Patty un toque aquí y allá,* **y** *ambas partieron a la hora fijada para la merienda en casa de Augusta.* [...]

[...] *Poco después de esta ceremonia el grupo se dispersó,* **y** *Edith volvió a casa para contar la historia de lo sucedido* [...]

[...] *Una pequeña criatura pajaroide se acercó,* **y** *Krat tomó una de las ciruelas que había en la bandeja que le ofrecía.* [...]

[...] *Toshio asintió,* **y** *Creideiki se giró de nuevo para encararse a Dennie.* [...]

---

* "La clase de cocina", extraído de ALCOTT, Louise M.: *El mantel de Tabby*; BRIN, David: *Marea estelar.*

MANOS A LA OBRA

Contemplando los siguientes fragmentos,* utilice el criterio aprendido para estimar dónde poner coma antes de y:[10]

> [...] *No tengo ningún inconveniente en bailar y espero tener el honor de hacerlo con todas mis bellas primas.* [...]
>
> [...] *Cuatro sobrinas de la señora Jenkinson se colocaron muy bien gracias a mí y el otro día mismo recomendé a otra joven de quien me hablaron por casualidad* [...]
>
> [...] *en efecto, estuvo pendiente de sus sobrinos y habló con ellos especialmente con Darcy* [...]
>
> [...] *La última velada la pasaron allí y Su Señoría volvió a hacer minuciosas preguntas sobre los detalles del viaje, les dio instrucciones sobre el mejor modo de arreglar los baúles* [...]
>
> [...] *lo desharé en cuanto lleguemos a casa y veré si puedo mejorarlo algo.* [...]
>
> [...] *Dentro de quince días ya no estarían allí y esperaba que así se libraría de Wickham para siempre.* [...]
>
> [...] *Los Gardiner durmieron en Longbourn aquella noche y a la mañana siguiente partieron con Elizabeth en busca de novedades y esparcimiento.* [...]
>
> [...] *El señor Bennet no contestó y, ensimismados todos en sus pensamientos, continuaron en silencio hasta llegar a la casa.* [...]

Si 1) la primera oración es muy larga y 2) las oraciones tienen sujetos distintos, tendríamos dos motivos para anteponer una coma a y. Pero aun así no es obligatorio, sí aconsejable.

Tercer caso... Cuando y tiene valor de *pero*.

| Le dije que después de y puede ir coma | , y (pero) | no me creyó. |

---

*   AUSTEN, Jane: *Orgullo y prejuicio.*
    Las comas originales antes de y fueron eliminadas, para efectos didácticos.

Ejemplos:*

[...] *Se atrincheró y disparó,* **y** *los demás enseguida se pusieron en pie y subieron por la pendiente hacia los árboles.* [...]

[...] *Una semana más tarde el ejército alemán se rindió,* **y** *Kleinman no se alegró lo más mínimo.* [...]

[...] *Con eso la convenció,* **y** *a cambio Ginger quería vivir una aventura y prefería no quedarse en Nueva York.* [...]

[...] *Había matado a un hombre, quizá,* **y** *lo había hecho en defensa propia y en defensa de su empresa* [...]

PUNTO Y COMA ANTES DE *PERO* Y *ASÍ QUE*

Cuando, en un binomio, una primera oración es larga o compleja y la segunda inicia con *pero* (o similar) o *así que* (o similar),** se suele usar PUNTO Y COMA, no COMA. Ejemplos:***

[...] *En cuanto a la señora Roselli, había nacido en "la antigua y soberbia ciudad de Parma, donde existe aquella magnífica cúpula pintada por el inmortal Correggio";* **pero** *su larga permanencia en Alemania la había germanizado casi por completo* [...]

[...] *Después dijo que, naturalmente, los negocios iban menos bien que en tiempo de su marido, maestro en el arte de la confitería... (¡Un grand'uomo!, gruñó Pantaleone con aire sombrío);* **pero** *que, sin embargo, gracias al cielo, aún se encontraban medios para vivir.* [...]

[...] *Comprendo bien que dejará de amarme tanto como ahora, y que acaso muy pronto amará a otra más que a mí;* **pero** *ésta será una penitencia más por la falta que he cometido* [...]

[...] *Todos mis conocimientos de la Corte y ciudad han venido a informarse de mí;* **pero** *no me era posible recibir* [...]

---

* Esta situación no se da (o se da muy poco) en la literatura. Pertenece más al lenguaje coloquial. De este modo, van ejemplos con, valga la herejía, «, **pero**» original cambiada por «, **y**».
CANIN, Ethan: *El otro lado del mar.*

** Entiéndase, otra vez, como "compleja" una oración que tiene comas, comillas, paréntesis o signos de interrogación o exclamación.

*** TURGUÉNEV, Iván: *Aguas primaverales;* CHODERLOS DE LACLOS, Pierre: *Las amistades peligrosas;* SCHELLER, Max: *La idea del hombre y la historia.*

[...] *Ese agente se identifica ontológicamente, o por lo menos en su principio, con lo que eternamente plasma al mundo y le da forma de mundo (racionalizando el caos, convirtiendo la "materia" en cosmos)*; **por lo tanto,** *ese agente es verdaderamente capaz de conocer el mundo.* [...]

[...] *"Si hubiera dioses, ¿cómo podría yo consentir no ser dios?*; **por lo tanto,** *no existen dioses".* [...]

Veamos la longitud o la complejidad de las primeras oraciones. Es esto lo que origina el uso de PUNTO Y COMA.

> Podría suceder lo mismo con *aunque*, aunque nada tiene que ver con la COOR-
> DINACIÓN. Lo veremos cuando sea el caso.

RECETA 6
SERIES, GRUPOS DE ORACIONES

LA SERIE

A veces podemos agrupar más de 2 oraciones. Sí, enlazamos un conjunto de oraciones, y lo hacemos mediante comas (,); y entre las oraciones penúltima y última a veces (casi siempre) ponemos *y* (*e*) u *o*. Esto último no es obligatorio cuando se trata de *y*, no obstante.

Caminaremos por el parque	,	*iremos* al cine	y	*compartiremos* un café	.
Caminaremos por el parque	,	*iremos* al cine	,	*compartiremos* un café	.
A		B		C	

Ahora bien, para que estas oraciones puedan conformar una serie, deben cumplir con un requisito: tener **construcciones equivalentes.**

Nos queda algo así:

A	,	B	,	C	,	D	,	E	y	F	.
α	,	β	,	γ	,	δ	,	ε	,	ζ	.
♈	,	♉	,	♊	,	♋	,	♌	o	♍	.

Ejemplos:*

[...] *Cipriana salvó ágilmente el obstáculo, torció hacia la izquierda y se halló en una diminuta caleta abierta entre los altos paredones de una profunda quebrada.* [...]**
    [...] *despertó, se retorció como un gusano y lanzó un penetrante chillido.* [...]

[...] *Era un buque de guerra al servicio del comercio, estaba armado con veinte cañones y era el único superviviente de la primera fuerza expedicionaria holandesa salida de Róterdam para atacar al enemigo en el Nuevo Mundo.* [...]
    [...] *me haré de nuevo a la mar, volveré a mi país por la ruta de Occidente y seré el primer piloto inglés que habrá dado la vuelta al mundo.* [...]

> Desde el punto de vista de la puntuación, este uso de COMA tiene dos curiosidades. Primero, es el menos utilizado en la escritura. Así es; si revisamos, por ejemplo, una novela, una crónica periodística o un ensayo, veremos que la enumeración, la serie, es lo menos utilizado por un redactor. Es curioso porque en general la gente piensa lo contrario. Y es por esto que, segundo, la gente suele "enumerar" todo en un texto. Ponen una coma tras otra, generando lo que en la receta 1 denominamos AGLOMERACIÓN.
>   Ahora ya sabemos que en una enumeración las oraciones deben tener **construcciones equivalentes**.

Ahora bien, algunas oraciones yuxtapuestas de la receta 1 sí podrían ser enumeradas... con comas. Eso sí, deben tener construcciones equivalentes, reitero, y, además, el redactor debe tener la intención clara, deliberada, de marcar la cadena como una serie. Así pues, antes de hacer una serie, debemos peguntarnos si es lo que de verdad queremos transmitir.

---

* "Sub Sole", extraído de LILLO, Baldomero: *Sub Sole*; CLAVELL, James: *Shōgun*.
** Para efectos prácticos, hemos quitado una frase incidental (*de improviso*). Así se nota claramente la serie.
    [...] *Cipriana salvó ágilmente el obstáculo, torció hacia la izquierda y se halló,* **de improviso**, *en una diminuta caleta abierta entre los altos paredones de una profunda quebrada.* [...]

Para saber si realmente queremos generar una serie, veamos la siguiente compa-ración. Primero con puntos...

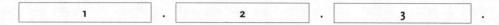

Cada oración tiene su propia jerarquía, cada oración tiene su propio lugar, su ca-sillero, su cajón. En este caso, el lector entiende ese grupo como un conjunto de tres oraciones independientes y correlativas pero relacionadas temáticamente (es decir, que conforman un párrafo).

Ahora la serie...

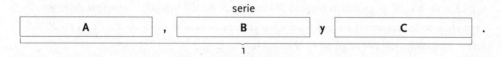

Aquí, A, B y C están en un mismo cajón; todas son vistas como un todo, como una serie. En el párrafo, y para la mente del lector, esta serie cuenta como un único eslabón.

MANOS A LA OBRA

1. Tome el texto realizado en el primer ejercicio de la receta 1; y, si es posible, convierta en una serie al menos 3 oraciones correlativas. En caso de que no se pueda, a cualquier oración agréguele dos sucesoras, de modo que forme una serie.
2. Redacte un texto utilizando YUXTAPOSICIÓN (receta 1) e intercale, donde con-sidere adecuado, una serie. Tema libre.

OJO...
No olvide que las oraciones deben ser **equivalentes**.

LA DISTRIBUCIÓN

Podemos agrupar oraciones o frases en una distribución, algo distinto a la serie. Se trata de la alternancia o alineación de opciones (de tiempo, de lugar o de índole lógica).

Leo lee poesía	Óscar ve películas	Arturo descansa

, , .

con ♈ sucede X   con ♉ sucede Y   con ♊ sucede Z

Para esto, muchas veces utilizamos ciertos nexos, nexos discontinuos, enlaces intermitentes o fórmulas. Aquí algunos:

Sea... sea	Ya... ya	Bien... bien	Ora... ora	Unos... otros

Distribuimos con comas:

Unos aprenden rápido	,	**otros** aprenden más rápido.
Bien comenzamos desde cero	,	**bien** lo hacemos desde donde consideramos necesario.

Ejemplos:[*]

[...] *En tanto que* **algunos** *dicen que era «una secretaria»,* **otros** *afirman que era una hermosa rubia de las SS* [...]

[...] *El Mersey, lleno de buques,* **los unos** *amarrados,* **los otros** *bajando o subiendo por él* [...]

PUNTO Y COMA PARA SERIES COMPLEJAS

Si al menos una de las oraciones enumeradas ya contiene comas (por el motivo que sea),[**] estas oraciones deben ser separadas con PUNTO Y COMA, no COMA.
Ejemplos:[***]

---

[*] KENEALLY, Thomas: *El arca de Schindler;* VERNE, Julio: *Una ciudad flotante.*
[**] Las que aparecerán a partir de la receta 17.
[***] CERVANTES SAAVEDRA, Miguel de: *El ingenioso hidalgo don Quijote de la Mancha;* UNAMUNO, Miguel de: *Niebla.*
Para distinguir visualmente los componentes de la serie, las oraciones pares van con **negrita**.

[...] *es una invectiva contra los libros de caballerías, de quien nunca se acordó Aristóteles, ni dijo nada San Basilio, ni alcanzó Cicerón;* **ni caen debajo de la cuenta de sus fabulosos disparates las puntualidades de la verdad, ni las observaciones de la astrología;** *ni le son de importancia las medidas geométricas, ni la confutación de los argumentos de quien se sirve la retórica;* **ni tiene para qué predicar a ninguno, mezclando lo humano con lo divino, que es un género de mezcla de quien no se ha de vestir ningún cristiano entendimiento.** [...]

[...] *Y, sin detenerse un punto, tornó a subir el fraile, todo temeroso y acobardado y sin color en el rostro;* **y, cuando se vio a caballo, picó tras su compañero, que un buen espacio de allí le estaba aguardando, y esperando en qué paraba aquel sobresalto;** *y, sin querer aguardar el fin de todo aquel comenzado suceso, siguieron su camino, haciéndose más cruces que si llevaran al diablo a las espaldas.* [...]

[...] *Eres tú, que me traes y me llevas y me haces dar vueltas como un argadillo;* **eres tú, que me vuelves loco;** *eres tú, que me haces quebrantar mis más firmes propósitos;* **eres tú, que haces que yo no sea yo...** [...]

[...] *un novelista, un dramaturgo, no pueden hacer en absoluto lo que se les antoje de un personaje que creen;* **un ente de ficción novelesca no puede hacer, en buena ley de arte, lo que ningún lector esperaría que hiciese...** [...]

En algunos casos, especialmente en la literatura, existen series en las que en realidad algunas oraciones subsiguientes son explicaciones o profundizaciones de las anteriores.

MANOS A LA OBRA

Redacte una serie compleja, que ya tenga comas.* Recuerde enumerar con PUNTO Y COMA. Tema libre.

---

* Hasta el momento no tenemos mayor conocimiento de los usos de coma, ya que en su gran mayoría aparecerán a partir de la receta 17. Así pues, no se preocupe; si están mal puestas, no importa; no importa ahora. Lo que sí importa es el uso específico de PUNTO Y COMA.

RECETA 7
PUNTO Y COMA PARA ESTRECHAR ORACIONES CON INFORMACIÓN AFÍN

En la receta I vimos cómo utilizar el punto para dispensar las oraciones de un párrafo. Ahora bien, el PUNTO Y COMA (;) podría tener casi un valor idéntico al PUNTO Y SEGUIDO: marcar los términos de mensajes de mayor alcance dentro de un escrito; pero también sugiere algo más.

> El PUNTO Y COMA se escribe siempre sin dejar un espacio de separación respecto a la palabra que lo precede. Y luego de éste siempre se escribe con minúscula.

Simplemente, si el redactor necesita marcar la cercanía estrecha entre dos oraciones, y, con esto, posiblemente también marcar contraste respecto a las demás oraciones, utiliza PUNTO Y COMA...

El redactor pretende indicarle al lector que hay más relación entre 3 y 4 que entre las otras oraciones.

Ojo... Este PUNTO Y COMA no es obligatorio. Jamás... Primero, para poner PUNTO Y COMA en lugar de PUNTO Y SEGUIDO debe haber ciertos requisitos. Ya los veremos. Segundo, debe estar presente la resolución del redactor; realmente debe querer marcar esta cercanía...

> No todo PUNTO Y SEGUIDO puede y debe ser cambiado por PUNTO Y COMA, ya sabemos. En el sentido inverso sí: todo PUNTO Y COMA puede ser cambiado por PUNTO Y SEGUIDO.

El criterio del redactor para poner PUNTO Y COMA por información afín puede ser sumamente sencillo. Podríamos recurrir a él, por ejemplo, por la presencia de un

mismo sujeto o personaje o por la alusión a un mismo ser, ente o situación, especialmente en un párrafo con más de un sujeto o más de un personaje.

Adán lo sabía	. Pero Eva tenía algunas dudas	; antes tenía que resolverlas.	El PUNTO Y COMA indica la cercanía por el mismo sujeto: Eva. Y contrasta con Adán.

Veamos ejemplos de mismo sujeto/personaje:*

[...] *La parte inferior de la hoja desaparecía bajo una costra de barro. Me incliné; ya me
regocijaba pensando en tocar la pasta tierna y fresca que formaría entre mis dedos bolitas
grises... [...]*

[...] *En realidad, sus ojos están abiertos, pero son rendijas. Ella es así; no se apresura a
servir a los clientes; siempre se demora un rato soñando con las órdenes recibidas. Ha de
proporcionarle un pequeño placer imaginativo [...]*

[...] *Cogí la escopeta y disparé; volví a cargar y volví a disparar. La perra tenía una sangre
oscura y pegajosa que se extendía poco a poco por la tierra. [...]*

[...] *La yegua se movía hacia el rincón. Me arrimé; llegué hasta poder darle una pal-
mada en las ancas. El animal estaba despierto, como impaciente. [...]*

También podría tratarse del mismo instante o instantes cercanos, en los que se
narra o describe o sobre los que se narra, especialmente en un párrafo con, en general, intervalos separados o distintos.

En aquel entonces, eran novatos	. Ahora, todo era distinto	; entendían la trama.	El PUNTO Y COMA indica la cerca- nía por instantes cercanos: *ahora*. Y contrasta con *en aquel entonces*.

Ejemplos:**

---

* SARTRE, Jean Paul: *La náusea*. En el primer ejemplo, los sujetos son *la parte inferior de la hoja* [.] (yo) [;]
(yo). En el segundo, *sus ojos* [.] (ella) [;] (ella) [.] (eso/aquello).
CELA, Camilo José: *La familia de Pascual Duarte*. Los sujetos del primer ejemplo: (yo) [;] (yo) [.] *la perra*.
Los del segundo: *la yegua* [.] (yo) [;] (yo) [.] *el animal*.

** STOCKER, Bram: *Drácula*. En el primer ejemplo, suceden en instantes cercanos tanto el hecho de que
la intranquilidad de los pasajeros aumentó como que *el loco carruaje se bamboleó sobre sus grandes resortes
de cuero*. En el segundo, cuando *el cochero saltó otra vez a su asiento y agitó las riendas* y cuando *los caballos iniciaron la marcha*.
DUMAS, Alejandro: *El conde de Montecristo*. En el primer ejemplo, suceden en instantes cercanos *vio
que se encontraba en un patio cuadrado de altísimas paredes* y *oíase a lo lejos el paso acompasado de los centinelas*. En el segundo, *corrieron a torrentes las lágrimas que hinchaban sus pupilas* y *púsose de hinojos con la
frente pegada al suelo*.

[...] *Entonces, a través de la oscuridad, pude ver una especie de mancha de luz gris ade-lante de nosotros, como si hubiese una hendidura en las colinas. La intranquilidad de los pasajeros aumentó; el loco carruaje se bamboleó sobre sus grandes resortes de cuero, y se inclinó hacia uno y otro lado como un barco flotando sobre un mar proceloso. Yo tuve que sujetarme.* [...]

[...] *las esculturas habían sido desgastadas por el tiempo y las lluvias. Mientras yo permanecía en pie, el cochero saltó otra vez a su asiento y agitó las riendas; los caballos iniciaron la marcha, y desaparecieron debajo de una de aquellas negras aberturas con coche y todo.* [...]

[...] *Miró en derredor, y vio que se encontraba en un patio cuadrado de altísimas paredes; oíase a lo lejos el paso acompasado de los centinelas, y tal vez cuando pasaban al resplan-dor proyectado en los muros por dos o tres luces que había dentro del castillo, veía brillar el cañón de sus fusiles.* [...]

[...] *Corrieron a torrentes las lágrimas que hinchaban sus pupilas; púsose de hinojos con la frente pegada al suelo, y a rezar por largo rato, repasando en su imaginación toda su vida pasada* [...]

Por qué no, también podría tratarse de un mismo lugar en el que sucede algo (en contraste con otros lugares mencionados también), incluso el mismo lugar desde el cual se menciona estar escribiendo.

La sala estaba fría.		Mi cuarto tenía algo de calor	;	la cama me llamaba.	El PUNTO Y COMA indica la coincidencia de lugares: el cuarto. Y contrasta con la sala.

Veamos:[*]

[...] *El inspector volvió al muelle y se dirigió con celeridad al despacho del cónsul; en se-guida, por petición suya, urgente, fue introducido a la presencia de dicho funcionario.* [...]

[...] *se detuvieron las dos poderosas locomotoras que remolcaban los nuevos vagones de convidados, entre los cuales figuraba el vicepresidente Tomás C. Durant. Allí dieron el*

---

[*] VERNE, Julio: *La vuelta al mundo en 80 días*. En el primer ejemplo, ambas acciones separadas por PUN-TO Y COMA suceden en el despacho del cónsul. En el segundo, ambas suceden "allí".
DEFOE, Daniel: *Robinson Crusoe*. En el primer ejemplo, ambas acciones suceden en el mismo mar. En el segundo, ambas suceden en la playa.

simulacro de un combate indio; allí brillaron los fuegos artificiales, en medio de ruidosas aclamaciones [...]

[...] Las olas se elevaban como montañas y nos abatían cada tres o cuatro minutos; lo único que podía ver a mi alrededor era desolación. Dos barcos que estaban cerca del nuestro habían tenido que cortar sus mástiles a la altura del puente [...]

[...] Dejaron los alimentos en la playa y se alejaron, deteniéndose a una gran distancia, hasta que nosotros lo subimos todo a bordo; luego volvieron a acercarse. [...]

Ciertamente, puede haber muchas más posibilidades. En este punto, el uso DE PUNTO Y COMA goza de mucha libertad. Eso sí, tampoco hay que abusar.

MANOS A LA OBRA

1. Rehaga el texto del primer ejercicio de la receta i; pero esta vez utilice algunos PUNTO Y COMA en lugar de PUNTO Y SEGUIDO, donde usted considere adecuado, según su propio criterio de cercanía.
2. Redacte un texto que utilice PUNTO Y SEGUIDO y PUNTO Y COMA. Tema libre.
3. Lea el siguiente texto y reflexione sobre dónde podría haber PUNTO Y COMA.[*][II]

[...] Tal vez Nacha sólo escuchó las palabras que todos callaron. Esa noche fue imposible que Tita conciliara el sueño. No sabía explicar lo que sentía. Lástima que en aquella época no se hubieran descubierto los hoyos negros en el espacio [...]

[...] tomó distraídamente una copa de licor de Noyó que encontró en su camino y se sentó junto a Paquita Lobo, vecina del rancho. El poner distancia entre Pedro y ella de nada le sirvió. Sentía la sangre correr abrasadoramente por sus venas. Un intenso rubor le cubrió las mejillas y por más esfuerzos que hizo no pudo encontrar un lugar donde posar su mirada. [...]

[...] Cuando los revolucionarios llegaron, encontraron a Mamá Elena en la entrada de la casa. Bajo las enaguas escondía su escopeta. A su lado estaban Rosalío y Guadalupe. Su mirada se encontró con la del capitán que venía al mando y éste supo inmediatamente, por la dureza de esa mirada, que estaban ante una mujer de cuidado. [...]

---

[*] ESQUIVEL, Laura: *Como agua para chocolate.*
Por razones didácticas, cada PUNTO Y COMA original fue cambiado por PUNTO Y SEGUIDO.

RECETA 8
PUNTO Y COMA PARA ESTRECHAR ORACIONES CON RELACIÓN LÓGICA

Sucede lo mismo que en la receta anterior: el redactor necesita marcar la cercanía estrecha entre dos oraciones, y, con esto, imprimir contraste respecto a las demás oraciones. Así pues, utiliza PUNTO Y COMA...

> Este uso tampoco es obligatorio. Así, si nos cuesta entender cuándo es posible poner PUNTO Y COMA por esta relación, no pongamos PUNTO Y COMA; no hay problema; ya llegará el momento.

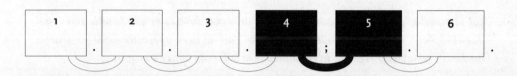

El redactor pretende indicarle al lector que hay cierta relación lógica (estrecha) entre 4 y 5, relación que no se da entre las otras oraciones. Alto, ¿lógica, relación lógica?...

A veces, un PUNTO Y COMA indica que la segunda oración es un EFECTO de una CAUSA marcada por la oración anterior; aunque a veces también puede ser al revés (EFECTO-CAUSA).

| Estuve practicando el uso de coma | ; | he logrado aprender mucho. |

Ejemplos:*

[...] *"Un nativo en estado salvaje —dice— vive en constante peligro; se encuentra rodeado siempre de espíritus hostiles. [...]*

---

* BERTRAND, Russell: *Autoridad e individuo*; SHELLEY, Mary W.: *Frankenstein*.
  En estos casos podemos ubicar, mentalmente, «porque» donde está el punto y coma. En algunos casos, para ver la relación, si se trata de efecto-causa, tendríamos que cambiar mentalmente el orden de las oraciones.

[...] *Los hombres ensalzan las hazañas de sus antepasados, pero ya no pueden igualarlas; el arte se convierte en algo convencional y la ciencia se asfixia por respeto a la autoridad. [...]*

[...] *Sin embargo, estoy animado; mis hombres son valerosos y parecen tener una firme voluntad. [...]*

[...] *Para nosotros los estudios nunca fueron una imposición; siempre teníamos una meta a la vista que nos espoleaba a proseguirlos. [...]*

[...] *Fue un verano hermosísimo; jamás habían producido los campos cosecha más abundante ni las cepas, mayor vendimia [...]*

También puede haber PUNTO Y COMA porque una segunda oración es una CONCLUSIÓN o un RESUMEN de la anterior. Veamos:[*]

[...] *El aspecto "penal" del derecho en las comunidades salvajes es quizás aún más vago que el aspecto "civil"; nuestra idea de "justicia" casi no tiene aplicación aquí y nuestros medios de restablecer el alterado equilibrio de la tribu son lentos y engorrosos. [...]*

[...] *El verdadero problema no es estudiar la manera como la vida humana se somete a las reglas o pues no se somete o; el verdadero problema es cómo las reglas se adaptan a la vida. [...]*

[...] *Se le había olvidado que la petición del pasaporte que hacían en los hoteles europeos en el momento de registrarse era algo más que una pura formalidad; estaban obligados a ello por ley. [...]*

[...] *A Langdon le costaba creer que de lo de Roma hiciera sólo un año; parecían décadas. [...]*

[...] *Llamo a este hecho espíritu, inteligencia, como me da la gana; no explico nada, doy un nombre a lo que veo.»* [...]

[...] *Esperen un momento, déjenles decir; escuchen hasta el final. [...]*

[...] *Pero no pronuncia la decisiva demanda de matrimonio; no se compromete. [...]*

[...] *indolente y generosa, da con gusto a quien le pida algo; no es en absoluto ninguna mujer mala o envidiosa. [...]*

---

[*] MALINOWSKI, Bronislaw: *Crimen y costumbre en la sociedad salvaje*; BROWN, Dan: *El Código Da Vinci*; RANCIÈRE, Jacques: *El maestro ignorante*; ZWEIG, Stefan: *María Antonieta*.
De manera sencilla, para corroborar, mentalmente, el PUNTO Y COMA puede ser cambiado por «en resumen/conclusión».

> Puede ser una u otra o, en algunos casos, podría haber un *resumen-conclusión*.

Y en otros, una oración es una JUSTIFICACIÓN O PROFUNDIZACIÓN de la anterior. Ejemplos:*

[...] *El muchacho no lo reconoció; ni siquiera sabía en qué planeta se encontraba. Y miró a la muchedumbre.* [...]

   [...] *Thorby lo soportó durante una breve distancia y luego se rebeló; tenía ya bastante de tales tratos.* [...]

[...] *Por la parte sur (según pude apreciar) había una estrella roja muy brillante, nueva para mí; parecía aún más espléndida que nuestra propia y verde Sirio.* [...]

   [...] *Habíame dormido, y mi fuego se extinguió; la amargura de la muerte invadió mi alma.* [...]

Ahora bien, en ciertas ocasiones es tanta la relación (y de diversas posibilidades), que incluso hay un nexo.
Ejemplos:**

[...] *Con el tiempo, los O'Groat prosperaron, y su número aumentó;* ***al cabo,*** *se contaban ocho familias del mismo nombre.* [...]

   [...] *Incluso rogó al "intermediario" que tranquilizara al "viejo guerrero";* ***después de todo,*** *en su condición de antiguo académico, el propio Chasles podía ser un custodio fidedigno de los valiosos documentos.* [...]

[...] *el de la parte concupiscible es la relajación, la intemperancia que no es dueña de sí; y,* ***en fin,*** *el vicio del alma entera es la injusticia, junto con la liberalidad y con la bajeza.* [...]

   [...] *la alegría pura de esta allí presente, haciendo música, haciendo teatro, haciendo magia...;* ***al fin y al cabo,*** *era de lo que se trataba.* [...]

---

* HEINLEIN, Robert A.: *Ciudadano de la galaxia*; WELLS, H.G.: *La máquina del tiempo.*
Mentalmente, el PUNTO Y COMA puede ser cambiado por *en concreto, en otros términos, en pocas palabras, en definitiva...*

** TABORI, Paul: *Historia de la estupidez humana*; ARISTÓTELES: *Moral a Eudemo.*

MANOS A LA OBRA

Redacte un texto que utilice (además de PUNTO Y SEGUIDO, obviamente) PUNTO Y COMA por relación lógica. Tema libre.

RECETA 9
DOS PUNTOS PARA LO ESTRECHO Y YA ANUNCIADO

Hay casos en que el redactor quiere llamar la atención sobre algo que viene. Pues bien, para esto, primero establece una ORACIÓN ANUNCIATIVA, que anticipa que lo siguiente es transcendental o al menos interesante, y luego utiliza DOS PUNTOS (:).

Muchos de los PUNTO Y COMA de la receta 8 pueden ser convertidos en DOS PUN-TOS. Lo anunciativo está o suele estar; lo que falta es que el redactor realmente tenga la intención de llamar la atención (y obviamente que la revelación valga la pena).

Se ha quedado sin trabajo	:	no podrá ir de vacaciones este verano.
		causa y efecto
No necesitaba correr	:	aún era pronto.
Sólo queda una salida	:	abandonemos la nave.
		conclusión o resumen
Digámoslo de otro modo	:	no puedes quedarte aquí.
La paella es un plato de la cocina española muy completo desde el punto de vista nutritivo	:	cuenta con la fécula del arroz, las proteínas de sus carnes y pescados, y la fibra de sus verduras.
		verificación o explicación

Si tenemos una ORACIÓN ANUNCIATIVA, como dijimos, y queremos llamar la atención sobre lo siguiente, podemos utilizar DOS PUNTOS. Ahora bien, la segunda oración debe cumplir, en general, y como ya vimos, con ciertos requisitos.

Puede ser por el EFECTO de una CAUSA marcada por la oración anterior:[*]

[...] *y laicos a ultranza lograran su objetivo de erradicar a Dios y a la religión de nuestras vidas. Ésta sólo puede ser una intuición o una creencia (otro acto de fe): no hay estadística capaz de probar que es así o lo contrario. [...]*

[...] *Entraron todos los empleados, pero ella no apareció: era claro que no trabajaba allí, aunque restaba la débil hipótesis de que hubiera enfermado y no fuese a la oficina por varios días. [...]*

[...] *Ya no hay protagonistas: sólo hay coro. [...]*

[...] *Lo civilizado es el mundo, pero su habitante no lo es: ni siquiera ve en él la civilización, sino que usa de ella como si fuese naturaleza. [...]*

[...] *Por ahora se trata de un ensayo de ataque nada más: el ataque a fondo vendrá luego, tal vez muy pronto, en forma muy distinta de la que este ensayo reviste. [...]*

MANOS A LA OBRA

Redacte un texto corto (más de 5 y menos de 10 oraciones) que utilice dos puntos por *causa* y *efecto*. Tema libre.

Por VERIFICACIÓN, PROFUNDIZACIÓN O EXPLICACIÓN:[**]

[...] *Así pasaron años. Poco a poco, sin embargo, el grupo devoto se dispersó: la ligazón entre el canónigo Dias y la Sanjoaneira, muy comentada, alejó a los curas del cabildo [...]*

[...] *Entonces lo idealizó: le suponía una naturaleza muy tierna, le parecía que de su figura airosa y pálida se desprendía una fascinación. [...]*

---

[*] VARGAS LLOSA, Mario: *La civilización del espectáculo*; SABATO, Ernesto: *El túnel*; ORTEGA Y GASSET, José: *La rebelión de las masas*.
En estos casos podemos ubicar, mentalmente, «porque» donde está el PUNTO Y COMA. En algunos casos, si es efecto-causa, tendríamos que cambiar mentalmente el orden de las oraciones.

[**] EÇA DE QUEIRÓS, José Maria: *El crimen del padre Amaro*; ZOLA, Émile: *Germinal*; ENGELS, Friedrich: *Dialéctica de la naturaleza*.

[...] *Una carcajada general la interrumpió: hasta los chiquillos se encogieron de hombros, porque eran incrédulos como los mayores, sin más creencia que el temor a los aparecidos de la mina, pero burlándose de todo cuanto decía la Iglesia.* [...]

[...] *Él, animado por su sonrisa, la siguió: la acción que acababa de realizar con aquella pobre vieja le enternecía.* [...]

[...] *y en eso consiste cabalmente la "libertad de la ciencia": en escribir con especial desahogo de cosas que se ignoran en absoluto* [...]

[...] *fuimos mucho más allá: no sólo logramos trocarlos y desplazarlos a lo largo de todo el cuerpo* [...]

MANOS A LA OBRA

Redacte un texto corto (más de 5 y menos de 10 oraciones) que utilice dos puntos por *verificación, profundización* o *explicación*. Tema libre.

Tenemos la opción de CONCLUSIÓN O RESUMEN:[*]

[...] *Y anoche, cuando estaba oyendo la voz de Manolo en la terraza y mirando las estrellas, se me cruzó su imagen sin saber por qué: me pareció volverla a ver mirándome con aquella especie de cachondeo* [...]

[...] *Lanzó un grito de horror... la voz de un alma que enfrenta el rostro hueco de la Muerte... la voz de la juventud agonizante, debilitada por el hambre y atrapada por la naturaleza...: la voz del amor a la vida en el abismo de la nada.* [...]

[...] *Digo nosotros porque todavía no había conseguido entender qué pensaba de mí: cuando tenía necesidad de algo parecía que la alianza conmigo nunca pudiese ponerse en duda* [...]

[...] *Eran los más fuertes y cerrados y unidos entre sí: una corporación que se propaga por todos los bosques, con parentescos y relaciones y disputas.* [...]

---

[*] MARTÍN GAITE, Carmen: *Nubosidad variable*; CALVINO, Italo: *El barón rampante*; JALIL YIBRÁN, Yibrán: *Espíritus rebeldes*.

MANOS A LA OBRA

Redacte un texto corto (más de 5 y menos de 10 oraciones) que utilice DOS PUN-
TOS por *conclusión* o *resumen*. Tema libre.

Algunos ejemplos mezclados (para que fragüe):*

[...] *Pobre es el mundo para quien nunca ha estado lo bastante enfermo para gozar de esa «voluptuosidad del infierno»: está permitido, está casi mandado emplear aquí una fórmula de los místicos.* [...]

[...] *Es éste el caso excepcional en que, contra mi regla y mi convencimiento, me incliné por los impulsos «desinteresados»: ellos trabajan aquí al servicio del egoísmo, de la cría de un ego.* [...]

[...] *Aquel a quien yo desprecio adivina que es despreciado por mí: con mi mero existir ofendo a todo lo que tiene mala sangre en el cuerpo.* [...]

[...] *Mi fórmula para expresar la grandeza en el hombre es amor fati [amor al destino]: el no-querer que nada sea distinto ni en el pasado ni en el futuro ni por toda la eternidad.* [...]

[...] *Para captar esto se necesita coraje y, como condición de él, un exceso de fuerza: pues nos acercamos a la verdad exactamente en la medida en que al coraje le es lícito osar ir hacia delante, exactamente en la medida de la fuerza.* [...]

[...] *he de decir que no he comenzado así de repente a dedicarme a la filosofía: desde mi más temprana juventud he consagrado a su estudio una parte no pequeña de tiempo y energías* [...]

[...] *Pero mira cuán generosamente me porto contigo: no voy a atacar los dogmas que vuestra escuela comparte con otros filósofos* [...]

[...] *cosas que no atemorizan muy seriamente a la gente corriente, obsesionan, según él, los espíritus de todos los mortales: muchos miles de ellos se dedican al bandidaje, delito castigado con la pena de muerte, mientras otros saquean los templos siempre que pueden hacerlo.* [...]

[...] *sea cual sea de estas cuestiones la que suscites, tocas la llaga: un argumento basado en premisas tan inciertas no puede llevar a ninguna conclusión válida.* [...]

---

* NIETZSCHE, Friedrich: *Ecce homo*; CICERÓN, Marco Tulio: *Sobre la naturaleza de los dioses*.

Receta 10
La fórmula «, y», para oraciones estrechas y consiguientes

Muchos creen que este procedimiento está mal. Pero, en realidad, podría estar bien, de hecho, muy bien, si sabemos cómo utilizarlo.

> Esta coma nada tiene que ver con los casos especiales de coma antes de y en los BINOMIOS, receta 5. Eso sí, en algunos casos sí podría haber cierta o mucha correspondencia.

Cuándo está mal empleada

Echemos un vistazo a la situación principal en la que está mal. En las series (receta 6), es un error poner coma antes de la *y* que anuncia la última oración. ¿Por qué? Porque ese último elemento ya no pertenecerá a la serie.

- Si queremos que F sea el sexto y último componente de la serie, no podemos poner una coma antes de *y*.
- Si queremos enlazar F con todo el predicado anterior (A, B, C, D, E), y no con la última oración de la serie (E), la reflexión es al revés: sí va coma antes de *y*, como en el esquema.

Veamos ahora cómo realizar una serie real con tres oraciones:

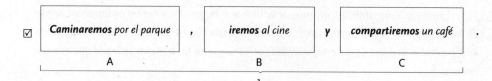

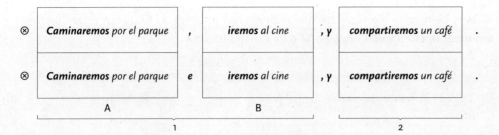

No se trata de binomios

Como ya fue aclarado, debemos asimilar que este uso posiblemente nada tiene que ver con los "casos especiales" de la receta 5. En algunas situaciones puntuales, eso sí, podría haber coincidencia; pero partamos de la premisa de que son dos situaciones distintas. Eso es todo.

Valga la reiteración y el protagonismo especial del tema, con su propio punto.

Para relaciones estrechas: conclusiones o consecuencias

Habíamos dicho que lo posterior a «, y» es un nuevo enunciado que se enlaza con todo el predicado de la oración anterior (no con su última sección). Con esto, justamente evitamos que el lector crea que, por ejemplo, *nos fuimos a casa* es parte de la serie:

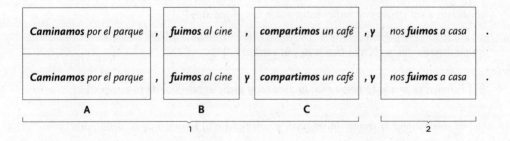

En la literatura narrativa, muchas veces está coma desaparece, como licencia literaria que busca justamente ese leve amasijo.

Muy bien, muy bien... ¿Pero qué relación hay entre 1 y 2? Son muy estrechas; suelen tener opciones de CONCLUSIÓN o de CONSECUENCIA.

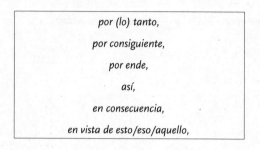

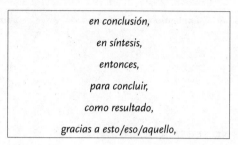

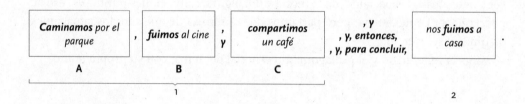

Ejemplos:*

[...] Se acercó a ella, la empujó, **y** asomó la cabeza. [...]
   [...] el Salvaje se sobresaltó, retrocedió, **y** su rostro se cubrió de súbita palidez. [...]

[...] Mí el guardián cerró la mirilla y se alejó, **y** las doncellas desdichadas se sintieron muy contentas y satisfechas de haber conseguido sus propósitos [...]
   [...] Miró al caballero de plata muy sorprendido y luego le preguntó quién era y cómo había llegado allí, y el caballero le dijo la verdad [...]

[...] Ferrelyn se precipitó hacia ella, la abrazó, **y** sintió el temblor de su cuerpo. [...]

[...] El simio cogió la mano, la observó, **y** subiéndose al hombro de su amo pareció hablarle al oído [...]

---

* HUXLEY, Aldous: *Un mundo feliz*; PUÉRTOLAS, Soledad: *La rosa de plata*; WYNDHAM, John: *Los cuclillos de Midwich*; NERVAL, Gérard de: *La mano encantada*.

MANOS A LA OBRA

Redacte un párrafo, con mínimo 15 oraciones, con únicamente punto y seguido. Luego, considere cuántos puntos podrían ser cambiados por «, y», y hágalo.
Tema libre.

TRES OPCIONES

La fórmula «, y» nos indica más cercanía que la indicada en las recetas 7 y 8 (con
PUNTO Y COMA). De hecho, podemos agregar que todo «, y» puede ser cambiado por
PUNTO Y COMA; y ya sabemos que todo PUNTO Y COMA —de las recetas 7 y 8— puede
ser cambiado por PUNTO Y SEGUIDO.

Así pues, las siguientes tres opciones son muy parecidas:

A	,	B	,	C	,	D	,	E

1   , y   2   .

A	,	B	,	C	,	D	,	E

1   ; (y)   2   .

A	,	B	,	C	,	D	,	E

1   . (Y)   2   .

En los casos de PUNTO Y SEGUIDO y de PUNTO Y COMA, agregar la conjunción *y* es
una opción, como vimos en la receta 2.

Corroboremos con un ejemplo:*

---

* Otra vez: HUXLEY, Aldous: *Un mundo feliz.*

Original

	Se acercó a ella, la empujó; asomó la cabeza.	CON PUNTO Y COMA
	Se acercó a ella, la empujó; **y** asomó la cabeza.	CON PUNTO Y COMA más y
*Se acercó a ella, la empujó, **y** asomó la cabeza.* =		
	Se acercó a ella, la empujó. Asomó la cabeza.	CON PUNTO Y SEGUIDO
	Se acercó a ella, la empujó. **Y** asomó la cabeza.	CON PUNTO Y SEGUIDO más y

Como vemos, la diferencia radica en asuntos como el grado de vinculación sugerido, la relación aludida y la fuerza que tomaría la última sentencia.

MANOS A LA OBRA

1. En el siguiente texto, cada PUNTO Y SEGUIDO fue cambiado por Ⓟ (para identificar el signo y, por ende, facilitar el ejercicio). Ahora, usted, según su propio criterio, indique dónde pondría PUNTO Y COMA o «, y».*

[...] *Finalmente, los viejos espíritus que antes habían estado conmigo tan a menudo
me susurraron al oído que había llegado el momento y pusieron la navaja abierta
en mi mano Ⓟ La sujeté con firmeza, la elevé suavemente desde el lecho y me incliné sobre mi esposa, que yacía dormida Ⓟ Tenía el rostro enterrado en las manos
Ⓟ Las aparté suavemente y cayeron descuidadamente sobre su pecho Ⓟ Había
estado llorando, pues los rastros de las lágrimas seguían húmedos sobre las mejillas
Ⓟ Su rostro estaba tranquilo y plácido, y mientras lo miraba, una sonrisa tranquila
iluminó sus rasgos pálidos Ⓟ Le puse la mano suavemente en el hombro Ⓟ Se
sobresaltó... había sido tan sólo un sueño pasajero Ⓟ Me incliné de nuevo hacia
delante y ella gritó y despertó.*

*Un solo movimiento de mi mano y nunca habría vuelto a emitir un grito o soni-
do Ⓟ Pero me asusté y retrocedí Ⓟ Sus ojos estaban fijos en los míos Ⓟ No sé por
qué, pero me acobardaban y asustaban; y gemí ante ellos Ⓟ Se levantó, sin dejar
de mirarme con fijeza Ⓟ Yo temblaba; tenía la navaja en la mano, pero no podía
moverme Ⓟ Ella se dirigió hacia la puerta Ⓟ Cuando estaba cerca, se dio la vuelta y*

---

* DICKENS, Charles: *Relatos de fantasmas.*

apartó los ojos de mi rostro ℗ *El encantamiento se deshizo* ℗ *Di un salto hacia de-*
lante y la sujeté por el brazo ℗ *Lanzando un grito tras otro, se dejó caer al suelo.* [...]

Ojo...
Es su criterio. No tiene por qué coincidir con el original. No obstante, en este
procedimiento sí debe tener conocimiento cabal de lo que está haciendo.

2. Ahora, en una nueva versión, primero mantenga los PUNTOS; y cambie cada
PUNTO Y COMA por PUNTO Y SEGUIDO; y luego, cada «, y» por punto y coma.
¿Lo ve?

UN RECUENTO NECESARIO

Antes de pasar a la siguiente etapa, es necesario hacer un recuento. Veamos...

El PUNTO Y SEGUIDO es el signo más importante; es éste el encargado de indicar
la demarcación de cada mensaje completo del párrafo, la demarcación de cada oración. Luego, el lector tomará todos estos mensajes y los ensamblará en su mente
para llegar a un mensaje extensivo, a un mensaje general del párrafo. En palabras
sumamente sencillas, el lector lee (comprende, asimila...) cuando ve un PUNTO (o sus
variantes), no antes. Así, si hay, por ejemplo, 5 puntos en el párrafo (incluyendo un
PUNTO Y FINAL), el lector leerá ese párrafo en 5 tandas; y lo que haya entre punto y
punto sólo añadirá información o dará matices o precisiones.

Hay tres formas de apostar oraciones en un párrafo: 1) una por una, 2) en binomios y 3) en series.

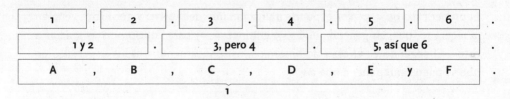

En los textos, las tres suelen ir entremezcladas.

La forma más importante es la primera. Es la base de la escritura, el procedimiento escritural por excelencia. Podemos usar variantes de puntuación —si lo queremos
y si existe cierto grado de vinculación y ciertas relaciones— como el PUNTO Y COMA y
la fórmula «, y».

Por su parte, la segunda forma agrupa en pares. Y las variantes de puntuación son particulares para cada caso.

La tercera, por último, es la menos recomendada. No debe ser base de la redacción, pese a que genera matices y riqueza si es utilizada en los —pocos— momentos indicados. Así pues, para concretar una serie, primero es necesario que las oraciones tengan construcciones equivalentes; segundo, el redactor debe tener la intención de congregarlas en una cadena (que será asimilada por el lector como un único mensaje); y tercero, debe haber también la intención de contrastar esta serie con las estructuras de la primera forma o de la segunda que estén dispuestas en el párrafo, es decir, el resto de los mensajes. Por tanto, la serie es la menos utilizada. No está vetada; simplemente podríamos decir que utilizarla en 1 de cada 100 casos... es mucho.

UN MAPA

Quien haya sorteado el primer escollo, el de asimilar la disposición de los mensajes de un párrafo, ya está en condiciones de entender la diferencia entre las siguientes opciones y de, por tanto, tomar la decisión correcta (de acuerdo a sus intenciones):

A	.	(Y) B	.
A	;	(y) B	.
A	, y	B	.
A	y	B	.
A	, y	B	.

> El primer caso de «, y» corresponde a una variante del PUNTO Y SEGUIDO, visto en la receta 10, que, en general, indica «y entonces», «y para concluir» o «y gracias a esto». El segundo es el caso de binomios, específicamente 3 casos especiales en que se puede anteponer coma a y.

A	.	O B	.
A	;	o B	.
A	o	B	.

A	.	(Pero) B	.
A	;	(pero) B	.
A	, pero	B	.

A	.	Es decir, B	.
A	;	es decir, B	.
A	, es decir,	B	.

A	.	Por lo tanto, B	.
A	;	por lo tanto, B	.
A	, por lo tanto,	B	.

II

FAMILIARIZÁNDONOS CON LOS MENSAJES

Ya sabemos cómo ordenar nuestras ideas (convertidas en oraciones) en un párrafo. Incluso podemos redactar textos sencillos y cortos, de un único párrafo; podemos recurrir al estilo telegráfico o al estilo sentencioso; podemos también utilizar ciertos matices o precisiones.

Ahora es prudente reforzar (o entender, de una vez por todas) qué debe ser considerado un elemento de nuestro párrafo. De nada nos sirve pretender ser ordenados si desconocemos qué estamos ordenando. Si metemos paquetes de arroz en nuestra cómoda, por ejemplo, de nada servirá el orden. Es más, no será orden.

Esta sección busca la asimilación de oraciones, de mensajes completos. Reforzaremos, pues, la capacidad de saber cuándo podemos considerar que un mensaje está completo, en un párrafo, para iniciar otro: cuándo es una oración o equivalente. Comenzaremos a comprender o reforzar, además, la claridad en la oración.

RECETA 11
LA ORACIÓN CONVENCIONAL

Tal cual nos dijeron desde nuestra entrañable infancia, toda oración tiene un SUJETO y un PREDICADO. Sí, en general, toda. Pero vayamos más allá...

En realidad, prácticamente "todo" lo que sucede en nuestras vidas, "todo" lo que vemos, "todo" lo que pensamos... tiene sujeto y predicado. Y no es un asunto de la lengua; sí trasciende a ésta, como suele suceder. Ojo...

Necesitamos aprender a redactar: sujeto y predicado. *Desayuné huevos con salchichas*: sujeto y predicado. *El clima ha cambiado mucho en los últimos años*: sujeto y predicado. *Este capítulo se ve interesante*: sujeto y predicado. Reitero: prácticamente todo en nuestras vidas puede ser examinado con la dualidad SUJETO Y PREDICADO.

Ahora bien, obligadamente tenemos que plantear dos definiciones preliminares, aunque ligeras. Tranquilos. El SUJETO es "aquello de lo cual, dentro de una oración, se afirma o se niega algo". Y el PREDICADO es "todo lo que se dice (se afirma o se niega) sobre el sujeto", y, por ende, es "todo aquello que no sea sujeto". Todo el mundo de alguna manera sabe esto o lo intuye. También podemos recurrir a un ejercicio de suma sencillez: todo SUJETO puede ser transformado en un *pronombre personal*:

Mi madre	ella		La apasionante vida de Leonardo da Vinci	ella
El vendedor de verduras	él		El espíritu indomable de Juana de Arco	él
Un perrito lindo	él		La luna	ella
Mi amor por ti	él	=	La belleza	ella
Un taco	él		Unos tacos	ellos
Muchas alegrías	ellas		Romeo y Julieta	ellos

Como vemos, las situaciones o cosas son consideradas *él* o *ella*, y si son dos o más, *ellos* o *ellas*. Asimismo, el sujeto es **todo** el concepto. Sí, todo; no sólo *el vendedor*, sí *el vendedor de verduras*; no *el espíritu*, sí *el espíritu indomable de Juana de Arco*.

ALGUIEN HACE ALGO

Alguien (sujeto) hace algo (predicado). Así de fácil. La gran mayoría de los mensajes, orales o escritos, asume esta forma.

Trataremos de verlo de una manera alejada lo más posible de lo gramatical, al menos en la terminología. Buscaremos una forma práctica. Así pues...

parte esencial		parte ocasional o complementaria		
SUJETO	**PREDICADO**			
QUIÉN	HACE*	QUÉ	A QUIÉN	EN QUÉ CIRCUNSTANCIAS
El profesor La profesora	llegó.			
Él Ella	ha comprado	un nuevo libro.		
—	(le) regalará	flores	a su pareja.	
Él y ella	estudiaban			todas las tardes.

---

* El *hace* es referencial. Puede también ser *hacía, hizo, hará, haría, ha hecho, había hecho*... Y se refiere a casi cualquier verbo: *come (comía, comió, comerá...), ríe (reía, rio, reirá...), goza (gozaba, gozó, gozará...)*...

- Como vemos, la base consiste en QUIÉN (SUJETO) y HACE (verbo conjugado, parte principal del PREDICADO).
- En el tercer ejemplo, "no hay sujeto". Bueno, sí lo hay: está implícito, porque, en un caso concreto, ya sabríamos de quién se está hablando (ya lo habíamos mencionado en una instancia anterior y el verbo nos sopla). Es un SUJETO TÁCITO.
- Por otro lado, el resto del predicado —la parte complementaria— podría estar presente; podría; y podría no estar. Eso dependerá de, en algunos casos, si el mensaje lo exige, y, en otros, de si realmente queremos incluir esa información. Veamos...
- Podría haber un QUÉ. Eso dependerá del mensaje específico, reiteramos, y del tipo de verbo. Sí, hay verbos que en usos particulares exigen un QUÉ (un "algo") respecto a ellos: *sacar* (algo), *buscar* (algo), *pedir* (algo), *cuidar* (algo), *tener* (algo), *preparar* (algo), *romper* (algo), *necesitar* (algo), *encender* (algo)... En los ejemplos vemos *comprar algo* (un nuevo libro) y *regalar algo* (flores).
- También podría haber un A QUIÉN. Éste suele estar duplicado: una forma *le* o *les*, siempre antepuesta al verbo, y una forma plena, siempre con *a* antepuesta. En el tercer ejemplo vemos *a su pareja*, y antes de *regalar* viene *le*. ¿Cuándo se utiliza? Cuando el mensaje exige indicar que alguien recibe la acción del verbo.
- Por último, podemos marcar un contexto, un EN QUÉ CIRCUNSTANCIAS sucede el mensaje: *cómo*, *cuándo*, *dónde*, entre otros. Puede haber más de uno.

Veamos ejemplos. Subrayaremos el QUIÉN (sujeto) y marcaremos con negrita el HACE (parte esencial del predicado):[*]

[...] El personaje de Dickens **se esfuma** cuando observo al práctico. [...]

[...] La palabra factoría **produce** la hilaridad de la tripulación [...]

[...] El motor **cambia** de ritmo a cada rato [...]

[...] Una nube de mosquitos **se instaló** sobre nosotros. [...]

[...] El murmullo de sus voces infantiles **duró** hasta el amanecer. [...]

[...] El agua **golpea** en el fondo metálico y plano con un borboteo monótono [...]

[...] Mario Jiménez jamás **había usado** corbata [...]

[...] El cartero **dijo** «gracias» [...]

---

[*] MUTIS, Álvaro: *Empresas y tribulaciones de Maqroll el Gaviero*; SKÁRMETA, Antonio: *El cartero de Neruda*. Ojo... Hay verbos que, al ser conjugados, llevan un *se* (también *me, te, nos*...) antepuesto. En estos ejemplos vemos los verbos *esfumar(se)*, *instalar(se)*, *aferrar(se)*: *se esfuma, se instaló, se aferró*, respectivamente.

[...] _Neruda_ **detuvo** la mirada sobre el resto de las cartas [...]
[...] _El telegrafista Cosme_ **tenía** dos principios. [...]
[...] _Las Beatrices_ **producen** amores inconmensurables. [...]
[...] _La madre_ **se aferró** a la perilla del rústico catre de bronce [...]

MANOS A LA OBRA

1. Redacte un párrafo; pero hágalo de manera vertical, como un listado. Asegúrese de que cada oración tenga un _sujeto_ y un _predicado_. Trate de incorporar, cuando realmente se pueda, QUÉ, A QUIÉN y EN QUÉ CIRCUNSTANCIAS.
2. En el siguiente fragmento,* identifique SUJETO y PREDICADO de cada oración:[12]

   [...] _José masculló algo en el fondo de la bodega, mas no apareció. Entonces su amo acudió en su busca. Quedé solo con la perra y con otros dos mastines que me miraban atentamente. No me moví, temeroso de sus colmillos, pero pensé que la mímica no les molestaría y les hice unas cuantas muecas. [...] La repelí y me di prisa a refugiarme tras de la mesa, acto que puso en acción a todo el ejército canino. Hasta seis demonios en cuatro patas confluyeron desde todos los rincones en el centro de la sala. Mis talones y los faldones de mi levita fueron los más atacados. Quise defenderme con el hurgón de la lumbre, pero no bastó y tuve que pedir auxilio a voz en cuello._

   Heathcliff y José subían con desesperada calma. La sala era un infierno de ladridos y gritos, pero ellos no se apresuraban nada en absoluto. Por suerte, una rolliza criada acudió más deprisa, arremangadas las faldas, rojas las mejillas por la cercanía del fogón, desnudos los brazos y en la mano una sartén [...]

OJO...
No olvide que a veces tenemos SUJETO TÁCITO. Considere como oración cada PUNTO Y SEGUIDO, y las variantes con PUNTO Y COMA y con «, y». Asimismo, no descarte la posibilidad de COORDINACIÓN (los binomios de la receta 5); cada una de éstas tiene su propio sujeto (que a veces es el mismo).

---

* BRONTË, Emily: _Cumbres borrascosas._

HACE ALGO ALGUIEN

El orden del esquema anterior es el más común, especialmente en la oralidad. Pero puede haber otros, especialmente en el lenguaje escrito. De manera aún más simplificada, podríamos tener opciones como éstas:

HACE	QUIÉN	QUÉ	A QUIÉN	EN QUÉ CIRCUNSTANCIAS
Ha comprado	él / ella	un nuevo libro.		

QUÉ	QUIÉN	HACE	A QUIÉN	EN QUÉ CIRCUNSTANCIAS
Un nuevo libro	él / ella	ha comprado.		

QUÉ	HACE	QUIÉN	A QUIÉN	EN QUÉ CIRCUNSTANCIAS
Un nuevo libro	ha comprado	él. / ella.		

¿Cuántas opciones hay? Todas las que se pueda. El límite es el mensaje descabellado o al menos confuso.

Ojo... Esto no es sólo una ocurrencia. La variación puede dar mucha riqueza, al menos visual, a un texto. Se trata de variantes expresivas y de énfasis en los elementos antepuestos, además de formas que ayudan a quitar monotonía.

Ejemplos:[*]

[...] **Se esfuma** _el personaje de Dickens_ cuando observo al práctico. [...]
[...] _La palabra factoría_ la hilaridad de la tripulación **produce** [...]
[...] A cada rato **cambia** de ritmo _el motor_ [...]
[...] Sobre nosotros **se instaló** _una nube de mosquitos._ [...]
[...] **Duró** hasta el amanecer _el murmullo de sus voces infantiles._ [...]
[...] Con un borboteo monótono en el fondo metálico y plano **golpea** _el agua_ [...]

[...] Jamás **había usado** corbata _Mario Jiménez_ [...]
[...] «Gracias» **dijo** _el cartero_ [...]

---

[*] Ibídem. Hemos variado el orden de los mismos ejemplos anteriores.

[...] *Sobre el resto de las cartas* <u>Neruda</u> **detuvo** *la mirada* [...]
[...] **Tenía** *dos principios* <u>el telegrafista Cosme</u>*.* [...]
[...] **Producen** <u>las Beatrices</u> *amores inconmensurables.* [...]
[...] *A la perilla del rústico catre de bronce* **se aferró** <u>la madre</u> [...]

Reitero mi crítica, no obstante, a cierto periodismo burdo, al menos en la forma. En éste existe la errónea creencia de que "la acción atrapa siempre al lector", por lo cual sus títulos toman casi exclusivamente una disposición con el verbo al comienzo. Sí, el verbo es —casi siempre— acción, pero hay verbos y verbos; algunos tienen escasa carga. *Niega el presidente sistema para nacionalizar sistema ferroviario*; ¿de verdad "negar" atrapa al lector? *Pretende Finanzas recortar 8% el presupuesto de las 16 alcaldías*; ¿de verdad "pretender" atrapa al lector?*

MANOS A LA OBRA

Tome cualquiera de los textos redactados hasta ahora, y cambie el orden de todas las oraciones, de acuerdo a las posibilidades puntuales; y decida si algunas de éstas serán parte de un texto definitivo.

ALGUIEN ES, ESTÁ O PARECE

Ciertas oraciones, con ciertos verbos, se cuecen aparte. Básicamente, hablamos de *ser, estar* y *parecer*. Ya no se trata de un QUIÉN/QUÉ HACE algo, sino de QUIÉN/QUÉ ES, ESTÁ O PARECE de cierta manera o en cierta circunstancia. En general, más o menos hablan de cualidad, propiedad, estado o situación.

Ojo... Aquí todo es esencial; nada es ocasional o complementario.

---

* Títulos reales obtenidos de periódicos.

SUJETO	PREDICADO	
QUIÉN	ES ESTÁ* PARECE	QUÉ/QUIÉN CÓMO EN QUÉ CIRCUNSTANCIA
El profesor La profesora	es	mi amigo. mi amiga.
Él Ella	era	agradable.
El profesor La profesora	estaba	feliz.
Él Ella	estuvo	aquí.

Ejemplos:**

[...] _La naturaleza y la vida humana_ **son** tan variadas como nuestras diversas constituciones. [...]

[...] _Mi lugar de trabajo_ **era** una agradable ladera, cubierta de pinares [...]

[...] _Esta zambullida_ **era** lo que necesitaba. [...]

[...] Stratton **había sido** sargento en las antiguas guerras con Francia [...]

[...] _La suma total de nuestros conocimientos_ **era** estrictamente negativa. [...]

[...] _Yo_ **estaba** demasiado sorprendido para hablar [...]

[...] _El corredor_ **estaba** desierto. [...]

[...] _Harey y yo_ **estábamos** en un área de sombra azul. [...]

---

* Puede ser _es, era, fue, será, sería, ha sido, había sido... está, estuvo, estaba, estará, estaría, ha estado, había estado... parece, pareció, parecía, parecerá, parecería, ha parecido, había parecido..._

** THOREAU, Henry David: _Walden_; LEM, Stanislav: _Solaris._

MANOS A LA OBRA

Redacte un pequeño párrafo utilizando exclusivamente los verbos *ser, estar* o *parecer.*

Es, ESTÁ O PARECE ALGUIEN

Con estos verbos también podemos cambiar el orden de las oraciones.
Ejemplos:*

[...] <u>La naturaleza y la vida humana</u> *tan variadas como nuestras diversas constituciones* **son**. [...]

    [...] **Era** <u>*mi lugar de trabajo*</u> *una agradable ladera, cubierta de pinares* [...]

    [...] **Era** <u>*esta zambullida*</u> *lo que necesitaba.* [...]

    [...] *En las antiguas guerras con Francia* <u>Stratton</u> **había sido** *sargento* [...]

[...] **Era** *estrictamente negativa* <u>*la suma total de nuestros conocimientos*</u>. [...]

    [...] **Estaba** <u>*yo*</u> *demasiado sorprendido para hablar* [...]

    [...] **Estaba** *desierto* <u>*el corredor.*</u> [...]

    [...] *En un área de sombra azul* **estábamos** <u>*Harey y yo.*</u> [...]

MANOS A LA OBRA

Tome el texto del ejercicio anterior y cambie el orden de todas las oraciones, de acuerdo a las posibilidades puntuales; después, decida si algunas serán parte de un texto definitivo.

---

* Ibídem. Aquí también hemos variado el orden de los mismos ejemplos anteriores.

RECETA 12
LA ORACIÓN ES EXPRESADA POR EL REDACTOR

Hasta ahora sólo hemos visto ORACIONES ACTIVAS, es decir: ALGUIEN (sujeto) HACE ALGO (parte primordial del predicado).

El aprendiz	redactó redactaba redactará	un texto.
quién	hace	qué (algo)

Afortunadamente, tenemos más opciones...

ALGO FUE HECHO POR ALGUIEN

Tanto como para enfatizar sobre el QUÉ (que encabeza este procedimiento) como para buscar formas expresivas, podemos utilizar una ORACIÓN PASIVA:

Un texto	fue era será	redactado	por	el aprendiz.

Y también puede ser así:

Un texto	fue era será	redactado.

---

* Para la ejemplificación, puede ser *redacta, redactó, redactaba, redactaría, redactará; ha redactado, hubo redactado, había redactado, habría redactado, habrá redactado.*

** Para la ejemplificación, puede ser *es redactado, fue redactado, era redactado, será redactado, sería redactado; ha sido redactado, había sido redactado, habrá sido redactado, habría sido redactado.*

Ejemplos:*

[...] y *la ciudad actual **fue construida** hace doscientos años en el mismo lugar de las otras dos.* [...]
   [...] *La sacerdotisa **fue arrollada** y cayó al suelo con la cabeza abierta.* [...]

[...] *Uno de los amigos de cierto joven gordo **fue recogido por** la ambulancia cerca de la central eléctrica y hospitalizado* [...]
   [...] *el chaplino lo transmitió, y **fue elogiado por** el director* [...]

MANOS A LA OBRA

1. Cambie a voz PASIVA las siguientes oraciones.** 13

   [...] *El duque de Alençon veía todo esto con su mirada seductora y falsa.* [...]
      [...] *Guillonne atrajo hacia sí la escala y la sujetó sólidamente.* [...]
      [...] *Miró con sus ojos turbios al nuevo personaje que acabamos de presentar.* [...]
      [...] *La Hurière prendió la suya a su casco.* [...]
      [...] *Lo puso sobre la barandilla, lo balanceó un instante en el vacío y lo arrojó a los pies de su amo.* [...]
      [...] *Carlos lanzó un rugido de furia y cogió con mano temblorosa su arcabuz* [...]
      [...] *Margarita lanzó una rápida ojeada sobre el grupo* [...]

OJO...
No importa que la oración se vea forzada; solamente debe tener sentido. No estamos acostumbrados a escuchar o leer, y menos a escribir, este tipo de oraciones.

2. Redacte 10 ejemplos del punto.

---

* FARMER, Philip José: *Carne*; BURGESS, Anthony: *La naranja mecánica*.
** DUMAS, Alejandro: *La reina Margot*.

Se hizo algo

Podemos utilizar *se* para crear un matiz de impersonalidad o para añadir un tono de reflexividad. Así, ni *yo redacté un texto* ni *nosotros redactamos un texto*, tampoco *un texto fue redactado por mí/nosotros:*[14]

Se redactó	*un texto.*

Ejemplos:*

[...] ***Se dice*** *que su plural es "nosotros"* [...]
   [...] ***Se concede*** *universalmente que el padre de la Zoología fue Aristóteles.* [...]

[...] ***Se puede*** *despilfarrar rápidamente una fortuna, Michael* [...]
   [...] ***Se diría*** *que esos fanáticos contra las armas creen que todas las que existen se usan en algún crimen.* [...]

Estrictamente, quien utilice *se* podría estar utilizando otro tipo de oración. De todos modos, ambas formas tienen la intención de omitir el AGENTE (lo que en la oración original sería el sujeto) y enfatizar sobre la acción y sobre quién recae directamente.
   Esto por ahora no importa. Para más detalles, véase la apostilla 14 y la siguiente receta.

No confunda estas oraciones con las que utilizan un verbo especial, uno que se conjuga con *me, te, se, nos, se.*** *Me siento, te sientas,* ***se*** *sienta, nos sentamos,* ***se sientan****; me peino, te peinas,* ***se*** *peina, nos peinamos,* ***se*** *peinan; nos abrazamos,* ***se*** *abrazan.*

---

* BIERCE, Ambrose: *Diccionario del diablo*; KOONTZ, Dean R.: *Riesgo mortal.*
** Se llaman PRONOMINALES y en el diccionario aparecen como *prnl.*

MANOS A LA OBRA

1. Cambie a voz PASIVA REFLEJA (así se llama la fórmula) las siguientes oraciones.*15.

[...] *Pero el vigilante rechazó con el batiente de la puerta la cabeza de la presa* [...]
[...] *Los niños miraban con espanto a «aquella criminal»* [...]
[...] *Sofía Ivanovna vestía a la niña* [...]
[...] *La doncella de la madre ejercía ahora con el hijo las funciones de ama de llaves.* [...]
[...] *La mujer había declarado entonces que suprimiría la cena y que por tanto que no contase con cenar en casa.* [...]
[...] *El jefe del jurado declaró al presidente que él era el elegido* [...]
[...] *El examen de las vísceras ha demostrado, en efecto, que la muerte del comerciante Smielkov fue causada por envenenamiento.* [...]

OJO...
Lo que es SUJETO de la ORACIÓN ACTIVA (*el vigilante, los niños...*) desaparecerá, y dará pie a un *se*. También tenemos que fijarnos en la cantidad de "cosas" que rechazó, que miraban, que vestían... Si rechazó una cosa, será *rechazó*; y si rechazó más de una, será *rechazaron*. Si miraban una cosa, será *miraba*; y si miraban más de una, será *miraban*.

2. Redacte 10 ejemplos del punto.

RECETA 13
LA ORACIÓN NO CONVENCIONAL

Hay palabras o conjuntos de palabras que, sin ser oraciones convencionales, podrían brindar un mensaje completo; es decir, a pesar de su conformación (nada de *sujeto* y *predicado*) podrían ser, en el alma, oraciones. Sí, sí. Veamos...

---

* TOLSTÓI, León: *Resurrección*.

LO IMPERSONAL

Tenemos las IMPERSONALES, es decir, las que no tienen SUJETO.
Primero veamos las del verbo *haber*, de cantidad.[*]

Había muchas personas en el concierto.

Habrá mucho tiempo para aprender.

Ejemplos:[**]

[...] *Entre las joyas había un rubí muy famoso extraído de un collar antiguo*. [...]
[...] *No había ningún cadáver sobre la nieve* [...]
[...] *y entre ellos había unos estuches para cosméticos*. [...]

[...] *Entre las cenizas no había nada más que un fragmento de tocino chamuscado* [...]
[...] *y hubo un momento de silencio*. [...]
[...] *pero también había alubias y unos pocos guisantes*. [...]
[...] *No hubo respuesta. Volvió a llamar. No hubo respuesta*. [...]
[...] *Un poco más lejos había otro letrero* [...]

MANOS A LA OBRA

Redacte 10 ejemplos del punto.

---

[*] Ojo:

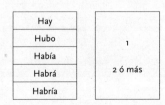

Hay	
Hubo	1
Había	
Habrá	2 ó más
Habría	

Las formas no cambian. Así que nada de ⊗*hubieron*, ⊗*habían*, ⊗*habrían* y ⊗*habrán*. Estas últimas formas son correctas pero corresponden a formas personales, antepuestas a un participio: (*ellos/ustedes*) *hubieron caminado, habrían leído, habrán reído, habían aprendido*...

[**] CHRISTIE, Agatha: *El pudding de Navidad*; KING, Stephen: *La torre oscura 1*.

Otra posibilidad es con un VERBO METEOROLÓGICO O ATMOSFÉRICO (*amanecer, ano-checer, llover, diluviar, nevar, helar, granizar, tronar, escampar, relampaguear...*). Los atmosféricos pueden articularse con *hacer*:

> **Nevaba** *sobre la vieja ciudad.*

> **Había amanecido** *hace unos instantes.*

> *Mañana ya no* **hará frío.**

Ejemplos:*

[...] *los conductores bajaban.* **Llovía de nuevo.** [...]
    [...] *donde había vivido con Rinaldi.* **Llovía.** *Me dirigí a la ventana* [...]
    [...] *estaban suspendidas sobre el lago y el valle.* **Llovía en las cumbres.** *Catherine se calzó unos chanclos* [...]
    [...] *no podía concentrarme.* **Hacía calor en el café,** *y la atmósfera era desagradable.* [...]

[...] *Entonces miré afuera:* **¡Había parado de llover!** *Salí* [...]
    [...] *empecé a vadear por un río de agua de dos palmos de profundidad.* **Estaba oscuro.** *¡Nunca encontraría la maldita cosa!* [...]
    [...] *Lo que había sido Betty estaba ahí dentro.* **Hacía mucho calor.** *El sol caía como una cortina amarilla.* [...]
    [...] *Saltaban chispas.* **Hacía calor.** *Tan pronto como lograba apagar una sección, se prendía otra.* [...]

MANOS A LA OBRA

Redacte 10 ejemplos del punto.

---

* HEMINGWAY, Ernest: *Adiós a las armas*; BUKOWSKI, Charles: *Cartero*.

Tenemos oraciones de PASO DEL TIEMPO; y podemos utilizar los verbos *ser*, *hacer* o *estar*:

Es tarde.

Son las 5.

Ejemplos:*

[...] **era** demasiado **temprano** todavía para someter los océanos y conquistar reinos de ultramar. [...]

[...] ya **es** demasiado **tarde**. [...]

[...] ¡**Es** ya **tarde**! La tripulación de Magallanes y el grupo del puerto han venido a las manos [...]

MANOS A LA OBRA Redacte 10 ejemplos del punto.

También tenemos ORACIONES IMPERSONALES CON SE:[16]

*Se **entrevistó** a los aspirantes al puesto.*

*Se **busca** a quienes vieron el acontecimiento.*

*Se **premió** a los mejores alumnos.*

Ejemplos:**

[...] *Se **quiere ahorrar** esa "vergüenza" a la humanidad.* [...]

---

* ZWEIG, Stefan: *Magallanes.*
** ENGELS, Friedrich: *El origen de la familia, la propiedad privada y el Estado.*

[...] *Se comprende*, por tanto, que Morgan la concibiese como el estadio de desarrollo inmediatamente anterior al matrimonio sindiásmico y le atribuyese una difusión general en los tiempos primitivos. [...]

[...] *Se inventó* el Estado. [...]

[...] *Se dice* que salieron a campaña trescientos seis Fabios [...]

Estas formas se confunden con SE HIZO ALGO de la receta anterior. De todos modos, como ya sabemos, ambas formas tienen la intención de prescindir del *agente* (lo que en la oración original sería el SUJETO) y enfatizar sobre la acción y sobre quién recae directamente.[17]

MANOS A LA OBRA

Redacte 10 ejemplos (si puede) del punto.

OJO...

La mejor forma de saber si es IMPERSONAL CON *SE* es tratar de que (mentalmente) recaigan directamente más de dos elementos al verbo. Así, si el plural no calza, es IMPERSONAL CON *SE*.[18] Por ejemplo, *se busca profesor* / *se buscan profesores*... A *profesores* sí se le puede atribuir *buscan*. Es, pues, PASIVA REFLEJA (de la receta anterior). Por otro lado, *se espera al profesor* / ⊗*se esperan a los profesores*. En ambos casos lo correcto es *espera*, sea *profesor* o *profesores*: es IMPERSONAL CON *SE*.

FRASES QUE POR CONNOTACIÓN SON ORACIONES

Podemos encontrar un conjunto de palabras que no tienen un sentido completo desde el punto de vista gramatical, pero que, por contexto, sí nos brindan un mensaje íntegro.

Tenemos, por ejemplo, las INTERJECCIONES, es decir, palabras o expresiones que por sí mismas buscan captar la atención del oyente, manifestando impresiones, verbalizando sentimientos o realizando actos de habla apelativos.

¡Ay!

¡Uf!

¡Guau!

Ejemplos:*

[...] **¡Ah!** La Musa joven de alas sonantes y corazón de fuego [...]
    [...] —**¡Ah!... ¡Oh!... ¡Bah! ¡Bah!...** [...]
    [...] **¡Oh!** Y había que comprar medicinas y alimentos: eso sí. [...]
    [...] había volado fugitiva, desesperada, la amada mía, la mujer robada. **¡Ay!** [...]

MANOS A LA OBRA

Redacte 10 ejemplos del punto.

Tenemos, también, FRASES ADMIRATIVAS:

Qué bien. / ¡Qué bien!

Tanto tiempo. / ¡Tanto tiempo!

Vaya día. / ¡Vaya día!

Ejemplos:**

[...] Bien. **¡Así sea!** [...]
    [...] Es mi compadre Bill. **¡Bendito sea!** [...]
    [...] —**¡Pobre de mí!** —gritaba mi madre—. [...]
    [...] —¡No repliques! **¡Vamos!** [...]
    [...] **¡Maldita sea mi alma!** —juró—. ¡Si yo tuviera vista! [...]
    [...] **¡Vaya pareja!** [...]

---

* DARÍO, Rubén: *Azul*.
** STEVENSON, Robert L.: *La isla del tesoro*.

[...] ¡Qué diablos! —exclamó John «el Largo»—. [...]
[...] ¡Qué gran corazón y qué mala suerte tuvo! [...]

MANOS A LA OBRA

Redacte 10 ejemplos del punto.

También tenemos ORACIONES ELÍPTICAS; omiten el verbo... Suceden por dos motivos. Primero, especialmente en títulos de periódicos, solicitudes, memorandos o instrucciones, una COMA remplaza a los verbos *ser* o *estar*:

Cervantes, el mejor.	por	*Cervantes **es** el mejor.*
Enrique, enamorado.	por	*Enrique **está** enamorado.*

Segundo, una COMA remplaza a un verbo repetido en una secuencia. Hay más de una oración:*

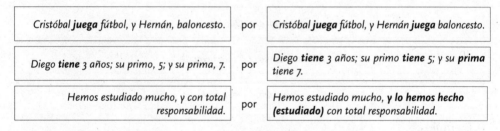

*Cristóbal **juega** fútbol, y Hernán, baloncesto.*	por	*Cristóbal **juega** fútbol, y Hernán **juega** baloncesto.*
*Diego **tiene** 3 años; su primo, 5; y su prima, 7.*	por	*Diego **tiene** 3 años; su primo **tiene** 5; y su **prima** tiene 7.*
Hemos estudiado mucho, y con total responsabilidad.	por	*Hemos estudiado mucho, **y lo hemos hecho (estudiado)** con total responsabilidad.*

Ejemplos:**

*[...] **En la historia del mundo moderno se han dado muchas revoluciones mayores**, y desde luego buen número de ellas {**se han dado**} con mucho más éxito. [...]*

---

* No obstante, en cuanto a los ejemplos 1 y 2 (que contrastan y en los que distribuyen dos o más oraciones con el mismo verbo), en la literatura, especialmente en la narrativa, es común que la coma que remplaza al verbo repetido sea omitida: *Cristóbal juega fútbol y Hernán baloncesto.*

** HOBSBAWM, Eric: *La era del capital.*
Irá con negrita la oración inicial (y referencial) completa. Agregaremos entre corchetes los verbos omitidos.

[...] **El 2 de marzo la revolución había llegado al suroeste de Alemania**, el 6 de marzo *{había llegado}* a Baviera, el 11 de marzo *{había llegado}* a Berlín, el 13 de marzo *{había llegado}* a Viena y casi inmediatamente *{había llegado}* a Hungría, el 18 de marzo *{había llegado}* a Milán y por tanto *{había llegado}* a Italia (donde una revuelta independiente se había apoderado ya de Sicilia). [...]

[...] Por otro lado, **la de 1848 fue la primera revolución potencialmente mundial cuya influencia directa puede detectarse en la insurrección de Pernambuco (Brasil)** y unos cuantos años después *{puede detectarse}* en la remota Colombia. [...]

[...] **La revolución triunfó en todo el gran centro del continente europeo**, aunque no *{triunfó}* en su periferia. [...]

[...] **Aquí debemos incluir a países demasiado alejados o demasiado aislados en su historia como para que les afectara directa o inmediatamente en algún sentido** (por ejemplo, la península ibérica, Suecia y Grecia); o *{debemos incluir (países)}* demasiado atrasados como para poseer la capa social políticamente explosiva de la zona revolucionaria [...]

[...] en cuanto a estatus, **iban desde los grandes poderes independientes del mundo hasta las provincias o satélites con gobierno extranjero; y en lo que se refiere a estructura**, *{iban}* desde la centralizada y uniforme hasta la mezcla indeterminada. [...]

MANOS A LA OBRA

Redacte 10 ejemplos del punto.

Tenemos CONDENSACIONES:

qué, quién, cómo / ¿qué?, ¿quién?, ¿cómo?

sí, no, tal vez

felicitaciones, buena suerte / ¡felicitaciones!, ¡buena suerte!

¡Mi bolso! ¡Con prisa!

Suelen responder a preguntas, respuestas, deseos u órdenes.

Ejemplos:[*]

[...] —*Lo siento, amigo —dijo tranquilamente—, pero tendrá que sacar ese gato.*
  —*¿**Qué gato**? [...]*
  —*Lo tiene usted en ese maletín —dijo acusadoramente.*
  —*¿**Maletín**? ¿**Gato**? —dije perplejo—. Amigo mío, supongo que estará usted empleando una figura retórica...*
  —*¿**Qué**? No utilice usted palabras raras. Tiene un gato en ese maletín. Ábralo.*
  —*¿Tiene un mandato judicial?*
  —*¿**Cómo**? No diga tonterías. [...]*

[...] —*¿De modo que te sentaste en aquel restaurante y decidiste no hacerlo? ¿Decidiste venir aquí y crearnos dificultades?*
  —*Sí. [...]*

[...] —*Eso es todo de momento —dijo finalmente—. Y de paso, la señora Schultz ha estado tratando de entrar en contacto con usted.*
  —*¿**Quién**? [...]*

Como vemos, *qué gato* se refiere a *qué gato tengo que sacar*, por ejemplo; y *sí*, a *sí decidí venir aquí y crearles dificultades.*

MANOS A LA OBRA

Redacte 10 ejemplos del punto.

OJO...
Es recomendable que utilice la condensación junto a, como mínimo, otra oración, para que se entienda el contexto.

---

[*] HEINLEIN, Robert: *Puerta al verano.*

III

PROCURANDO NO ESTROPEAR UN TEXTO

Ya sabemos cómo redactar párrafos sencillos. Y sabemos también qué podría ser un elemento constitutivo válido del párrafo y qué no podría serlo. En otras palabras, podemos incursionar en párrafos escuetos, y hacerlo con la seguridad de que todos sus segmentos son al menos unidades válidas, unidades que lograrán su cometido.

Es momento de seguir. En consecuencia, revisaremos los errores que menoscaban la eficiencia del texto —¡y también la imagen del redactor!—. Hablamos de tropezones que podrían causar desconcierto en el lector, traspiés con los que el neófito se evidencia a sí mismo.

Esta sección busca la detección de estos deslices, fatales para quien, hasta aquí, quiera ser considerado al menos un buen aunque modesto redactor. Hay también planteamientos sobre qué podría no ser desliz, sino más bien un acierto.

Por último, esta introducción se apresta como el momento preciso para plantear una premisa imperiosa. Atención, no debemos olvidar lo siguiente: para poner tal o tal signo, siempre debe haber un motivo. No es al revés, es decir, que deba haber un motivo para no ponerlo.[*]

RECETA 14
EVITANDO LA COMA DE SUJETO

Como regla general, jamás debemos colocar una COMA entre SUJETO y PREDICADO. Esa coma no tiene razón de ser, y se ve horrible; y, encima, habla mal del redactor (si podemos llamar así a quien incurre en semejante barbaridad).

> Informalmente, los amantes de la escritura suelen llamar de una manera muy particular a este error: COMA CRIMINAL.[**]

---

[*] No pocas veces me ha tocado escuchar "profesor, por qué está mal esa coma". Y mi respuesta siempre es "dígame usted por qué está bien".

[**] El término fue acuñado por el lingüista peruano Alfredo Valle Degregori.

Para no meternos en asuntos gramaticales, o, más bien, para sólo meternos un poquito, reiteraremos eso de que el SUJETO es la persona, cosa, animal o situación de la cual decimos algo. Es una definición muy sucinta, limitada, pero buena para ayudarnos con lo que queremos hacer. Además, ya habíamos hablado de esto. Y el PREDICADO es lo que se dice de ese sujeto. Simple. Sigamos...

Con estas definiciones preliminares asimiladas, podemos vislumbrar cómo se conforma una oración, sin meternos, también aquí, en la gramática. Ahora bien, una oración, recordemos, es algo más o menos así:

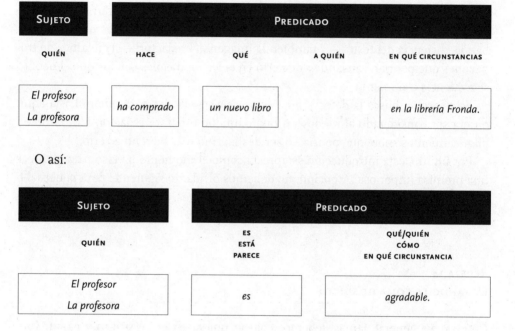

O así:

¿Y cuál es, entonces, la coma de sujeto, la coma criminal de sujeto? Una que va entre el *sujeto* y el *verbo* (*hace; es, está, parece*).

SUJETO	PREDICADO	
QUIÉN	ES ESTÁ PARECE	QUÉ/QUIÉN CÓMO EN QUÉ CIRCUNSTANCIA
⊗ El profesor La profesora ,	es	agradable.

> Podemos vislumbrar por qué el error es tan persistente. Primero, por la extendida confusión de que la COMA es una PAUSA. Sí, en vista de que entre SUJETO y PREDICADO se suele pronunciar una leve pausa, los incautos caen en la trampa. Es un error de apreciación, de desconocimiento de reglas básicas. Segundo, en cuanto a propagación, medios de comunicación —malos— y redes sociales se han encargado de diseminar este despropósito. La gente cree que de estas fuentes no surgen errores (!).

Ejemplos:*

⊗ [...] *Tu padre y tu madre,* **fueron** *también pequeños una vez.* [...]

⊗ [...] *Aquel individuo, no* **tenía** *una verdadera frente* [...]

⊗ [...] *Los hombres del Neandertal,* **aparecieron** *hace aproximadamente* 100 000 *años.* [...]

⊗ [...] *Los utensilios más antiguos,* **debieron de** *haber sido simples ramas o piedras.* [...]

⊗ [...] *El cobre,* **tiene** *un hermoso brillo* [...]

⊗ [...] *Los egipcios,* **pensaban** *que cada faraón era hijo del dios Sol.* [...]

⊗ [...] *La Sorelli,* **era** *muy supersticiosa.* [...]

⊗ [...] *Un teniente de bomberos,* **es** *siempre un valiente.* [...]

⊗ [...] *El cuerpo de baile,* **quedó** *consternado.* [...]

⊗ [...] *Un murmullo de espanto,* **saludó** *el fin de esta historia* [...]

⊗ [...] *Las pequeñas bailarinas,* **se miraron** *unas a otras.* [...]

⊗ [...] *La siniestra noticia,* **se esparció** *enseguida por toda la Ópera* [...]

⊗ [...] *El conde de Chagny,* **tenía** *razón* [...]

Ninguna de esas comas va. Punto. No tienen motivo para estar ahí.

---

* En los ejemplos, cada COMA CRIMINAL obviamente no aparece en los originales. Se trata, por tanto, de sucesivas herejías del autor de este libro, aunque piadosas, con fines didácticos.
GOMBRICH, Ernst H.: *Breve historia del mundo*; LEROUX, Gastón: *El fantasma de la ópera*.

En caso de poner COMA, surgirán dos resultados. Primero, salvo proyectar una pésima imagen, el escritor no logrará nada, aunque sí su texto: esterilidad. Segundo, en ciertos casos el sujeto podría ser confundido con otro asunto, uno que será visto en la receta 24.

ETCÉTERA Y COMA

Según la Real Academia Española de la Lengua (RAE), hay una excepción para esta regla. Cuando el SUJETO es una enumeración que se cierra con ETCÉTERA (o su abreviatura ETC.), dice la Academia, aparece necesariamente una COMA delante del verbo de la oración:

> Los bailes populares como la sardana, la jota, **etcétera**, estaban proscritos.

> Los bailes autóctonos, las peregrinaciones, **etc.**, perduran hasta nuestros días.

Ejemplos:[*]

[...] *Ligas vecinales, una escuela dominical, **etc., eran** juzgadas imprescindibles por los nuevos pobladores* [...]

[...] *Las sombras, esqueletos, **etc., van a abalanzarse** sobre él* [...]

[...] *"Todos los cuerpos de referencia K, K', **etc., son** equivalentes para la descripción de la naturaleza* [...]

LA COMA BIENHECHORA Y LA COMA HEROÍNA

¿Siempre, absolutamente siempre, es censurable colocar COMA entre SUJETO y PREDICADO? Según muchos, no.[**]

Hablamos del concepto de SUJETO COMPLEJO. Colocar COMA después de un SUJETO COMPLEJO tiene como propósito que el lector no se confunda, ni por un solo instante,

---

[*] WEBER, Max: *Sociología de la religión;* ZORRILLA, José: *Don Juan Tenorio;* EINSTEIN, Albert: *Sobre la teoría de la relatividad.*

[**] Para obtener una justificación, léase la GLOSA DE LA ADVERTENCIA INICIAL, al final de este libro.

con respecto a dónde termina el sujeto y dónde comienza el predicado, es decir, que el lector distinga desde siempre el *quién* del *qué hace*.

El sujeto podría ser complejo si comienza con determinadas fórmulas:

el [hecho de] que		
que		

el	*los*	*que*
la	*las*	

quien(es)

Veamos:

El que *los artistas esquiven aquel* tópico ligero	,	***es** un claro asomo a una búsqueda primorosa.*
El que *escribe para comer*	,	**ni come ni escribe.**[*]
Quien *está libre de pecado*	,	**suele lanzar** *la primera piedra.*
Que *tú lo digas*	,	**me basta y me sobra.**

En algunos casos, la complejidad radica en que después de un sujeto sencillo (*las viejas estatuas, los animales salvajes, el elenco...*) aparece un *que* o un *cuyo*:

***Las viejas estatuas que** se erigen en aquellas tan hermosas ciudades*	,	***fueron construidas** hace dos siglos.*
***Los animales salvajes que** habitan esos viejos y crueles zoológicos*	,	*no **necesitan** el cautiverio.*
***El elenco que** representará la famosa y célebre obra teatral*	,	***estará** esta semana en la ciudad.*

Las construcciones de posesión o pertenencia, generalmente con la preposición *de*, también podrían ameritar una COMA. Y en general, cualquier sujeto extremadamente largo podría exigir la colocación de una COMA.

*La memoria de quienes aún no han podido olvidar los sucesos tan desdichados que sacudieron a casi todo el país, **está**...*

*El representante de la empresa organizadora de este espectacular evento artístico itinerante, **ha declarado**...*

*Los ejemplos del hábito convertido en una sana aceptación que seduce a quienes se enteran, **debe**...*

---

[*] Atribuida a Francisco de Quevedo.

La coma por sujeto "no tan largo" (!) se torna necesaria especialmente si, como vemos en los dos primeros ejemplos, el último fragmento del sujeto concuerda (en número) con el primero del predicado (el verbo conjugado): *el país* con *está*, *evento artístico itinerante* con *ha declarado*.

Ejemplos de COMA BIENHECHORA:[*]

[...] *Hechos tales como las complejas y extraordinarias excrecencias que invariablemente siguen a la inoculación de una pequeña gota de cochinilla, nos* **muestran** *qué modificaciones singulares podrían resultar.* [...]

   [...] *Las peculiaridades que aparecen en los machos de nuestras crías domésticas,* **son** *frecuentemente transmitidas a los machos exclusivamente.* [...]

   [...] *Que las especies tienen capacidad para cambiar, lo* **admitirán** *todos los evolucionistas* [...]

   [...] *La consideración de estos hechos sobre el dimorfismo y también la consideración de los resultados de los cruzamientos recíprocos, claramente* **llevan** *a la conclusión de que la causa primaria de la esterilidad de las especies cruzadas está reducida a diferencias en sus elementos sexuales* [...]

   [...] *El primer hombre que escogió una paloma con cola ligeramente más larga, seguramente ni* **se imaginó** *lo que los descendientes de esa paloma llegarían a hacer por selección* [...]

[...] *La segunda premisa que sustenta la actitud de que no hay nada que aprender sobre el amor,* **es** *la suposición de que el problema del amor es el de un objeto y no de una facultad.* [...]

   [...] *El tercer error que lleva a suponer que no hay nada que aprender sobre el amor,* **radica** *en la confusión entre la experiencia inicial del "enamorarse" y la situación permanente de estar enamorado* [...]

   [...] *La persona cuyo carácter no se ha desarrollado más allá de la etapa correspondiente a la orientación receptiva,* **experimenta** *de esa manera el acto de dar.* [...]

   [...] *La gente cuya orientación fundamental no es productiva,* **vive** *el dar como un empobrecimiento* [...]

---

[*] DARWIN, Charles: *El origen de las especies*; FROMM, Erich: *El arte de amar*; "Nube de verano", extraído de BENEDETTI, Mario: *Buzón del tiempo*; DUMAS, Alejandro: *El vizconde de Bragelonne*; GARCÍA MÁRQUEZ, Gabriel: *Obra periodística 1. Textos costeños*.

[...] *Que mis ojos pudieran ser combustibles,* **fue** *para mí una revelación.* [...]

[...] *Que con veinte mil que traigo encima, me* **completan** *un total de doscientas cincuenta mil libras* [...]

[...] *El hecho de que en un museo de Nueva York se esté exhibiendo un extenso y curioso pergamino de origen oriental,* **ha dado** *motivo para que la prensa comente la cuestión en el sentido de que fueron los chinos los inventores del cine.* [...]

[...] *Que todo el mundo cante nuestras cartas de amor,* **es** *algo no sólo perdonable* [...]

[...] *El viejo deporte de los magnates de Hollywood de tirarse con los trastos a la cabeza,* **ha salido a relucir** *otra vez con la carga de profundidad que Charlie Chaplin les lanzó hace algunos días a los mercachifles del cine norteamericano.* [...]

[...] *La luna de miel de Eva y Juan Domingo,* **fue** *casi un golpe de estado a los prejuicios de la alta sociedad americana* [...]*

[...] *Quien esto ha escrito,* **parece** *haber olvidado una verdad elemental* [...]

Los sujetos a veces son largos, y poco podemos hacer al respecto; el concepto es complejo o requiere, por el contexto, un detalle extremo.

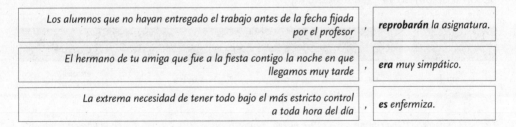

Los alumnos que no hayan entregado el trabajo antes de la fecha fijada por el profesor	,	**reprobarán** la asignatura.
El hermano de tu amiga que fue a la fiesta contigo la noche en que llegamos muy tarde	,	**era** muy simpático.
La extrema necesidad de tener todo bajo el más estricto control a toda hora del día	,	**es** enfermiza.

Podríamos pensar que, en caso de sujeto largo o complejo, una relectura o el detenimiento y la reflexión resolverán cualquier duda. Sí, a veces, tan sólo a veces será posible. Como sea, en estos casos la lectura no será fluida, como mínimo. Ahora bien, por bueno que sea el escrito, de qué sirve su agudeza si en puntos clave se verá obstruido por la privación que brota entre la complejidad de los conceptos (totalmente válidos, muchas veces directamente proporcionales a su propósito) y las exiguas posibilidades que a veces nos da la ortografía (o quienes tienen su fideicomiso). Eficiencia.

No debemos olvidar que los signos están ahí para destrabar cualquier inconveniente. Usémoslos; usemos, en este caso, la coma.

---

* Sinceramente, no se ve complejidad de sujeto, salvo por lo compuesto (A y B). No obstante, para el autor sí la había; por eso la coma.

En otros casos, no obstante, la COMA BIENHECHORA será totalmente necesaria, sin ninguna duda. Su ausencia generará, de plano, total confusión. Es decir, la coma ya no será BIENHECHORA, sino HEROÍNA:

El que entra por aquí // no sale.		El que entra // por aquí no sale.
El que canta // sus males espanta.	versus	El que canta sus males // espanta.
Quien más dinero tenga al final // ganará.		Quien más dinero tenga // al final ganará.
El que no escribe // nunca se equivoca.		El que no escribe nunca // se equivoca.

RECETA 15
COMA DE OBJETO

La COMA CRIMINAL "por excelencia" es la de sujeto. Es la más condenada, sin duda. No obstante, existe otra coma criminal, aunque no considerada tan grave, en algunos casos, o no detectada, en otros. Bien, conozcámosla...

Ya sabemos cómo se compone una oración. Y, sin mayor preámbulo, veamos que la coma de objeto va exactamente aquí:

SUJETO	PREDICADO			
QUIÉN	HACE	QUÉ	A QUIÉN	EN QUÉ CIRCUNSTANCIAS
⊗ El profesor	ha comprado ,	un nuevo libro		en la librería Fronda.
⊗ El profesor	le dio ,	un recado	a su alumno.	
⊗ La profesora	explicaba ,	la tarea.		
⊗ La profesora	tomará ,	vacaciones		este verano.

Como vemos, aparece entre el verbo (hace) y el qué.

Ejemplos:*

⊗ [...] *Demetrio* **ciñó, la cartuchera** *a su cintura* [...]

⊗ [...] *Demetrio* **seguía mirando, la silueta dolorida** *de una mujer con su niño en los brazos.* [...]

⊗ [...] *Una moza muy amable trajo, una jícara de agua azul. Demetrio* **cogió, la vasija** *entre sus manos trémulas* [...]

⊗ [...] *y* **se oyó, el ruido** *de armas de los hombres que dormían afuera y despertaban también.* [...]

⊗ [...] **Llevaba, una mancha de sangre fresca** *en su pantalón, cerca de un pie.* [...]

⊗ [...] *luego* **limpió** *con el dorso de su mano,* **la humedad** *de los carrillos* [...]

⊗ [...] *Demetrio* **meneó, la cabeza** *y sonriendo se rascó* [...]

⊗ [...] *Y* **tiró, la hoja** *desmenuzada* [...] *y* **se cubrió, la cara** *con la punta de su delantal.* [...]

Querer que, decir que, saber que...

Ahora bien, en realidad la anterior coma criminal así, tal cual, se da muy poco. La COMA CRIMINAL de OBJETO sí aparece mucho, en cambio, cuando ese objeto (ese *qué*) es una frase que comienza con *que*, y con más razón si el verbo es *decir*.

> ¿Por qué surge y por qué se propaga? Podríamos aludir lo mismo que con la COMA DE SUJETO; asimismo, por mala inducción (o malas lecturas) se confunde con el punto *para añadir información sobre un nombre* de la receta 17.

SUJETO	PREDICADO			
QUIÉN	HACE	QUÉ	A QUIÉN	EN QUÉ CIRCUNSTANCIAS
⊗ El profesor	no quiere ,	**que** repruebes.		
⊗	sabe ,	**que** tiene la razón.		
⊗ La profesora	dijo ,	**que** debes estudiar.		
⊗	dedujo ,	**que** todos habían trabajado.		

---

* Otra vez, en los ejemplos originales no hay comas. Perdón: fines didácticos.
AZUELA, Mariano: *Los de abajo.*

> Además de suceder con un *qué*, una coma errónea (con semblante criminal) podría sobrevenir también, aunque en menor medida, con un *cómo*, un *cuándo*, un *dónde*... Véase la receta 18.

Ejemplos:*

⊗ [...] *el maquinista le* **pidió, que** *se lo pasara.* [...]

   ⊗ [...] *le* **comunicaba, que** *un amigo le ofrecía un intercambio ventajoso: tabaco por una ración de pan* [...]

   ⊗ [...] *Ese día* **comprendí, que** *Dios nunca permitiría algo así* [...]

   ⊗ [...] *Mostovskói* **pensó, que** *la angustia que expresaba su ojo sano era más terrible que el agujero rojo que se abría en el lugar del ojo ausente.* [...]

⊗ [...] *Nívea* **supo, que** *no era de este mundo aun antes que naciera* [...]

   ⊗ [...] *no le* **sorprendió, que** *la comadrona diera un grito al verla.* [...]

   ⊗ [...] *Severo* **consideraba, que** *era tiempo de que su hija se sacudiera la modorra* [...]

   ⊗ [...] *Esteban* **dijo, que** *era la menopausia y que no había que hacerle caso.* [...]

   ⊗ [...] *Esa noche volvió a* **soñar, que** *sus padres caminaban por un campo de cebollas y que Nívea iba sin cabeza* [...]

   ⊗ [...] *Me* **dijo, que** *el Cristóbal Colón era un negocio floreciente y que todos los años ella renovaba algunos decorados* [...]

RECETA 16
ASIMILANDO LA INTERROGACIÓN INDIRECTA

Es muy fácil escribir preguntas, ¿no? Por supuesto, PREGUNTAS DIRECTAS. Pero hay otro tipo de preguntas, uno que suele generar muchos errores: PREGUNTAS INDIRECTAS.

indirecta	directa
No sé **qué quieres**.	¿**Qué quieres**?
Sugiéreme **quién podría ir**.	¿**Quién podría ir**?
Nadie escuchó **cuál era su nombre**.	¿**Cuál era su nombre**?
Debes saber **cuánto tienes**.	¿**Cuánto tienes**?

---

* Última vez, promesa. Fines didácticos: GROSSMAN, Vasili: *Vida y destino*; ALLENDE, Isabel: *La casa de los espíritus*.

indirecta	directa
Dime **qué** _hora_ es.	¿**Qué** _hora_ es?
Ya vimos **cuál** _elección_ tomaste.	¿**Cuál** _elección_ tomaste?
Ella sabe **cuántos** _años_ tengo.	¿**Cuántos** _años_ tengo?

indirecta	directa
Quiero saber **cómo te fue**.	¿**Cómo te fue**?
Confírmame **cuándo lloverá otra vez**.	¿**Cuándo lloverá otra vez**?
Olvidé **dónde dejé mi pluma**.	¿**Dónde dejé mi pluma**?

Las INTERROGACIONES INDIRECTAS se dan con verbos que expresan actos del entendimiento o del habla, además de creencias, reflexiones y emociones: _saber, entender, decir, preguntar, mirar, informar(se), ver, probar, avisar,_ etc.[*] Y, tal cual vemos en los ejemplos, no utilizan signos de interrogación.

El problema puntual con las interrogaciones indirectas es que los ágrafos o los neófitos no las detectan, no colocan tildes a los interrogativos. No ven interrogación (incluso suelen discutir y alegar al respecto). En palabras sencillas: no interrogan; y no interrogar es un error grave en una interrogación.

¿Cómo lo solucionamos? Bien, para salir de dudas sobre la posibilidad de tilde, podemos recurrir a sencillas claves:

---

[*] Los más usuales:

aclarar	aconsejar	admitir	afirmar	añadir	apuntar
asegurar	aseverar	avisar	berrear	bramar	clamar
comentar	comunicar	concretar	confesar	confirmar	considerar
contar	contestar	cuchichear	decir	declarar	demandar
describir	destacar	enfatizar	escribir	especificar	exclamar
explicar	exponer	expresar	gritar	implorar	increpar
indicar	informar	insinuar	insistir	interrogar	manifestar
mascullar	matizar	mencionar	murmurar	musitar	narrar
negar	notificar	objetar	opinar	platicar	pedir
precisar	pregonar	preguntar	proclamar	proponer	protestar
quejarse	querer decir	ratificar	recalcar	reconocer	recomendar
reiterar	replicar	reprender	responder	revelar	señalar
sermonear	sostener	subrayar	sugerir	suplicar	suponer
susurrar	transmitir				

No sé **qué** quieres.	No sé **qué** _cosa_ quieres.	Agregar mentalmente la palabra _cosa_ después de _qué_.	Si al agregar o al cambiar no se pierde el sentido, va tilde; es una interrogación.
Sugiéreme **quién** podría ir.	Sugiéreme **qué persona** podría ir.	Cambiar mentalmente _quién_ por _qué persona_.	
Nadie escuchó **cuál** era su nombre.	Nadie escuchó **cuál _de ésos_** era su nombre.	Agregar mentalmente _de éstos/ésos_ después de _cuál_.	
Debes saber **cuánto** tienes.	Debes saber **qué cantidad** tienes.	Cambiar mentalmente _cuánto_ por _qué cantidad_.	

Revélame **qué** _hora_ es.	Ya hay una "cosa" (en este caso _hora_).	Si ya hay una "cosa" después de _qué_, _cuál(es)_ o _cuántos/as_, debemos poner tilde; es una interrogación.
Ya vimos **cuál** _elección_ tomaste.	Ya hay una "cosa" (en este caso _elección_).	
Ella sabe **cuántos** _años_ tengo.	Ya hay una "cosa" (en este caso _años_).	

Quiero saber **cómo** te fue.	Quiero saber **de qué manera** te fue.	Cambiar mentalmente _cómo_ por _de qué manera/modo_.	Si al agregar, al cambiar o al considerar ese "diablos" no se pierde el sentido, va tilde; es una interrogación.
Quiero saber **cómo** te fue.	Quiero saber **cómo diablos** te fue.	Agregar mentalmente la palabra _diablos_ (o similar).*	
Quiero saber **cómo diantre** te fue.		Ya hay un "diablos".	
Dime **cuándo** lloverá otra vez.	Dime **en qué momento** lloverá otra vez.	Cambiar mentalmente _cuándo_ por _en qué momento_.	
Olvidé **dónde** dejé mi pluma.	Olvidé **en qué lugar** dejé mi pluma.	Cambiar mentalmente _dónde_ por _en qué lugar_.	

* Estas palabras son malsonantes. Usted, de acuerdo a su país de origen, agregue el que más le acomode... mentalmente, claro.

Ejemplos:*

[...] —*Sería útil precisar* **cuánto**. [...]

[...] *Dios sabe muy bien* **dónde** *reclamar sus deudas.* [...]

[...] *Por la puerta entreabierta vio* **cómo** *al aristócrata le preparaban la ropa.* [...]

[...] *No sé* **cómo** *diantre resolviste al final la cuestión* [...]

[...] *no importa* **quién** *seáis y* **cuál** *sea vuestro oficio* [...]

[...] *Con frecuencia me preguntaba* **qué** *haría el capitán con ellos cuando me mandaba a comprar algo* [...]

[...] *No sé* **cuánto** *tiempo aguardé afuera* [...]

[...] *ni siquiera intento averiguar quién es este caballero tapado con su máscara...* [...]

[...] *Pero veamos* **qué** *utilidad trae eso a Raquel* [...]

[...] *mirad* **cuánto** *solicitó la conversión de Judas* [...]

[...] *no se puede explicar* **cómo** *es la Gloria* [...]

[...] *y quiere probar* **cuál** *amor puede más con Abraham, si el suyo o el del hijo.* [...]

[...] *Bien se deja en esto conocer* **cuál** *es la fuerza de mi inclinación.* [...]

MÁS PREGUNTAS

A partir de las partículas interrogativas de la pauta, la base, pueden salir muchas otras, entre ellas las famosas *por qué* (motivo) y *para qué* (objetivo):**

qué	**a qué**, *ante qué, bajo qué, cabe qué,* **con qué**, *contra qué,* **de qué**, *desde qué, durante qué,* **en qué**, *entre qué, hacia qué, hasta qué, mediante qué,* **para qué**, **por qué**, *según qué, sin qué, sobre qué, tras qué*
quién(es)	**a quién**, *ante quién, cabe quién,* **con quién**, *contra quién, de quién, entre quién, hacia quién, mediante quién,* **para quién**, *por quién, según quién, sin quién, sobre quién, tras quién*
cuál(es)	**a cuál**, *ante cuál,* **bajo cuál**, *cabe cuál, con cuál, contra cuál,* **de cuál**, *desde cuál, durante cuál,* **en cuál**, *entre cuál, hacia cuál, hasta cuál, mediante cuál, para cuál, por cuál, según cuál, sin cuál, sobre cuál, tras cuál*
cuánto(a)	**a cuánto**, *con cuánto, de cuánto, desde cuánto, hasta cuánto, por cuánto*

---

* PÉREZ-REVERTE, Arturo y PÉREZ-REVERTE, Carlota: *El capitán Alatriste*; SOR JUANA INÉS DE LA CRUZ: *Polémica.*

** Las ⏤ implican agregar una "cosa".

qué	*a qué* __, ante qué __, bajo qué __, cabe qué __, **con qué** __, contra qué__, *de qué*__, desde qué __, durante qué __, *en qué* __, entre qué__, hacia qué __, hasta qué __, mediante qué __, según qué __, sin qué __, sobre qué__, tras qué__
cuál(es)	*a cuál* __, ante cuál __, bajo cuál __, cabe cuál __, **con cuál** __, contra cuál __, *de cuál* __, desde cuál __, durante cuál __, *en cuál* __, entre cuál __, hacia cuál __, hasta cuál__, mediante cuál __, para cuál __, por cuál__, según cuál __, sin cuál __, sobre cuál __, tras cuál __
cuánto(a)(s)	*a cuántos* __, ante cuántos __, bajo cuántos __, cabe cuántos __, **con cuántos** __, contra cuántos __, *de cuánto*s __, desde cuántos __, durante cuántos __, en cuántos __, entre cuántos__, hacia cuántos __, hasta cuántos __, mediante cuántos __, para cuántos __, por cuántos __, según cuántos __, sin cuántos __, sobre cuántos __, tras cuántos __
cuándo	**desde cuándo**, hasta cuándo, para cuándo
dónde	*a dónde* (o *adónde*),* desde dónde, en dónde, hacia dónde, hasta dónde, **para dónde**, por dónde

Curiosamente, con éstas no se da mucho el problema de la tilde.

Veamos ejemplos, con todas las interrogaciones:**

[...] El lenguaje popular refleja **hasta qué punto** nos defendemos del exterior [...]

[...] Dime **cómo** mueres y te diré **quién** eres. [...]

[...] sí nos puede mostrar ahora **cómo** se realizó la ruptura y **cuáles** han sido nuestras tentativas para trascender la soledad. [...]

[...] el sucedido revela **con qué** inexorable **rigor** la lógica de lo absurdo se introduce en la vida. [...]

[...] revela **cuál** es esa llaga que alternativamente mostramos o escondemos, pero no nos indica **cuáles** fueron las causas de esa separación y negación de la Madre [...]

[...] Y ya se sabe **en qué** se convirtió esa igualdad abstracta y cuál fue el significado real de esa libertad vacía. [...]

[...] nadie puede explicar satisfactoriamente **en qué** consisten las diferencias "nacionales" entre argentinos y uruguayos, peruanos y ecuatorianos [...]

[...] El problema que preocupa a O'Gorman es el de saber **qué clase** de ser histórico es lo que llamamos América. [...]

---

* Estrictamente hay, o había, una diferencia. No obstante, en la usanza se trata de dos situaciones idénticas, intercambiables.

** Paz, Octavio: *El laberinto de la soledad*; ARENDT, Hannah: *La condición humana*.

[...] *nunca pueden «explicar» lo que somos o responder a la pregunta de* **quiénes** *somos* [...]

[...] *Aunque nadie sabe* **a quién** *revela cuando uno se descubre a sí mismo en la acción o la palabra* [...]

[...] *Es oculto porque el hombre no sabe* **de dónde** *procede cuando nace ni* **adónde** *va cuando muere.* [...]

[...] *cada una determinaba qué actividades de la vita activa debían mostrarse en público y* **cuáles** *tenían que ocultarse en privado* [...]

[...] *Debo confesar que no sé ver* **en qué** *se basan los economistas liberales de la sociedad actual* [...]

[...] *resulta interesante observar* **con qué** *cuidado Hume insistía repetidamente en que ni el pensamiento ni el razonamiento diferencia al hombre del animal* [...]

[...] *sabe* **cómo** *multiplicarla más allá de su natural medida.* [...]

[...] *Me ha sido imposible averiguar* **cuándo** *y* **dónde** *apareció por primera vez la expresión* homo faber [...]

[...] *La historia está llena de ejemplos de la impotencia del hombre fuerte y superior que no sabe* **cómo** *conseguir la ayuda* [...]

[...] *Lo que aún falta por explicar es* **por qué** *esta derrota terminó en victoria del animal* laboran. [...]

IV

ENRIQUECIENDO TEXTOS

Hasta aquí, podemos decir sin duda que redactar párrafos, párrafos sencillos, es parte de nuestra aptitud. Ojo: no hemos pasado de una unidad temática señera... Sabemos organizar y distribuir nuestras oraciones; sabemos qué es una oración y qué no lo es; y sabemos evitar yerros imperdonables en esas oraciones. Llegó el momento, pues, de comenzar a dar profusión y carácter a nuestros textos.

Hasta ahora únicamente nos hemos enfocado en el orden, cualidad que el PUNTO Y SEGUIDO por excelencia ostenta, y que encuentra variantes o posibilidades. Como sea, todo puede ser considerado un PUNTO. Y ahora nos enfocaremos en la COMA; será nuestro eje. Y si antes nos dedicamos a disponer correctamente los mensajes en un párrafo, ahora nos dedicaremos a enriquecer esos mensajes. El orden ya está; ahora hablaremos de lo que sucede adentro de las oraciones, de cómo extender sus posibilidades o sus matices.

Esta sección busca, pues, desenvolver las posibilidades comunicativas y expresivas de las oraciones. Iremos a la riqueza en lo local.

Ahora bien, no debemos olvidar lo planteado en la sección anterior sobre la puntuación, que se manifiesta claramente con las comas: debe haber un motivo claro para ponerlas, no un motivo para no ponerlas. Así pues, aquí comienza a desplegarse un ramillete de motivos.

RECETA 17
LA COMA PARA EXPLICAR (I)

A esta coma la llamaremos COMA EXPLICATIVA, COMA PARÉNTESIS (por no decir PARENTÉTICA) o COMA INCIDENTAL...

En los textos existe información accesoria o explicativa, fragmentos secundarios, incidentales, periféricos. Esta información asoma en forma de expresiones que se intercalan, como paréntesis, en la información principal, con el objetivo de explicar algo relacionado con la parte principal. Son comentarios adicionales.

Primera parte del mensaje	,	comentario	,	continuación del mensaje	.

Primera parte del mensaje	(	comentario	)	continuación del mensaje	.

parte de la información principal	información incidental: agrega alguna precisión o algún comentario al contenido de lo principal	otra parte de la información principal

las comas funcionan como un paréntesis

Nos topamos con algo así:

Cuando lleguemos a la nueva casa, **espero que pronto,** *veremos qué pasa.*
Cuando lleguemos a la nueva casa **(espero que pronto)** *veremos qué pasa.*

Ahora consideremos algo sumamente interesante: si quitamos el contenido incidental, el sentido de lo principal no se pierde. Veamos:

Cuando lleguemos a la nueva casa, **espero que pronto,** *veremos qué pasa.*
Cuando lleguemos a la nueva casa **(espero que pronto)** *veremos qué pasa.*
Cuando lleguemos a la nueva casa   *veremos qué pasa.*

Ése no es el punto, **que yo sepa,** *del debate en cuestión.*
Ése no es el punto **(que yo sepa)** *del debate en cuestión.*
Ése no es el punto   *del debate en cuestión.*

Tu abuela, **Dios la bendiga,** *ya está bastante vieja.*
Tu abuela **(Dios la bendiga)** *ya está bastante vieja.*
Tu abuela   *ya está bastante vieja.*

Canta, **no tienes idea,** como un ruiseñor.
Canta **(no tienes idea)** como un ruiseñor.
Canta   como un ruiseñor.

En algunos casos, lo incidental podría iniciar o terminar el mensaje, según lo permita el sentido:

Mensaje principal	,	comentario	

Mensaje principal	(	comentario	)

información principal   información incidental

Ése no es el punto del debate en cuestión, **que yo sepa.**
Ése no es el punto del debate en cuestión **(que yo sepa).**
Ése no es el punto del debate en cuestión.

Comentario	,	mensaje principal	

(	Comentario	)	mensaje principal

información incidental   información principal

Que yo sepa, ése no es el punto del debate en cuestión.
(Que yo sepa) ése no es el punto del debate en cuestión.
Ése no es el punto del debate en cuestión.

Ejemplos:*

[...] *Regresaría de la India cualquiera de estos días, **en junio o julio** [...]*

[...] *Y allí estaba, **como posada en una rama,** sin ver a Scrope Purvis [...]*

[...] *viejas y discretas viudas hacendadas pasaban veloces en sus automóviles, **camino de misteriosas diligencias** [...]*

[...] *Pero Peter, **por hermosos que fueran los árboles, o el césped o la niña vestida de color de rosa,** no veía nada. [...]*

[...] *Su único don era conocer a la gente, **casi por instinto** [...]*

[...] *Esta reciente experiencia del mundo había formado en todos, **todos los hombres y todas las mujeres,** un pozo de lágrimas. [...]*

[...] *Hubiera sido, **lo mismo que Lady Bexborough,** lenta y señorial [...]*

[...] *Esta mañana pensé por primera vez que mi cuerpo, **ese compañero fiel, ese amigo más seguro y mejor conocido que mi alma,** no es más que un monstruo solapado que acabará por devorar a su amo. [...]*

[...] *Pero ya no cuento, **como Hermógenes finge contar,** con las virtudes maravillosas de las plantas y el dosaje exacto de las sales minerales que ha ido a buscar a Oriente. [...]*

[...] *aún no estoy tan débil como para ceder a las imaginaciones del miedo, **casi tan absurdas como las de la esperanza** [...]*

[...] *Pero de todos modos he llegado a la edad en que la vida, **para cualquier hombre,** es una derrota aceptada. [...]*

[...] *Una autoridad tan absoluta comporta, **como cualquier otra,** los riesgos del error para aquel que la ejerce [...]*

[...] *La carrera, **aun la más breve,** me sería hoy tan imposible como a una estatua [...]*

Ojo... Si bien la COMA PARÉNTESIS es recurrente y entraña, en general, riqueza y desenvolvimiento, tenemos que considerar que, para el lector, implica procesar su contenido (secundario) para luego retomar el hilo del mensaje. No hay que abusar; puede recargar un texto. No lo olvidemos.

Es muy recurrente en la literatura, en cambio, porque el lector busca justamente este factor.

---

* WOOLF, Virginia: *La señora Dalloway*; YOURCENAR, Marguerite: *Memorias de Adriano*.
Lea los ejemplos una segunda vez. En esta última, soslaye lo incidental (con **negrita**). Verá que el sentido no se pierde.

Ahora bien, hay incidentales que son muy específicas, con funciones determinadas...

PARA PRECISAR UN NOMBRE

Si colocamos COMA PARÉNTESIS después de un nombre, lo precisamos, lo puntualizamos; es decir, decimos *qué es, quién es* o *cuál es.* El nombre puede ser común o propio, aunque especialmente propio.

Podemos precisar al SUJETO:

Adrián, **el marido de mi hermana,** *dijo que nos ayudaría.*
Adrián **(el marido de mi hermana)** *dijo que nos ayudaría.*
Adrián   *dijo que nos ayudaría.*

¿Quién es **Adrián**? El marido de mi hermana.

Hernández**, aquel bondadoso empedernido,** *otra vez nos ayudó.*
Hernández **(aquel bondadoso empedernido)** *otra vez nos ayudó.*
Hernández   *otra vez nos ayudó.*

¿Quién es **Hernández**? Aquel bondadoso empedernido.

Esteban Paredes**, nuestro profesor,** *nos regañó.*
Esteban Paredes **(nuestro profesor)** *nos regañó.*
Esteban Paredes   *nos regañó.*

¿Quién es **Esteban Paredes**? Nuestro profesor.

Chile, **país donde nací,** *es muy austral.*
Chile **(país donde nací)** *es muy austral.*
Chile   *es muy austral.*

¿Qué es **Chile**? Es el país donde nací.

Podemos explicar otro nombre también, uno que no sea el sujeto:

Ayer tuve el gusto de saludar a Jesús, **nuestro viejo profesor.**
Ayer tuve el gusto de saludar a Jesús **(nuestro viejo profesor).**
Ayer tuve el gusto de saludar a Jesús.

¿Quién es **Jesús**? Nuestro viejo profesor.

El clima de tu ciudad, **Valparaíso,** *es delicioso.*
El clima de tu ciudad **(Valparaíso)** *es delicioso.*
El clima de tu ciudad   es delicioso.

¿Cuál es **tu ciudad**? Valparaíso.

Ejemplos:[*]

[...] *Yo soy Remigio da Varagine,* **el cillerero del monasterio.** [...]

[...] *Es evidente que estáis buscando a Brunello,* **el caballo preferido del Abad, el mejor corcel de vuestra cuadra** [...]

[...] *el nuevo general de la orden,* **Raimondo Gaufredi,** *encontró a estos presos en Ancona* [...]

[...] *Por parte de los franciscanos de Aviñón podemos suponer que estará Girolamo,* **el cretino de Caffa** [...]

[...] *Y Adelmo citó en aquella ocasión a otra autoridad eminentísima,* **la del doctor de Aquino,** *cuando dijo que conviene que las cosas divinas se representen más en la figura de los cuerpos viles* [...]

[...] *El que había hablado era Berengario da Arundel,* **el ayudante del bibliotecario.** [...]

[...] *entré de aprendiz con míster James Bates,* **eminente cirujano de Londres** [...]

[...] *Al volver decidí establecerme en Londres, propósito en que me animó míster Bates,* **mi maestro** [...]

[...] *me casé con mistress Mary Burton,* **hija segunda de míster Edmund Burton, vendedor de medias de Newgate Street** [...]

---

[*] Eco, Umberto: *El nombre de la rosa*; Swift, Jonathan: *Los viajes de Gulliver*.

[...] *acepté un ventajoso ofrecimiento del capitán William Pritchard,* **patrón del Antelope** *[...]*

[...] *Lo primero que pedí después de obtener la libertad fue que me concediesen licencia para visitar Mildendo,* **la metrópoli** *[...]*

[...] *Reldresal,* **secretario principal de Asuntos Privados** *—como ellos le intitulan—, vino a mi casa acompañado sólo de un servidor.* [...]

MANOS A LA OBRA

1. Agregue comentarios (con coma paréntesis) a las palabras o los conceptos ennegrecidos del siguiente fragmento.[*] Luego, borre las que considere innecesarias, para quedar con su propia versión definitiva.

[...] *Cuando la* **primavera** *hace su entrada en una pequeña* **ciudad**, *¡qué fiesta se organiza! Semejantes a los brotes en su reprimida premura, los* **niños de cabezas de oro** *se empujan afuera de las habitaciones de aire pesado, y se van remolineando por la* **campiña**, *como llevados por el alocado viento tibio que tironea sus cabellos y sus delantales y arroja sobre ellos las primeras florescencias de los* **cerezos**. *Gozosos como si volvieran a encontrar, después de una larga* **enfermedad**, *un viejo juguete del cual hubieran estado mucho tiempo privados, reconocen todas las cosas, saludan a cada árbol, a cada breña* [...]

2. Ahora, agregue comentarios a lo que considere pertinente, según su criterio y su gusto:[**]

[...] *Dos seres que viven la misma dicha se encuentran rápidamente. La joven enferma y Víctor se embriagaban de aire fresco y perfumes primaverales, y sus almas resonaban con igual júbilo. Él se sentaba al lado de la rubia niña y le relataba mil historias, con su voz suave y acariciadora. Lo que decía entonces le parecía extraño y nuevo, y espiaba con arrobado asombro sus propias palabras puras y perfectas* [...]

---

[*] "Primavera sagrada", extraída de RILKE, Rainer Maria: *Primavera sagrada y otros cuentos de Bohemia.*
[**] Ibídem.

Podemos incluir apodos. Y en estos casos obviamente se trata de *cómo lo/la apodan*:

Simón Bolívar, **el Libertador,** *nació en Caracas.*
Simón Bolívar **(el Libertador)** *nació en Caracas.*
Simón Bolívar *nació en Caracas.*

¿Cómo apodan a **Simón Bolívar**? El Libertador.

Aquel señor es fanático de Elvis Presley, **el Rey.**
Aquel señor es fanático de Elvis Presley **(el Rey).**
Aquel señor es fanático de Elvis Presley.

¿Cómo apodan a **Elvis Presley**? El Rey.

Ojo... El redactor inexperto suele utilizar *que es* para introducir esta precisión, situación totalmente desaconsejable porque es innecesaria; además, la fórmula *que es/era...* sirve para otra situación, que será vista en el siguiente punto. Así pues...

⊗ *Adrián,* **que es** ***el marido de mi hermana,*** *dijo que nos ayudaría.*
⊗ *Hernández,* **que es** ***aquel bondadoso irreparable,*** *otra vez nos ayudó.*
⊗ *Esteban Paredes,* **que es** ***nuestro profesor,*** *nos regañó.*
⊗ *Chile,* **que es** ***el país donde nací,*** *es muy austral.*
⊗ *Ayer tuve el gusto de saludar a Jesús,* **que es** ***nuestro viejo profesor.***
⊗ *El clima de tu ciudad,* **que es** ***Valparaíso,*** *es delicioso.*

Sobra *que es*. Por otro lado, para precisiones enunciadas de manera negativa sí podemos utilizar *que no es/era*.

☑ *Adrián,* **que no es *nuestro padre,*** *nos regañó como si fuéramos sus hijos.*

☑ *Hernández,* **que no es *aquel que solía ayudar,*** *esta vez sí nos ayudó.*

☑ *Esteban Paredes,* **que no es *nuestro profesor,*** *se puso a tomar asistencia.*

☑ *Chile,* **que no es el *país donde nací,*** *me acogió como uno más.*

Manos a la obra

Agregue comentarios negativos (es decir, con negación) a las palabras o los conceptos ennegrecidos del siguiente fragmento.* Luego, borre los que considere innecesarios, para quedar con su propia versión definitiva.

> [...] **Malcolmson** *juzgó inútil pedir* **detalles** *al hombre acerca del «absurdo prejuicio»; sabía que sobre aquel tema podría conseguir más información en cualquier otro lugar. [...] De ahí fue directamente a hablar con la dueña de la fonda, una mujer alegre y bondadosa a la que pidió* **consejo** *acerca de qué clase y cantidad de víveres y provisiones necesitaría. Ella alzó las* **manos** *con estupefacción cuando él le dijo dónde pensaba alojarse. [...]*

Para añadir información sobre un nombre

Si colocamos COMA PARÉNTESIS después de un nombre y el paréntesis lo comenzamos con *que*, estamos añadiendo información sobre éste, es decir, estamos diciendo *qué sucede con* éste, como característica.

Aquí utilizamos cualquier verbo que no sea *ser* (*era, fue, es, será, sería...*), incluso *estar.*

---

* STOKER, Bram: *La casa del juez.*

Mis canciones, *que no suelen cautivar a cualquiera*, por lo menos te gustan a ti.	¿Qué sucede con **mis canciones**? ¿Qué podemos/queremos añadir sobre **mis canciones**? Que por lo menos te gustan a ti.
Mis canciones *(que no suelen cautivar a cualquiera)* por lo menos te gustan a ti.	
Mis canciones por lo menos te gustan a ti.	

El padre, *que había permanecido despierto*, sí escuchó cuando su hijo llegó.	¿Qué sucedió con **el padre**? ¿Qué podemos/queremos añadir sobre **el padre**? Que sí escuchó cuando su hijo llegó.
El padre *(que había permanecido despierto)* sí escuchó cuando su hijo llegó.	
El padre , sí escuchó cuando su hijo llegó.	

Ejemplos:[*]

[...] —*Echamos doce días de aquí a Uauá, **que está ya a las puertas de Canudos** [...]*

[...] *Su relación con los misioneros de la Misión de Massacará, **que venían a Monte Santo a celebrar oficio en la Iglesia del Sagrado Corazón de Jesús,** no era, sin embargo, efusiva.* [...]

[...] *en la desarbolada avenida Itapicurú, **que sube hacia la Plaza Matriz**.* [...]

[...] *Él los ha persuadido que muchos de esos seres impávidos, hambrientos —idénticos a los ejecutados—, **que salen a verlos pasar** [...]*

[...] *Se le ocurrió de pronto que los trozos y objetos que había visto por los aires eran la casa del zapatero Eufrasio, de Chorrochó, **que vivía junto al cementerio con un enjambre de hijas, entenados y nietos**.* [...]

[...] *Mientras bebe el café, **que le compone el cuerpo,** Antonio ve desaparecer al chiquillo* [...]

[...] *Volvió la cabeza hacia el bebé, **que seguía roncando apaciblemente**.* [...]

[...] *René, **que tanto se burlaba de mis sentimientos,** estaba, sin embargo, enamorado de una mujer a la que creía amar sin amor.* [...]

[...] *René, **que simulaba una gran desenvoltura,** estaba muy celoso* [...]

[...] *Mamá, **que escucha desde hace unos minutos desde el umbral de la puerta,** entra y me abraza* [...]

---

[*]   Vargas Llosa, Mario: *La guerra del fin del mundo*; Holdstock, Robert: *Muertes en el laberinto*; Radiguet, Raymond: *El diablo en el cuerpo*; Curley, Marianne: *Los elegidos*.

[...] *entonces el comité,* **que espontáneamente se había situado en su lugar,** *pudo felicitarse de haber al menos encarrilado las cosas por la vía correcta* [...]

MANOS A LA OBRA

1. Agregue comentarios a las palabras o los conceptos ennegrecidos del siguiente fragmento.* Luego, borre los que considere innecesarios, para quedar con su propia versión definitiva.

[...] *El doctor Abhac llenó su* **turbante** *con tantas piezas de convicción que el pobre hombre se pasó gran parte del* **día** *transportándolas al paraje donde los* **rayos del sol** *disipaban las sombras de las* **ramas protectoras**. *Volvió aún muchas veces acarreando hasta su turbante nuevos* **testimonios**, *y al fin se decidió a echarse a dormir, exponiendo* **su cabeza descubierta** *al relente de la noche.* [...]

2. Ahora, agregue comentarios a lo que considere pertinente, según su criterio y su gusto:**

[...] *Jailún estaba persuadido de que la pobreza de su vestido era la causa principal de aquellas burlas y desprecios, pues nadie juzga mal de sus dotes intelectuales; y concluía diciéndose que siendo el kardún uno de los más bellos seres de la tierra cuando se pavoneaba al sol, debía ser también una de las criaturas favoritas de Dios; y en consecuencia, prometíase para sus adentros que, si lograba trabar íntima amistad con el kardún, procuraría que éste le cediera alguna parte de sus galas, y con ellas ataviado entraría en el pueblo deslumbrando a todo el mundo con sus magnificencias.* [...]

PARA MENCIONAR EL ESTADO PUNTUAL DE UN NOMBRE

Si queremos indicar el estado puntual que posee un ser animado en determinado momento, podemos ponerle un adjetivo pospuesto y entre comas. Entre comas, porque sin ellas podría significar otra cosa:

---

* "El sueño de oro", extraído de NODIER, Charles: *Cuentos visionarios.*
** Ibídem.

*El hombre, **agotado**, regresó a su casa.*	El hombre estaba agotado en ese momento.
*El hombre **agotado** regresó a su casa.*	El hombre era una persona agotada.

*Aquel niño, **travieso**, reía sin parar.*	Aquel niño andaba travieso en ese instante.
*Aquel niño **travieso** reía sin parar.*	El niño era travieso en sí.

Puede ser también una frase que muestre estado:

*La habitación, **monda y lironda**, lo recibió.*	La habitación estaba así en ese momento.
*La habitación **monda y lironda** lo recibió.*	La habitación es así.

Si bien la regla dice que el adjetivo o frase en cuestión siempre debe ir pospuesto y entre dos comas, es posible —especialmente en la literatura— encontrarlo antepuesto al nombre y con una coma procediéndolo.

*El hombre, **agotado**, regresó a su casa.*	*Aquel niño, **travieso**, reía sin parar.*	*La habitación, **monda y lironda**, lo recibió.*
***Agotado**, el hombre regresó a su casa.*	***Travieso**, aquel niño reía sin parar.*	***Monda y lironda**, la habitación lo recibió.*

Ejemplos:*

*[...] se volvió y vio la serpiente, **enroscada** [...]*

 *[...] Sus padres, **sin noticias**, telefonearían a Johnson. Logró garabatear con la mano izquierda unas pocas palabras [...]*

 *[...] **vulnerables a causa del mismo bienestar**, las ratas no pudieron resistir el contagio [...]*

 *[...] Sin embargo, **angustiado por la soledad**, puso el martillo al alcance de la mano. [...]*

 *[...] Ish, **de pronto furioso**, sacudió el cuerpo caído. [...]*

 *[...] El hombre, **quizás animado otra vez por el alcohol**, parecía más lúcido. [...]*

 *[...] Algunos se encogían, asustados, otros mostraban los dientes, **muy seguros de sí mismos** [...]*

---

*   STEWART, George: *La tierra permanece*; HERBERT, Frank: *Hijo de Dune*.

[...] **Agotado,** Ish se preparó una cena fría y comió sin apetito. [...]

[...] **Atormentada,** su mente evocó de nuevo las creencias primarias Fremen [...]

[...] Jessica bajó los brazos y, **aliviada,** la multitud se puso en pie. [...]

[...] El gusano, **ya cansado,** se desviaba constantemente hacia la izquierda. [...]

Ojo... Los participios (*-ado, -ido*) también podrían servir, siempre que funcionen como adjetivos (*-ado, -ada, -ido, -ida*). ¿Cómo verificar que están correctos? Lo están si pasan la prueba de *que [en ese momento] estaba(n)* o la posibilidad de *que había sido...* Para lo inanimado, por su parte, utilizamos la fórmula *que está(n)*. Veamos:[*]

[...] *se volvió y vio la serpiente,* que en ese momento estaba **enroscada** [...]

[...] *Sus padres,* que en ese momento estaban **sin noticias,** telefonearían a Johnson. Logró garabatear con la mano izquierda unas pocas palabras [...]

[...] *las ratas,* que en ese momento estaban **vulnerables a causa del mismo bienestar,** no pudieron resistir el contagio [...]

[...] *Sin embargo(, él),* que en ese momento estaba **angustiado por la soledad,** puso el martillo al alcance de la mano. [...]

[...] *Ish,* que **de pronto** estaba **furioso,** sacudió el cuerpo caído. [...]

[...] *El hombre,* que **quizás** estaba **animado otra vez por el alcohol,** parecía más lúcido. [...]

[...] *Algunos,* que en ese momento estaban **asustados,** se encogían, otros, que en ese momento estaban **muy seguros de sí mismos,** mostraban los dientes [...]

[...] *Ish,* que en ese momento estaba **agotado,** se preparó una cena fría y comió sin apetito. [...]

[...] *Su mente,* que en ese momento estaba **atormentada,** evocó de nuevo las creencias primarias Fremen [...]

[...] *Jessica bajó los brazos y la multitud,* que en ese momento estaba **aliviada,** se puso en pie. [...]

[...] *El gusano,* que **ya** estaba **cansado,** se desviaba constantemente hacia la izquierda. [...]

---

[*] Ibídem. No obstante, les agregamos *que [en ese momento] estaba(n),* para corroborar. Asimismo, cuando el adjetivo estaba antepuesto, lo pospusimos. Fines didácticos.

Los participios podrían significar otra cosa (Véase *aprendido el absoluto...* de la receta 18), no el estado puntual del nombre. Por eso debemos verificar.

MANOS A LA OBRA

1. Agregue comentarios a las palabras o los conceptos ennegrecidos del siguiente fragmento.* Luego, borre los que considere innecesarios, para quedar con su propia versión definitiva.

*Sentado ante su escritorio, **Stanton Frelaine** se esforzaba en aparentar el aire atareado que se espera de un **director de empresa** a las nueve y media de la mañana. Pero era algo que estaba más allá de sus **fuerzas**. Ni siquiera conseguía concentrarse en el texto del anuncio que había redactado el **día anterior**; no lograba dedicarse a su **trabajo**. Esperaba la llegada del correo... y era incapaz de hacer nada más. [...]*

2. Ahora, agregue comentarios a lo que considere pertinente, según su criterio y su gusto:**

[...] Hacía dieciséis años que Frelaine se había asociado con Morger. Tenía por aquel entonces veintisiete años. Juntos habían convertido la sociedad «El Traje Protector» en una empresa cuyo capital alcanzaba el millón de dólares. [...]

[...] Los dos hombres callaron. El silencio llegó a hacerse insoportable, hasta que la puerta se abrió y un empleado depositó el correo sobre la mesa. [...]

[...] Frelaine se arrojó sobre las cartas y las fue pasando febrilmente. Por fin halló la que tanto deseaba... el largo sobre blanco de la O.C.P., lacrado con el cuño oficial. [...]

PARA MENCIONAR A GENERADORES DE OPINIONES, DICHOS O PENSAMIENTOS

Una fórmula escritural bastante usada, especialmente en el periodismo y en la literatura, es mencionar lo que otro asevera, dice o piensa, y luego al autor de tal. Se trata de citas directas. Para tales casos, hablaremos de COMA DE AUTOR. Tenemos cuatro opciones:

---

* "La séptima víctima", extraído de SHECKLEY, Robert: *La séptima víctima* (*No tocado por manos humanas*).
** Ibídem.

I. En caso de opiniones o aseveraciones de personas o entidades, utilizamos *según*,
de acuerdo con, *conforme a*, *con arreglo a*, además de formas verbales como *dice:*[*]

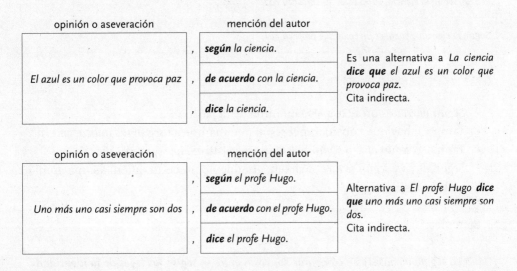

opinión o aseveración		mención del autor	
El azul es un color que provoca paz	,	**según** la ciencia.	Es una alternativa a *La ciencia **dice que** el azul es un color que provoca paz.* Cita indirecta.
	,	**de acuerdo** con la ciencia.	
	,	**dice** la ciencia.	

opinión o aseveración		mención del autor	
Uno más uno casi siempre son dos	,	**según** el profe Hugo.	Alternativa a *El profe Hugo **dice que** uno más uno casi siempre son dos.* Cita indirecta.
	,	**de acuerdo** con el profe Hugo.	
	,	**dice** el profe Hugo.	

Ya que no deja de ser un paréntesis, la opinión puede cambiar de ubicación, en
caso de que el sentido del mensaje lo permita y si no utilizamos *dice(n)*:

El azul es un color que provoca paz, **según la ciencia**.	Uno más uno casi siempre son dos, **según el profe Hugo**.
El azul es un color que, **según la ciencia**, provoca paz.	Uno más uno casi siempre, **según el profe Hugo**, son dos.

---

[*] Otra vez, los más usuales:

aclarar	aconsejar	admitir	afirmar	añadir	apuntar
asegurar	aseverar	avisar	berrear	bramar	clamar
comentar	comunicar	concretar	confesar	confirmar	considerar
contar	contestar	cuchichear	decir	declarar	demandar
describir	destacar	enfatizar	escribir	especificar	exclamar
explicar	exponer	expresar	gritar	implorar	increpar
indicar	informar	insinuar	insistir	interrogar	manifestar
mascullar	matizar	mencionar	murmurar	musitar	narrar
negar	notificar	objetar	opinar	platicar	pedir
precisar	pregonar	preguntar	proclamar	proponer	protestar
quejarse	querer decir	ratificar	recalcar	reconocer	recomendar
reiterar	replicar	reprender	responder	revelar	señalar
sermonear	sostener	subrayar	sugerir	suplicar	suponer
susurrar	transmitir				

*El azul es, **según la ciencia**, un color que provoca paz.*	*Uno más uno, **según el profe Hugo**, casi siempre son dos.*
*El azul, **según la ciencia**, es un color que provoca paz.*	***Según el profe Hugo**, uno más uno casi siempre son dos.*
***Según la ciencia**, el azul es un color que provoca paz.*	

Ojo...

- *Según parece* es otra cosa; es sinónimo de *al parecer*.
- Tampoco hay que considerar el *según* que manifiesta *según las indicaciones de*.
- Tampoco *según creo* o *según sé* (*según tengo entendido, según se sabe...*).
- *Según dicen* y *según se dice* sí sirven, aunque no precisan quién. Es una opinión ambigua, si no ligera.

Ejemplos:*

[...] *La segunda consiste en comparar dos cosas entre sí, **según las leyes de la identidad y la diversidad**.* [...]

[...] *Pero no de la misma manera: los efectos incorporales nunca son causas los unos en relación a los otros, sino solamente «casi-causas», **según leyes que expresan quizás en cada caso la unidad relativa o la mezcla de los cuerpos de los que dependen como de sus causas reales**.* [...]

   [...] *Una de las palabras esotéricas del Jabberwocky contamina los dos tiempos: wabe («alloinde», **según Parisot**).* [...]

[...] ***Según explicó el aparato**, todo había sido un malentendido.* [...]

[...] *Si no se metía en líos durante su encierro, generalmente podía librarse de más de la mitad de la condena saliendo a prueba «bajo palabra», **según la fraseología de la época*** [...]

[...] *La señora Vauquer había arreglado las tres habitaciones de aquel apartamento mediante una cantidad previa que pagó, **según dicen**, el valor de un mal mobiliario compuesto de cortinas de algodón amarillo* [...]

---

* KANT, Immanuel: *Lógica*; DELEUZE, Gilles: *Lógica del sentido*; KOCH, Stephen: *El fin de la inocencia*; HEINLEIN, Robert A.: *Tropas del espacio*; BALZAC, Honoré de: *Papá Goriot*; FOLLET, Ken: *Alto riesgo*; SAGAN, Carl: *El cerebro de Broca*.

[...] **Según Antoinette,** *las cajas de los fusibles del edificio estaban en un armario de la cocina, junto al enorme horno eléctrico* [...]

[...] *Maná,* **de acuerdo con la etimología que nos ofrece el propio Éxodo,** *deriva de las palabras hebreas man-hu* [...]

MANOS A LA OBRA

Agregue "coma de autor" a las siguientes oraciones:*.

[...] *Gael era uno de los más grandes capitalistas del país.* [...]
    [...] *Una de las que más me interesó fue la fábrica de libros.* [...]
    [...] *Para imprimir un libro es suficiente poner papel, tinta y unos polvos grises en una abertura en forma de embudo de la máquina.* [...]
    [...] *Por supuesto, la fabricación de libros no era la única rama industrial donde se habían logrado tales milagros. Lo mismo ocurría en las fábricas de pintura y de música.* [...]

Ojo...
Puede agregar cualquier autor, aunque parezca descabellado. El asunto, por ahora, es aprender a utilizar esta coma.

---

2. Para dichos o pensamientos, utilizamos los mismos verbos —de lengua o de pensamiento— del punto 1. Los más comunes son *decir* y *pensar*.
   El dicho o pensamiento puede ser sobre algo personal, sobre lo que le sucede a alguien:

Tengo muchas ganas de aprender, **dijo** Arturo.	Es una alternativa a *Arturo* **dijo que** *tiene muchas ganas de aprender.*
«Tengo muchas ganas de aprender», **dijo** *Arturo.*	Si la cita es literal (y si así lo quisiéramos) podríamos agregar comillas.

---

* AKUTAGAWA, Ryonusuke: *Kappa.*

He aprovechado de la mejor manera el tiempo, **pensó.**	Alternativa a **Pensó que** *ha aprovechado muy bien el tiempo.*
«He aprovechado de la mejor manera el tiempo», **pensó.**	Está la posibilidad de las comillas, en caso de literalidad.

O puede ser una aseveración sobre un hecho:

El Sol es una gran estrella, **dijo Arturo.**	Es una alternativa a *Arturo* **dijo que** *el Sol es una gran estrella.*
«El Sol es una gran estrella», **dijo Arturo.**	Así queda con comillas, en caso literal.
América es un gran continente, **pensó.**	Alternativa a **Pensó que** *América es un gran continente.*
«América es un gran continente», **pensó.**	Con comillas.

Ejemplos:[*]

[...] *Es que nosotros no damos concesiones»,* **advertía,** *allá por 1913,* **el presidente norteamericano Woodrow Wilson.** [...]

[...] *«Combata la pobreza, ¡mate a un mendigo!»,* **garabateó un maestro del humor negro sobre un muro de la ciudad de La Paz.** [...]

[...] *«Nunca seremos dichosos, ¡nunca!»,* **dijo al general Urdaneta.** [...]

[...] *«A los osados ayuda fortuna»,* **decía Cortés.** [...]

[...] *Ya se fueron a meter en Tlaxcala. Entonces se difundió la epidemia: tos, granos ardientes, que queman»,* **dice un testimonio indígena** [...]

[...] *Don Quijote de la Mancha habla con otras palabras: «Vale un Potosí»,* **advierte a Sancho.** [...]

[...] *«Qué diablos»,* **dijo** *Gordon.* [...]

[...] *«Ni Roscio ni Esopo»,* **dijo** *Tom Nashe* [...]

[...] *Con esto se conseguía que se unieran entre sí,* **decía** [...]

[...] *«¡Qué tontería he dicho!»,* **dice.** [...]

[...] *«¡Bah!»,* **exclama ante un amigo** [...]

---

[*] GALEANO, Eduardo: *Las venas abiertas de América Latina;* BARRIE, J. M.: *Lady Nicotina;* LAFFERTY, R. A.: *Llegada a Easterwine.*

[...] «*Aquí termina el asunto*», **pensó Scrymgeour** *aquella noche ante una pipa de la mezcla* [...]

[...] «*Ahora se dedica a hacer papeles secundarios en el Criterion*», **me contó**. [...]

[...] «*Le voy a enseñar una fotografía*», **dijo el coronel**. [...]

[...] "*Bueno, hoy tiene un aspecto distinto, ¿no es cierto?*", **dijo Valery**. [...]

[...] "*Utilizo siempre una vela*", **respondió** *el electricista*. [...]

[...] "*Esperaré mil años*", **dijo el Monstruo**, *y esperó*. [...]

[...] "*¡Deberían resonar las trompetas!*", **gritó** *Valery* [...]

[...] "*Dejad que algún rostro enfermo se acerque*", **dijo** *Easterwine mientras modelaba espacio con sus manos curativas*. [...]

[...] "*¿Quién será responsable de este mundo?*", **preguntó una voz** [...]

Una observación importante es que, a diferencia de como acontece con el punto 1, si ahora queremos cambiar el orden, la mención del autor nunca puede ir al comienzo y la(s) coma(s) se convierte(n) en RAYA(s); no puede ser coma, especialmente si la cita está entrecomillada:

El Sol es una gran estrella, **dijo** *Arturo*.	*América es un gran continente*, **pensó**.
El Sol —dijo Arturo— es una gran estrella.	*América —pensó— es un gran continente*.

3. Igualmente, como una especie de mezcla entre 1 y 2, podemos tener situaciones que involucren los verbos de habla y pensamiento con un *según* antepuesto. Ejemplos:*

[...] *al cabo de tres meses este débil e indefenso montoncillo de carne piador y obstinado llegó a preferirlo a las otras personas* «*en general*», **según decía mistress Browning**. [...]

[...] *John Pilgrim había estado trabajando en el turno nocturno del hotel* «*Claremont*», **según atestiguaba su tarjeta de entrada**. [...]

[...] —*Sí, exactamente eso. Es lo que las mujeres llaman* "*atmósfera*", **según decía la revista**... [...]

---

* WOOLF, Virginia: *Flush*; QUEEN, Ellery: *Los cuatro Johns*; LONDON, Jack: *El valle de la luna*; AUSTEN, Jane: *La abadía de Northanger*.

[...] *Las ventanas, que,* **según le había dicho el general**, *conservaban su forma gótica, también la desilusionaron.* [...]

4. Es válido, por último, utilizar, siempre al final, fórmulas como *fueron palabras de, fue lo que dijo...* El dicho o la aseveración deben estar siempre con comillas.

«El Sol es una gran estrella», **fueron palabras de** *Arturo.*

«El Sol es una gran estrella», **fue lo que dijo** *Arturo.*

MANOS A LA OBRA

Agregue COMA DE AUTOR a las siguientes oraciones:*.

[...] Por supuesto que la violencia no es ni el medio normal ni tampoco el único medio utilizado por el Estado [...]

[...] Justo en la actualidad hay una relación íntima y peculiar entre el Estado y la violencia. [...]

[...] El empleo de la violencia como un recurso del todo normal lo encontramos en el pasado, en los grupos más diversos, comenzando por el grupo familiar. [...]

[...] El Estado se presenta como la única fuente del "derecho" a la violencia. [...]

[...] El caudillaje carismático ha surgido en todas partes y en todas las épocas históricas. [...]

OJO...
También puede agregar cualquier autor, aunque parezca descabellado. El asunto sigue siendo aprender a utilizar esta coma.

---

* WEBER, Max: *Política y ciencia.*

RECETA 18
LA COMA PARA EXPLICAR (II)

PARA INDICAR INFORMACIÓN SECUNDARIA PERO IMPORTANTE

No olvidemos que la mayor función de las comas es marcar información adicional, la cual queda contenida en una especie de paréntesis. Ahora bien, debemos saber que la información adicional es importante; por algo está ahí. No obstante, el redactor no cree que merezca su propia oración o teme que cambie el rumbo temático del texto, así que sólo la incluye como información adicional de una oración principal.

información principal		información adicional
Había ahí una hermosa casa	,	**(la) que / la cual** *nos dejó maravillados.*
Debíamos hacer nuestro mejor esfuerzo	,	**lo cual** *siempre nos ayudó a crecer.*
Esta semana llegó un nuevo profesor	,	**quien** *nos enseñó el uso de relativos.*
Tuvimos que estudiar a Martin Luther King Jr.	,	**cuyo** *nombre verdadero era Michael King.*
Lo hizo de la mejor manera	,	**como** *tú le pediste.*
Éramos muy entusiastas en aquel entonces	,	**cuando** *no teníamos preocupaciones.*
Habíamos llegado a un hermosísimo lugar	,	**donde** *el mar siempre es cálido.*

Como vemos, utilizamos las siguientes fórmulas:

hace referencia a:

(el/la) *que*	*(los/las)* *que*	*(el/la)* *cual*	*(los/las)* *cuales*
lo que / lo cual			
quien(es)			
cuyo/a(s)			

• personas o cosas

• situaciones

• personas

• el poseedor de lo mencionado a continuación

*cuando**	• tiempo
*donde***	• lugar
*como****	• modo o manera

En general, las fórmulas hacen relación a lo inmediatamente anterior a la coma.

Este uso de COMA es el más cercano al de PUNTO Y SEGUIDO. Así, si quisiéramos que lo adicional fuera principal, haríamos lo que dice la receta I: utilizar PUNTO Y SEGUIDO (O PUNTO Y COMA, como en las recetas 7 u 8), además de cambiar algunos aspectos (como la fórmula por un sujeto concreto).

Veamos ambas posibilidades...

información principal o primera oración   información adicional / siguiente oración

Había ahí una hermosa casa	,	**(la) que / la cual** *nos dejó maravillados.*
	.	**Ésta** *nos dejó maravillados.*

Debíamos hacer nuestro mejor esfuerzo	,	**lo cual** *siempre nos ayudó a crecer.*
	.	**Esto** *siempre nos ayudó a crecer.*

Esta semana llegó un nuevo profesor	,	**quien** *nos enseñó el uso de relativos.*
	.	**(Él)** *nos enseñó el uso de relativos.*

---

* *En el que/cual* [referido a tiempo]: *En el tiempo/momento en el que... Tiempo/momento en el que...*

** *En el que/cual, en que* [referido a lugares]: *El que/cual, que... Al que/cual, a que...*
Generalmente precedido de *de: lo que/cual... (En) el lugar donde... Al lugar donde...*

*** *En el que/cual, en que* [referido a manera o forma]; también con *así, tal* e *igual* antepuestos: *así como, tal como* e *igual como.*
En el modo/la manera que, del modo/la manera que... El modo/la manera en que...
Para algo hipotético, aparente o supuesto, precedido de *si* o *que: como si, como que...*

Tuvimos que estudiar a Martin Luther King Jr.	,	**cuyo** nombre verdadero era Michael King.
	.	**Su** nombre verdadero era Michael King.

Lo hizo de la mejor manera	,	**como** tú le pediste.
	.	**Lo hizo como** tú le pediste.

Éramos muy entusiastas en aquel entonces	,	**cuando** no teníamos preocupaciones.
	.	**En aquel tiempo** no teníamos preocupaciones.

Habíamos llegado a un hermosísimo lugar	,	**donde** el mar siempre es cálido.
	.	**En este lugar** el mar siempre es cálido.

Ejemplos:*

[...] eran ocasiones oportunas para la fundación de pueblecitos y ciudades, **cuyos señores** se enriquecían con tributos y donativos. [...]

[...] Cada pueblo tenía un templo y un dios predilecto, **el cual** era impuesto a los vencidos y a los aliados. [...]

[...] Asegurábase que semejantes oráculos habían sido instituidos por profetisas procedentes de la Libia, **lo que** explica la derivación y la semejanza que existían entre las religiones de aquellos diversos países. [...]

[...] Ningún pueblo fundó tantas colonias como los griegos, **los cuales** tuvieron suma eficacia sobre la civilización sucesiva. [...]

[...] Pero su fasto disgustaba a los generosos macedonios, **los cuales** favorecían a Pirro, romántico rey del Epiro, **quien** habiendo obtenido también el trono de la Macedonia [...]

[...] surgieron otros tiranos en las diferentes ciudades, **los cuales** dejaban cometer muchas tropelías a los cartagineses [...]

[...] se vio obligado a enviar a su hijo Demetrio, **quien** con sus virtudes se hizo amar del pueblo y aborrecer de su hermano Perseo, **el cual** indujo a su padre a condenarlo a muerte. [...]

[...] eligió por sucesor suyo a Pisón, **lo cual** ofendió a Salvio Otón [...]

---

* CANTÙ, Cesare: *Compendio de la historia universal*; NIETZSCHE, Friedrich: *De mi vida. Escritos autobiográficos y de juventud*.

[...] *elegimos el sendero entre los campos,* **el cual** *transcurre junto a la denominada Terraza de los Usitas.* [...]

[...] *en su centro descansa Naumburg,* **cuyos** *campanarios brillaban a los rayos del sol.* [...]

[...] *Aquí gané a mis maravillosos amigos P[inder] y K[rug],* **quienes** *me hicieron querer esta ciudad para siempre.* [...]

[...] *Todos llevábamos puestos nuestros gorros rojos de natación,* **lo que** *producía una impresión muy grata.* [...]

[...] *—Desde ayer pertenezco ya realmente al coro,* **lo cual** *me alegra muchísimo.* [...]

[...] *Tuvimos el placer de viajar con tan "distinguido y noble" señor,* **el cual** *conversó con nosotros amabilísimamente.* [...]

[...] *Tres olmos majestuosos de amplias ramas dan sombra a la propia casa parroquial,* **la cual***, con su imponente estructura y su disposición interior, causa una grata impresión a quienes la visitan.* [...]

MANOS A LA OBRA

1. A continuación, usted encontrará pares de oraciones yuxtapuestas.* Cambie el PUNTO por una COMA y utilice una de las fórmulas planteadas.**

[...] *Tal cual si le fuera imposible diferenciar entre las latitudes, llevaba siempre un tongo marrón, un terno completo de tintes cafés y un par de toscas botas negras.* **Esta tenida para desembarcar** *daba a su figura maciza una apariencia de elegancia rígida.* [...]

[...] *No se le había ocurrido dejar indicio de su paradero, de modo que se le lloró como si hubiera muerto, hasta que, ocho meses después, recibieron la primera carta mandada desde Talcahuano.* **Ésta** *era breve y decía* [...]

[...] *El capitán, con la misma voz queda, ordenó a Jukes que dejara libre de carga la entrecubierta de proa.* **Allí** *iban a ser ubicados doscientos coolies, que embarcaba de regreso a sus pueblos la Compañía Bun Hin.* [...]

[...] *También se albergaban bajo el mismo techo una hija, llamada Lydia, y un hijo, Tom.* **Éstos** *apenas conocían al padre.* [...]

[...] *El viento embestía al barco con todo su peso tratando de atraparlo en medio de las olas...* **Éstas** *los barrían como si pasaran por encima del tronco sumergido de un viejo árbol* [...]

---

* CONRAD, Joseph: *Tifón.*
** En un caso hay PUNTOS SUSPENSIVOS. Considérelo un PUNTO Y SEGUIDO.

[...] *En esa forma llegó hasta la parte de atrás de la timonera.* **En ese sitio**, *relativamente protegido, encontró al segundo oficial.* [...]

[...] *Divisó contornos vagos.* **Éstos no** *le recordaban la figura del Nan-Shan, sino más bien la de un barco desmantelado que años antes había visto pudriéndose en un banco de lodo.* [...]

[...] *Un golpe imperioso y seco sonó de súbito; los tres pares de ojos se elevaron hacia el dial del telégrafo y vieron cómo la aguja saltaba de "adelante" a "deténgase" como si hubiera sido empujada por un demonio.* **Fue entonces cuando** *cada uno de los tres hombres que estaban en la sala de máquinas tuvo la sensación de que un objeto detenía al barco* [...]

[...] *y con todo, había visto que su botellón de agua junto con dos vasos habían sido arrancados de sus soportes.* **Esto** *pareció darle una visión más clara de las sacudidas que había tenido que soportar la nave.* [...]

2. Ahora haga el ejercicio a la inversa, es decir, cambie por PUNTO cada COMA ennegrecida:*

[...] *Primero buscaremos la orientación de las fuentes,* **lo cual** *es fácil porque en los mapas de colores, en las plantas monumentales, las fuentes tienen también surtidores y cascadas color celeste* [...]

[...] *pero en nuestra familia ese tipo corriente de sobrenombre no existe, y mucho menos otros rebuscados y espamentosos como Chirola, Cachuzo o Matagatos,* **que** *abundan por el lado de Paraguay y Godoy Cruz.* [...]

[...] *A esta altura hay gran confusión en el Comité,* **el cual** *se apresura a celebrar la votación final, resultando elegido el candidato por la Argentina, señor Félix Camusso.* [...]

[...] *No le quedó más remedio que dar una cucharada de virtud a su mujer,* **la cual** *lo abandonó esa misma noche por encontrarlo grosero, insignificante, y en un todo diferente de los arquetipos morales que flotaban rutilando ante sus ojos.* [...]

[...] *Pero se va desmejorando a medida que se acerca el mediodía, porque sabe que a la salida lo estará esperando su padre,* **quien** *al verlo levantará las manos y dirá diversas cosas* [...]

Ahora bien, de acuerdo al sentido del mensaje, podemos obtener más posibilidades: *a la cual, ante lo cual, con quien, a cuyo, contra el que, en quien, hacia la cual...***

* CORTÁZAR, Julio: *Historias de cronopios y de famas.*
** Al final de esta receta hay un cuadro con todas las posibilidades.

información principal		información adicional
Había ahí una hermosa casa	,	**a la cual** llegamos por casualidad.
Hicimos nuestro mejor esfuerzo	,	**por lo que** también nos felicitaron.
Esta semana llegó un nuevo profesor	,	**con quien** simpatizamos mucho.

Ejemplos:[*]

[...] *nada había sucedido tras aquel ruido inicial, **por lo que** ni siquiera asoció aquella extraña cosa con peligro o con miedo. [...]*

[...] *Sentábase a una mesa corriente, **a la cual** se sujetaban fuentes y platos, como a bordo de un buque con mar gruesa. [...]*

[...] *Asióse a una corta sección de escalera, **por la que** comenzó a moverse, mano sobre mano [...]*

[...] *Cuando la recogió del suelo en el porche le había dado la sensación de que la muñeca estaba llena de arena y era bastante pesada, **por lo que** debería haber permanecido como él la había dejado. [...]*

[...] *Quizá no hubiera dejado la muñeca debidamente apoyada contra la lámpara, **en cuyo** caso tal vez la arena se hubiese movido hacia un lado [...]*

[...] *No lo vio en la alfombra color crema, **sobre la cual** la negra cabeza habría destacado notoriamente. [...]*

[...] *pero al final no lo hizo, **con lo cual** ganó muchos puntos ante sus padres [...]*

[...] *Calculó cuál era el camino más corto para llegar a la panadería familiar de Garden Grove, **en la que** Gi se ocupaba del turno de noche. Distraído con esos pensamientos [...]*

[...] *Tommy pudo escuchar, a través de los conductos de la calefacción, el terrible y familiar chillido del monigote, **en el que** distinguió una inconfundible nota de regocijo. [...]*

[...] *en aquellos momentos estaba tapada por una cubierta de vinilo sujeta a la parte trasera del techo, **con lo cual** la cabina quedaba más o menos cerrada [...]*

---

[*] CLARKE, Arthur C.: 2001: *Una odisea espacial*; KOONTZ, Dean R.: *Tictac*.

Existe también la posibilidad de anteponer un nombre a estas formas:

	información principal		información adicional
	El maestro Víctor Andrade ofreció todo su apoyo a Manuel	,	*alumno* **que** *siempre...*
			alumno **al que** *siempre...*
			alumno **con (el) que** *siempre...*
			alumno **para el que** *siempre...*
			alumno **sin el que** *siempre...*

	información principal		información adicional
	El rector entregó las directrices del inicio académico	,	*momento* **en el cual...**
			momento **para el cual...**
			momento **por el cual...**

Ejemplos:[*]

[...] *Cicerón nos ha dado a conocer un fragmento de la* **ley** *a que nos referimos,* **ley en la cual** *se prohíbe instituir heredera a una mujer, esté casada o no* [...]

[...] *El derecho romano y la ley goda subsistieron igualmente en el* **país** *donde se establecieron los godos,* **país en el que** *nunca fue admitida la ley sálica.* [...]

CUANDO HAY UN CONTEXTO LÓGICO (PORQUE, AUNQUE, PARA...)

Existen oraciones que se relacionan con una oración anterior para explicar algo sobre ésta, y lo hacen por medio de relaciones lógicas.

Este asunto será retomado en la receta 25, aunque como TENOR de un mensaje.

[*] MONTESQUIEU: *El espíritu de las leyes.*

Comencemos con contextos de CAUSA y de OBJETIVO, siempre explicativos o lógicos:

porque*	*Estoy muy feliz con mi avance,*	***porque** he demostrado que puedo lograr mucho.*
	Oración principal.	Origen lógico de la principal; causa y explicación de la misma.

para (que)**	*He practicado con todo el libro,*	***para que** muy pronto pueda presumir una buena redacción.*
	Oración principal.	Propósito de la principal.

> Para ambos casos, *porque* y *para (que)*, en ciertas ocasiones no requeriremos coma.[19]

Ejemplos:***

[...] *Esta cuestión es importante para mí,* ***porque*** *este hombre se dibuja aquí en un aspecto extremadamente curioso.* [...]

[...] *Describo todas estas escenas sin perdonarme nada,* ***a fin de que*** *todo quede en claro, recuerdos a impresiones.* [...]

[...] *me llamó,* ***para que*** *le alumbrara.* [...]

[...] *Y no iré,* ***porque*** *se me acaba de tratar de imbécil* [...]

[...] *fue por turbación por lo que lo cogí,* ***puesto que*** *era preciso rechazarlo* [...]

[...] *era preciso enviarle en esa carta toda la copia de su «documento»,* ***para que*** *ella pudiese ver bien que no se trataba de un engaño.* [...]

[...] *había corrido aquí, a nuestra casa, para que fuéramos allí, para que la salváramos,* ***para que*** *la avisáramos... Cet homme noir...* [...]

Una particularidad de estas dos opciones es que, si el sentido lo permite, pueden estar en orden inverso, es decir, comenzar por el contexto lógico.

---

* *Porque, ya que, puesto que, debido a que, en vista de que, a causa de (que), a fuerza de, con motivo de, en razón de, en virtud de, en vista de, por culpa/efecto de, dado que, puesto que, considerando (que), teniendo en cuenta (que), por + infinitivo (-ar, -er, -ir)...*
** *Para que, a fin de que, con el/la propósito/intención/fin/objeto/cometido de que, con miras/vistas a (que), en aras de (que), de cara a (que), para + infinitivo (-ar, -er, -ir)...*
*** DOSTOIEVSKI, Fiódor: *El adolescente.*

porque	**Ya que** me he portado sumamente bien en estos días,	merezco un premio.
	Origen lógico de la principal; causa y explicación de la misma.	Oración principal.

para (que)	**Para que** el pan quede como queremos que quede,	debemos seguir las instrucciones.
	Propósito de la principal.	Oración principal.

MANOS A LA OBRA

Redacte 10 oraciones CAUSALES y 10 DE OBJETIVO.

También tenemos CONSECUENCIAS, es decir, acontecimientos que siguen o resultan de otros:

así que *	He asimilado cada lección,	**así que** los conocimientos me desbordan.
	Oración principal.	Consecuencia o implicación lógica de la principal.

A diferencia de lo visto en la receta 2, aquí hay COMA (no PUNTO) antes de *así que*. Así pues, la consecuencia proviene directamente de la oración principal, no de un fragmento mayor (como mínimo la oración anterior).

Y si nos fijamos bien, este uso coincide, además, con las consecuencias de los binomios (receta 5). Pues bien, podemos considerar la situación como un binomio o como un contexto lógico. Ambas apreciaciones son correctas.

Ejemplos:[**]

[...] No había nadie por aquí la última vez que estalló, **así que** nadie sabe cuáles son las señales de aviso. [...]

---

[*] Así que, conque, por (lo) tanto, de manera/modo/forma/suerte que, por ende, por consiguiente...
[**] BRYSON, Bill: Una breve historia de casi todo; ALLENDE, Isabel: Retrato en sepia; MACINNES, Helen: La red del cazador.

[...] *Cada una de ellas lleva una copia del código genético completo (el manual de instrucciones de tu cuerpo)*, **así que** *sabe cómo hacer no sólo su trabajo sino también todos los demás trabajos del cuerpo.* [...]

[...] *Estaba nevando —el invierno llega pronto a las Rocosas canadienses—,* **así que** *no se entretuvieron.* [...]

[...] *Las muchachas como ella siempre traían complicaciones, agregó,* **por eso** *las evitaba como a la peste.* [...]

[...] *le gustaba ir solo y las pocas veces que quise acompañarlo se molestó,* **de manera que** *no insistí.* [...]

[...] *Tuvo que salir pues del hotel Sacher y me dijeron que no me comunicase contigo allí,* **de manera que** *no podemos tener esa reunión en tu cuarto esta noche, como habíamos planeado.* [...]

[...] *El problema, le diré, es que la víctima puede no recobrar el sentido lo suficiente como para hablar, o bien no saben qué le sucedió,* **de manera que** *los médicos no tienen nada que los ayude.* [...]

MANOS A LA OBRA

Redacte 10 oraciones CONSECUTIVAS.

También tenemos CONCESIONES, es decir, acontecimientos que expresan cierto obstáculo, potencial pero inefectivo, para el cumplimiento de algo:

aunque[*]	*Te digo que he avanzado mucho,*	**aunque** *no creas ni un poco en mis palabras.*
	Oración principal.	Consecuencia no esperada ni deseada o menos lógica que las anteriores. Una complicación más que una implicación, que no impide el cumplimiento de la oración principal.

---

[*] *Aunque, por más (que), a pesar de (que), pese a (que), así + subjuntivo, a riesgo de (que), a sabiendas de (que), aun cuando, con lo que, si bien, y eso que, con + infinitivo (-ar, -er, -ir)...*

Ejemplos:*

[...] *Parecía muy satisfecho de sí,* **aunque** *Gibson no estaba en condiciones de notar tales detalles.* [...]

[...] *No creo que les importe nada de nadie... ni siquiera de papá,* **aunque** *él prefiere pensar que sí.* [...]

[...] *Lo que nosotros hacemos es lo que él ha escrito durante toda su vida, ¿comprendes?,* **aunque** *todavía no pueda creerlo.* [...]

[...] *Nunca vi nada parecido —dijo—,* **aunque** *llevo pilotados por lo menos cincuenta viajes entre Lowell y Skia.* [...]

[...] *Gibson se dijo que los animales que no han tenido contacto alguno con el hombre rara vez se muestran hostiles...,* **aunque** *esta regla tenía la suficiente cantidad de excepciones para hacer la vida más interesante...* [...]

[...] *Ni siquiera soy capaz de recordar cuándo fue la última vez que me invitaste a tu casa para tomar café,* **a pesar de que** *mi esposa es la madrina de tu única hija. Seamos francos* [...]

[...] *Nunca había oído hablar de usted —dijo—,* **aunque** *conozco a la mayoría de los grandes abogados de Nueva York* [...]

[...] *Y, cosa rara, a Johnny ya no le importaban tanto las jóvenes "starlets",* **a pesar de que** *habría podido seguir consiguiendo fácilmente a la mayoría de ellas.* [...]

[...] *Aquella noche se tomó una sobredosis de somníferos, que por alguna extraña razón no la mató,* **aunque** *sí hizo que se sintiera muy enferma* [...]

[...] *También se preparó algo de beber para sí,* **pese a que** *no tenía por costumbre tomar licores.* [...]

Una particularidad de esta relación es que también se puede presentar en orden inverso, es decir, comenzar por el contexto lógico.

aunque	*Aunque no creas ni un poco en mis palabras,*	*te digo que he avanzado mucho.*
	Consecuencia no esperada ni deseada, o menos lógica que las anteriores. Una complicación más que una implicación, que no impide el cumplimiento de la oración principal.	Oración principal.

* CLARKE, Arthur C.: *Las arenas de Marte*; PUZO, Mario: *El Padrino*.

Manos a la obra

Redacte 10 oraciones concesivas.

Aprendido el absoluto, tuvimos más opciones de contexto

Podemos expresar de otra manera un contexto lógico. ¿Cómo? Con una fórmula "exclusiva" del lenguaje escrito: utilizar un adjetivo participio (*-ado, -ada, -ido, -ida...*).*
Esto es posible si el contexto está consumado y es anterior a la información principal.

Para corroborar, siempre podemos sustituir este contexto por una forma equivalente precedida de *después de (que)*.

Veamos...

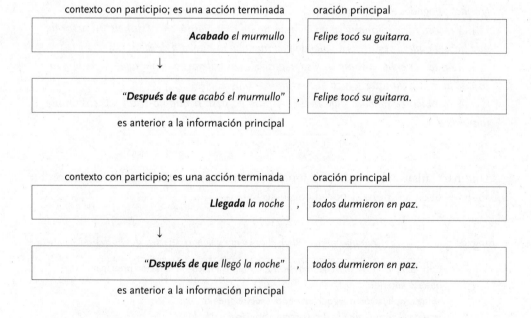

contexto con participio; es una acción terminada		oración principal
***Acabado** el murmullo*	,	*Felipe tocó su guitarra.*
↓		
*"**Después de que** acabó el murmullo"*	,	*Felipe tocó su guitarra.*
es anterior a la información principal		

contexto con participio; es una acción terminada		oración principal
***Llegada** la noche*	,	*todos durmieron en paz.*
↓		
*"**Después de que** llegó la noche"*	,	*todos durmieron en paz.*
es anterior a la información principal		

* Podrían terminar irregularmente: *-ito, -ita; -isto, -ista; -oto, -ota; -dito, -dita; -icho, -icha; -echo, -echa; -uelto, -uelta; -uesto, -uesta; -uerto, -uerta; -ierto,-ierta;* y *-eso, -esa.*

En concreto, este especial contexto tiene tres tipos de interpretaciones, todas anteriores a la parte principal, obviamente:

1) ser la causa de la parte principal (*debido a que...*)
2) ser una complicación que no impide el cumplimiento de la parte principal (*a pesar de que...*)
3) ser la condición de la parte principal (*en caso de que...*)

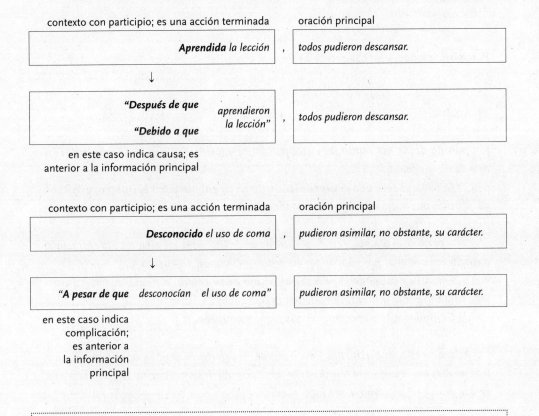

contexto con participio; es una acción terminada   oración principal

Aprendida *la lección* , *todos pudieron descansar.*

↓

"Después de que *aprendieron la lección"* , *todos pudieron descansar.*
"Debido a que

en este caso indica causa; es anterior a la información principal

contexto con participio; es una acción terminada   oración principal

Desconocido *el uso de coma* , *pudieron asimilar, no obstante, su carácter.*

↓

"A pesar de que *desconocían el uso de coma"* *pudieron asimilar, no obstante, su carácter.*

en este caso indica complicación; es anterior a la información principal

Suele aparecer con marcas explícitas adicionales, como *sin embargo*, por ejemplo.

contexto con participio; es una acción terminada	oración principal
Escrito así el texto ,	*todos quedarán encantados.*

↓

"Después de que se haya escrito así el texto" **"En caso de que** ,	*todos quedarán encantados.*

en este caso indica condición; es
anterior a la información principal

Para condiciones, véase la receta 23.

Ejemplos:*

[...] **mirado desde ese punto de vista,** *podría muy bien ser que yo fuese criminal a los ojos de los magnates.* [...]

[...] *Díjoles que* **retenido el superintendente en su gabinete por el trabajo,** *solicitaba de aquellos que le enviasen algo de su labor del día para hacerle olvidar a él la fatiga de su trabajo nocturno.*** [...]

[...]*, y* **perdido el aliento,** *vestido como estaba, se tiró sobre las sábanas y la emprendió a mordiscos con ellas para hallar por ese sistema el reposo del cuerpo.* [...]

[...] *Entonces y* **calmado el primer paroxismo de su cólera,** *el monarca vio una enrejada ventana por la que entraba un dorado cuadrilongo* [...]

[...] **Cumplido este deber,** *haré lo que el rey me ordene.* [...]

[...] **Aclarado esto,** *es preciso que pase a iniciar mi defensa para intentar extirpar de vuestras mentes esa difamación que durante tanto tiempo os han alimentado y debo hacerlo en tan poco tiempo como se me ha concedido.* [...]

[...] **Apoyado lo primero por leyes represivas cada vez más severas,** *la mayoría de los ciudadanos parece haber hecho suyas las consignas del Estado* [...]

[...] **Combinado esto con el duro carácter romano, con su tendencia a la superstición y con el aflujo de toda suerte de gentes e instituciones,** *la miseria interior que el*

---

* Dumas, Alejandro: *El hombre de la máscara de hierro*; Platón: *Apología de Sócrates*; Escohotado, Antonio: *Historia general de las drogas.*
** Antes de *retenido* falta una coma. Así está en el texto original.

fulgurante éxito exterior del imperio aseguraba fue haciendo más y más necesaria una *especie de religión* [...]

[...] **Dada la naturaleza frenética del rito,** *mucho más próxima a las ceremonias dionisíacas que a las eleusinas, cabe suponer que se trataría de fármacos más adaptados a trances de posesión que a trances visionarios.* [...]

[...] **Aplicado al vino en particular,** *el criterio implica trazar una divisoria tajante entre «beber» y «beber mal».* [...]

[...] **Tomado al pie de la letra,** *parecería que no hay borracheras sin testigos capaces de ver y oír al ebrio, como indirectamente indica el Génesis al contar la historia de Noé.* [...]

[...] **Descartada la euforia como fin en sí,** *y declarado que la vida humana no es de su detentador sino de la deidad, el campo tradicional de las drogas experimentó un decisivo recorte.* [...]

[...] **Examinados los principios jurídicos y el espíritu de la normativa,** *es oportuno preguntarse por sus resultados prácticos.* [...]

Manos a la obra

1. En los siguientes fragmentos hay partes ennegrecidas.* Cámbielas por la fórmula aprendida en este punto:

[...] **Luego de terminar su lectura,** *escupió vigorosamente por encima de su hombro y se puso a tararear maquinalmente y a media voz* [...]

[...] **Después de haber apagado la colilla,** *castañeteó los dientes y se metió la nariz bajo la axila.* [...]

[...] **Después de cubrir el alunizaje de la Apolo 15,** *en el estudio de la CBS junto con Walter Cronkite y Wally Schirra, volé a Control de Misión para observar el reingreso y el amerizaje.* [...]

[...] **Después de examinar una vez más el cuartito de tablas sin cepillar,** *avanzó hacia la silla impartiendo órdenes cortantes a sus agentes.* [...]

2. Redacte 10 oraciones que utilicen esta fórmula.

---

* Bulgákov, Mijaíl: *Corazón de perro*; Clarke, Arthur C.: *3001: Odisea final*; García Márquez, Gabriel: *La mala hora.*

Para comparar

Una explicación puede servir para comparar. Si bien la comparación podría no siempre ser explicativa (por medio de comas), en bastantes casos sí lo es, cuando se trata de información adicional.

Esta comparación puede asumir tres formas distintas. Primero tenemos la IGUALDAD:

como*	*Esta lección es muy sencilla,*	***como** las anteriores.*
	Oración principal.	Igualdad.

Ejemplos:**

[...] *Literalmente significa «no dar en el blanco»,* ***como si,*** *por ejemplo, arrojaras una flecha muy alto, muy bajo o muy débil.* [...]

[...] *su piel parecía la de una gallina, con vello aquí y allá,* ***como*** *plantas mal regadas.* [...]

[...] *—¿Tú la describirías así,* ***como*** *una adicta? —pregunté.* [...]

[...] *—A mí me parece un hongo comestible corriente —dije—,* ***como*** *los que crecen en todas partes en esta época del año.* [...]

[...] *él se llevó la mano a la sien,* ***como*** *los niños cuando tratan de borrar un beso, ausente, lejano, sin deliberación ni comprensión.* [...]

[...] *él sonrió y yo pensé: controla a las personas,* ***como*** *hacía Tim.* [...]

La IGUALDAD se consigue también negando la SUPERIORIDAD o la INFERIORIDAD.

Manos a la obra

Redacte 10 oraciones que comparen con una explicación de igualdad.

---

* *Cual; tal cual; tal y como; como; como si; como que...*
Igual (de) ___ que; lo mismo (de) ___ que; tan/tanto ___ como/cuanto; así como ___ así también; cual ___ tal; de ___ como...
** DICK, Philip K.: *La transmigración de Timothy Archer.*

La superioridad:

más que*	Esta lección es muy sencilla,	(mucho, poco, un poco...) más que la anterior.
	Oración principal.	Superioridad.

Ejemplos:**

[...] —Este es asunto de gran importancia —dijo—, **más** aún **de lo que** sospechan los Noldor; pues la Luz de Aman y el destino de Arda están encerrados ahora [...]

    [...] pero el viento huracanado lo alcanzó, **más fuerte que** ningún otro conocido por los hombres. [...]

MANOS A LA OBRA

Redacte 10 oraciones que comparen con una explicación de superioridad.

Y la inferioridad:

menos que***	Esta lección es muy sencilla,	(mucho, poco, un poco...) menos que la anterior.
	Oración principal.	Inferioridad.

Ejemplos:****

[...] Maigret alzó la tapa, retiró un traje gris, **menos usado que** el del muerto. [...]

    [...] El falso Louis Jeunet estaba allí, **menos desfigurado de lo que** se esperaba, ya que los especialistas habían reconstruido su cara. [...]

    [...] Y de repente, parecía **menos redondo, menos rosa,** sobre todo **menos** hinchado de salud y optimismo. [...]

---

*   (Mucho) más __ de __ que (no); el doble (de) (lo) que; mayor; superior...
** TOLKIEN, J.R.R.: El Silmarillion.
*** (Mucho) menos __ de__ que, menos __ de lo que; la mitad (de) (lo) que; menor; inferior...
    Es posible que no aparezca el elemento con el que se compara, por estar sobrentendido o porque se compara consigo mismo pero en un tiempo anterior. Así, puede ser simplemente menos __.
**** SIMENON, Georges: El ahorcado de "Saint Pholien".

MANOS A LA OBRA

Redacte 10 oraciones que comparen con una explicación de inferioridad.

APÉNDICE: FÓRMULAS PARA COMENZAR ORACIONES SECUNDARIAS PERO IMPORTANTES

Además de las más comunes, podemos encontrar todas éstas:

al que - a la que al cual - a la cual	a lo que a lo cual	a quien(es)	a cuyo/a(s)
ante el que - ante la que ante el cual - ante la cual	ante lo que ante lo cual	ante quien(es)	ante cuyo/a(s)
bajo el que - bajo la que bajo el cual - bajo la cual	bajo lo que bajo lo cual	bajo quien(es)	bajo cuyo/a(s)
con el que - con la que con el cual - con la cual	con lo que con lo cual	con quien(es)	con cuyo/a(s)
contra el que - contra la que contra el cual - contra la cual	contra lo que contra lo cual	contra quien(es)	contra cuyo/a(s)
desde el que - desde la que desde el cual - desde la cual			desde cuyo/a(s)
durante el que - durante la que durante el cual - durante la cual			durante cuyo/a(s)
en el que - en la que en el cual - en la cual		en quien(es)	en cuyo/a(s)
entre el que - entre la que entre el cual - entre la cual		entre quien(es)	entre cuyo/a(s)
hacia el que - hacia la que hacia el cual - hacia la cual		hacia quien(es)	hacia cuyo/a(s)
hasta el que - hasta la que hasta el cual - hasta la cual			hasta cuyo/a(s)
mediante el que - mediante la que mediante el cual - mediante la cual	mediante lo que mediante lo cual	mediante quien(es)	mediante cuyo/a(s)
para el que - para la que para el cual - para la cual	para lo que para lo cual	para quien(es)	para cuyo/a(s)

por el que - por la que por el cual - por la cual	por lo que por lo cual	por quien(es)	por cuyo/a(s)
según el que - según la que según el cual - según la cual	según lo que según lo cual	según quien(es)	según cuyo/a(s)
sin el que - sin la que sin el cual - sin la cual		sin quien(es)	sin cuyo/a(s)
sobre el que - sobre la que sobre el cual - sobre la cual	sobre lo que sobre lo cual	sobre quien(es)	sobre cuyo/a(s)
tras el que - tras la que tras el cual - tras la cual	tras lo que tras lo cual	tras quien(es)	tras cuyo/a(s)

RECETA 19
LA COMA PARA EXPLICAR (III)

PARA PROFUNDIZAR CON UN NEXO Y UNA FRASE

Tenemos la opción de profundizar sobre algo que fue levemente enunciado. Lo hacemos mediante un NEXO EXPLICATIVO y una frase profundizadora. Este nexo siempre irá entre comas.

Veamos:

Quiero cuatro	**, es decir,**	la mitad de las que ves.		La mitad de las que ves es una frase, no tiene verbo. Asimismo, *cuatro* corresponde a *la mitad de las que ves.*
oración principal	nexo	frase explicativa	↓	
(**Quiero** cuatro	**, es decir,**	**quiero** la mitad de las que ves.)		Es una forma de evitar la repetición del verbo, *quiero* en este caso.

Preferiría las sencillas	**, a saber,**	ésta y aquélla.	Ésta y aquélla es una frase.
oración principal	nexo	frase explicativa	↓
(**Preferiría** las sencillas	**, a saber,**	**preferiría** ésta y aquélla.)	Evitamos la repetición de *preferiría*. Asimismo, *las sencillas* son ésta y aquélla.

Ojo... Contrario a lo que muchos creen, repetir no es necesariamente malo. Simplemente marca cierta insistencia sobre algo (en este caso, el verbo). Así pues, si no queremos insistir sobre algo en particular, debemos buscar la forma de omitir.

Los nexos más comunes son éstos:

| a saber... |
| otras palabras, en síntesis, en suma, es decir, esto es... |
| mejor dicho... |
| o sea... |
| por ejemplo... |
| vale (la pena) decir, verbigracia... |

Ejemplos:*

[...] *Naturalmente, esto ocurre cuando un clásico funciona como tal,* **esto es,** *cuando establece una relación personal con quien lo lee.* [...]

[...] *los dos que contienen los elementos de su filosofía,* **es decir,** *el II (sobre cosmografía) y el VII (sobre el hombre)* [...]

[...] *Por tanto, la novedad de la Odisea es haber enfrentado a un héroe épico como Ulises «con hechiceras y gigantes, con monstruos y devoradores de hombres»,* **es decir,** *situaciones de un tipo de saga más arcaica, cuyas raíces han de buscarse «en el mundo de la antigua fábula y directamente de primitivas concepciones mágicas y chamánicas».* [...]

[...] *Como los versos son 14, habrá virtualmente* 10^{14} *sonetos,* **o sea,** *cien billones.* [...]

[...] *Pero le parecía que convenía dar más crédito a la primera carta que a la segunda,* **es decir,** *a la petición de un hombre como Simon Ford* [...]

[...] *La más importante de todas estas cuencas es la de Newcastle, que ocupa el subsuelo del condado de Northumberland, que produce al año hasta 30.000,000 de toneladas,* **es decir,** *más de la tercera parte del consumo inglés* [...]

[...] *y ahora sostenían el stielo,* **es decir,** *el doble piso de los terrenos terciarios y cuaternarios, que antes descansaban sobre el mismo depósito.* [...]

[...] *salía de hora en hora del pueblo que se había fundado en el subsuelo del condado, con el nombre un poco ambicioso tal vez de "Coal-City",* **esto es,** *Villacarbón.* [...]

---

* Calvino, Italo: *Por qué leer los clásicos*; Verne, Julio: *Las Indias Negras.*

MANOS A LA OBRA

Redacte 10 ejemplos del punto.

Ahora bien, si quisiéramos ser más sentenciosos, podríamos usar DOS PUNTOS:

Quiero cuatro	, es decir	:	la mitad de las que ves.
oración principal	nexo		frase explicativa

Preferiría las sencillas	, a saber	:	ésta y aquélla.
oración principal	nexo		frase explicativa

PARA PROFUNDIZAR SOBRE UNA RESPUESTA CORTA

En ocasiones podemos responder de manera lacónica, con un simple *sí* o *no*; pero después ahondamos sobre nuestra respuesta.

Sí, estoy de acuerdo.
No, estás equivocado.

Ejemplos:*

[...] —No, **ahí no,** tontito —continuó la señorita Shergwood [...]
   —Sí, **es cierto**. Yo hice el llamado pero no respondieron. [...]
   [...] —No, **es que estuve ocupado con**... —comentó Cartwright. [...]
   [...] neutral, o neutra. Sí, **ésa es la palabra exacta**: neutra. [...]
   [...] —Sí, **estoy seguro** —respondió Berman, fascinado por el esmalte negro. [...]
   —No, **es que estuve ocupado con**... —comentó Cartwright. [...]

[...] —Sí, **Rictus me ha hablado de usted**. [...]
   [...] ¿Qué eran? ¿Trozos de piedra, o hielo? No, **eran tallados**. [...]

---

* COOK, Robin: *Coma*; BARKER, Clive: *El ladrón de días*.

[...] Sí, **está aquí**. *Pero no en la forma que tú piensas... [...]*
[...] Sí, **lo haremos**. *Vamos a crecer y a olvidarlo. A menos que... [...]*
[...] Sí, **es él**. [...]

MANOS A LA OBRA

Redacte 10 ejemplos del punto.

Existe la posibilidad de DOS PUNTOS en lugar de coma. ¿Cuándo? Cuando la profundización sea más bien una revelación o cuando, según el redactor, el *sí* o el *no* realmente está siendo un anuncio.

Sí: **me casaré contigo**.

No: **no hay vuelta atrás**.

Ejemplos:*

[...] *El café no lo rechaza. ¿Hay que calentarlo?* **No:** *está todavía hirviendo. [...]*
   [...] —**Sí:** *la inmortalidad descansa en Dios. [...]*
   [...] —**Sí:** *no es más que el estudio de las estupideces de la humanidad. A mí sólo me interesan las matemáticas y las ciencias naturales. [...]*

[...] —**No:** *el teléfono lo tengo desde hace años. El... [...]*
   [...] —**Sí:** *es un cielo. [...]*
   [...] —**No:** *me dijiste simplemente que ahora estaba jugando al póquer con los ángeles. [...]*
   [...] —**Sí:** *ése es el cuarto de escobas. [...]*
   [...] —**Sí:** *estoy fascinado. [...]*
   [...] —**No:** *ése es el nombre de la casa. [...]*

---

* DOSTOIEVSKI, Fiódor: *Los hermanos Karamazov*; JOYCE, James: *Retrato del artista adolescente.*

PARA SEÑALAR ALGO Y DESPUÉS CONFIRMAR PREGUNTANDO

En ciertas ocasiones, el redactor utiliza expresiones de refuerzo con las que concluye una aseveración. Se trata de interrogaciones que sirven para dar énfasis a la afirmación, para presentarla como evidente, lógica o natural:

Estás feliz,	***¿verdad?***
Quieres ir de vacaciones,	***¿no?***
Así no se hace,	***¿o sí?***

En los tres ejemplos, las interrogaciones posteriores a la coma sirven para reforzar lo afirmado. Suelen ser retóricas.

Las preguntas, que funcionan como apéndices, van siempre pospuestas a la aseveración y tienen una coma antepuesta. Pueden asumir muchas formas:

Vamos muy bien,	***¿eh?***	una interjección

Puedes cocinar tú mañana,	***¿verdad?***	una expresión

No dejaré de aprender,	***¿comprendes?***	
Mejor nos quedamos en casa,	***¿no te parece?***	formas verbales u oraciones
Ya entiendo los usos de coma,	***¿sabes?***	

Hay una excepción en el uso general: *verdad*. También puede aparecer en una interrogación junto al enunciado aseverativo, aunque siempre después de una coma:

*Iremos juntos al concierto, **¿verdad?***	=	*¿Iremos juntos al concierto, **verdad?***

Ejemplos:*

[...] *Ellos estaban ahí y ella allí, **¿no?*** [...]

[...] *Niños: éste es completamente vuestro, **¿entendido?*** [...]

[...] *A propósito, supongo que la posición de Feverstone es completamente segura, **¿verdad?*** [...]

[...] *No vas a suponer que me gusta tener que pasarme el tiempo tratando de abrirme paso, **¿verdad?*** [...]

[...] *Nada menos que la existencia de la raza humana depende de nuestro trabajo, de nuestro verdadero trabajo, **¿comprende?*** [...]

[...] *Ha estado usted allí, **¿eh?*** [...]

[...] *Sabe usted de quien le hablo, **¿no?*** [...]

[...] *Somos viejos amigos, **¿sabe usted?*** [...]

[...] *—Yo puedo hacer lo que considere justo, **¿no es verdad?*** [...]

MANOS A LA OBRA

En los siguientes fragmentos,** agregue apéndices como los aprendidos:

[...] *Todo esto le parecía una imagen elocuente de sus anteriores vivencias.* [...]

[...] *Sin embargo, la madre del poeta casi nunca podía ver al hombre de la lira sin enfadarse.* [...]

[...] *sabemos que esta vez su seguridad en sí misma no se derrumbó bajo el peso de la frialdad del amante.* [...]

[...] *Esa mirada llena de tan enternecida alabanza embriagó tanto a Jaromil, que quiso verla de nuevo.* [...]

[...] *Pero se equivocaba al pensar que Jaromil no había apreciado su regalo.* [...]

[...] *El amor materno marca en la frente del niño una señal que ahuyenta la simpatía de sus compañeros.* [...]

---

* SÁNCHEZ FERLOSIO, Rafael: *El Jarama*; STERLING, Bruce: *La caza de hackers*; LEWIS, C.S.: *Esa horrenda fortaleza*.
** KUNDERA, Milan: *La vida está en otra parte*.

PARA CORREGIR NEGANDO (*SINO* INCLUIDO)

Con la intención de contrastar, el redactor podría utilizar una frase negativa después de una coma, como apéndice. Ojo... Una frase, sin verbo.

Fue al parque,	no *al centro comercial*.
Reprobaste el examen,	no *por incapaz*.
Tomaremos té,	no *café*.

En los tres ejemplos, el apéndice contrasta negando.

Ejemplos:*

[...] *se convierte el hombre en una de las cosas indiferentes para mí,* **no** *menos que el sol, el viento o la bestia.* [...]

[...] *En consecuencia, se transforma aquello que se adquirió,* **no** *lo que la madre dio a luz.* [...]

[...] *la criada lo acompañó hasta el portón de la calle,* **no** *tanto para conducirlo como para vigilarlo.* [...]

[...] *Lo suponía como un altercado desigual,* **no** *sólo porque Fermina Daza lo había prevenido en las cartas sobre el carácter tempestuoso de su padre* [...]

[...] *Nunca la identificó con Fermina Daza, a pesar de que el parecido era más que fácil,* **no** *sólo por la edad, por el uniforme escolar, por la trenza, por su andar montuno, y hasta por su carácter altivo e imprevisible.* [...]

[...] *Pero entonces fue él y no ellas quien cambió de acera para que no le vieran las lágrimas que ya le era imposible soportar,* **no** *desde la media noche, como él creía* [...]

[...] *Pero la visitó con menos frecuencia que antes,* **no** *por la desolación de la casa, como ella suponía* [...]

---

* MARCO AURELIO: *Meditaciones*; GARCÍA MÁRQUEZ, Gabriel: *El amor en los tiempos del cólera.*

> MANOS A LA OBRA
>
> En los siguientes fragmentos,[*] agregue apéndices que corrijan negando:
>
> > [...] *Fue Strether quien con el tiempo sostuvo que esto le hacía mejor que ellos.* [...]
> > [...] *Estaba pronto a advertir en esta fase que un compromiso de este tenor le habría atado las manos.* [...]
> > [...] *Deja que se cuezan en su propia salsa.* [...]
> > [...] *Él quiere deshacerse de ella muy en serio.* [...]
> > [...] *A eso me refería al elogiarla.* [...]
> > [...] *Media hora más tarde estaba en posesión de lo restante.* [...]
> > [...] *Gracias a ella hemos sabido lo que la señora Newsome piensa de nosotros.* [...]

Hay una segunda variante, una que utiliza *sino*. Se trata de la negación de una negación... La parte principal es negativa, y el contraste (también negativo) es una frase que comienza con *sino*. Ahora bien, en caso de que el contraste sea oración (con verbo conjugado), deberá contener *sino que*.

Ejemplos:[**]

> [...] *El hombre* **no** *está «suspendido de la mano de Dios»,* **sino que** *Dios* **yace** *oculto en el corazón del hombre.* [...]
> [...] **no** *le interesa contar lo que pasó,* **sino** *revivir un instante o una serie de instantes, recrear un mundo.* [...]
> [...] *El poeta* **no** *se limitaría a expresar la «marcha hacia el Progreso»,* **sino que sería** vraiment un multiplicateur de progres. [...]
> [...] *La novedad de la poesía, dice Rimbaud, «no está en las ideas ni en las formas»,* **sino** *en su capacidad de definir* la quantité d'inconnu s'éveillent en son temps dans Vame universelle. [...]
> [...] *nuestro continente es la tierra, por naturaleza propia, que* **no** *existe por sí,* **sino** *como algo que se crea y se inventa.* [...]

> [...] **no** *lo quemó,* **sino** *que le asignó un escondite nuevo.* [...]
> [...] *puedes marcharte y facilitarme así la vida* **no** *sólo a mí,* **sino** *a ti misma.* [...]
> [...] *El senhor Vaz* **no** *respondió,* **sino que** *se disculpó y se retiró a su despacho.* [...]

---

[*] JAMES, Henry: *Los embajadores.*
[**] PAZ, Octavio: *El arco y la lira;* MANKELL, Henning: *Un ángel impuro.*

[...] *haber perdido el trabajo* **no** *lo hundió,* **sino que lo obligó** *a dominar aquel miedo irracional y a responsabilizarse de sí mismo.* [...]

[...] *Pero aquella ira* **no** *iba dirigida contra mí,* **sino** *contra el destino.* [...]

[...] *Pero Felicia* **no** *lo aceptó,* **sino que tomó** *la palabra de nuevo.* [...]

[...] **No** *regresó,* **sino que mandó** *a una sirvienta con un saco vacío.* [...]

MANOS A LA OBRA

En los siguientes fragmentos,* agregue apéndices con *sino (que)*:

[...] *Einstein halló que sus ecuaciones no admitían ninguna solución que describiera un universo estático, invariable en el tiempo.* [...]

[...] *Así pues, la teoría no podría predecir a qué conduciría la gran explosión.* [...]

[...] *En la relatividad general, el tiempo y el espacio no existen independientemente del Universo o separadamente el uno del otro.* [...]

[...] *En los años siguientes a 1985, fue haciéndose cada vez más evidente que la teoría de cuerdas no era la descripción completa.* [...]

[...] *Todavía no contamos con ninguna observación que requiera dimensiones adicionales para ser explicada.* [...]

OJO...

Puede agregar apéndice, aunque esto no parezca muy acertado para texto. El objetivo, por ahora, es aprender a utilizar esta coma.

PARA *EXCEPTO, SALVO Y MENOS*

La presente es más una recomendación que una regla. Y a pesar de que puede ser utilizada siempre, será aconsejable cuando la oración principal, antes de *excepto, salvo* o *menos*, sea muy larga o compleja.

Como de todo, **excepto** *legumbres.*
Siempre tengo buen humor, **salvo** *cuando veo una mosca.*
Te daré la totalidad de mi fervor, **menos** *el de mis sueños.*

---

* HAWKING, Stephen: *El universo en una cáscara de nuez.*

Como vemos, sucede en casos en que manifestamos de manera absoluta (todo, todos, siempre...) una situación.

Ejemplos:*

[...] *Los mamuts adultos no tienen enemigos naturales —sólo los muy jóvenes y los muy viejos podían ser presas de cualquier depredador—,* **excepto** *el hombre.* [...]

   [...] *Todo está al norte de aquí,* **menos** *el mar, que está al sur.* [...]

[...] *—Nim no tiene teléfono —le dije—,* **excepto** *el del ordenador. Espero que recoja sus mensajes, porque de otro modo quedaremos aislados allí.* [...]

   [...] *Dudo que nadie en el país sospeche que estás aquí,* **salvo** *la gente de Inmigración de todas las fronteras, la Policía Secreta y tal vez incluso el presidente.* [...]

Receta 20
Para más riqueza y matices (I)

Los dos puntos (:) tienen la función, en general, de detener el discurso para llamar la atención sobre lo que vamos a decir, lo que viene a continuación.

Dos puntos para llamar la atención: citas

Podemos utilizarlos antes de una cita, es decir, antes de cualquier texto (generalmente fragmento) que se invoca para prueba de lo que decimos:

Las palabras *del médico fueron claras*	:	«*Reposo y alimentación equilibrada*».
Ya lo **dijo** *Descartes*	:	«*Pienso, luego, existo*».
Como **dijo** *Shakespeare*	:	«*Está bien lo que bien termina*».
Gilberto Owen lo **escribió** *en uno de sus poemas más célebres*	:	«*Me he querido mentir que no te amo*».

Como vemos, en las citas también utilizamos COMILLAS. Cuando se trata de una cita directa, textual, debemos comenzar dicha mención con mayúscula. En cambio, si la referencia es indirecta, debemos comenzar con minúscula.

---

* AUEL, Jean M.: *El clan del oso cavernario*; NEVILLE, Katherine: *El ocho*.

Ejemplos:*

[...] *y al final **proclamó**: «¡Yo hubiera resultado un gran fabulista de no haber sido por mi mala cabeza! [...]*

[...] *Mi padre **gritó**: «¡Allí, allí!» [...]*

[...] *un día se fue al otro extremo de la casa y **gritó**: «¡Juan Antonio González Álvarez López Martínez de Churruca y Mendoza!, ¿quieres jugar al ajedrez?». [...]*

[...] *Angelina le **preguntó**: «¿Te duermes?». [...]*

[...] *Gil **preguntó**: «¿Alto?», y Gregorio dijo, «sí»; Gil preguntó: «¿Delgado?», y Gregorio dijo, «sí»; Gil preguntó: «¿Fuerte?», y Gregorio dijo, «pues...». [...]*

[...] *Se detuvo, pensó largo rato y **prosiguió**: «... en una de las más cristalinas y apasionantes figuras de nuestra época [...]*

[...] *le lanzaba imprecaciones cuando yo le **grité**: "¡No, no, Lucy, no!". [...]*

[...] ***Dirá**: "¿Por qué no lo hicieron?" [...]*

MANOS A LA OBRA

Redacte 10 ejemplos del punto.

DOS PUNTOS PARA LLAMAR LA ATENCIÓN:
ESCLARECER LO ANUNCIADO DE MANERA IMPRECISA

Muchas veces no indicamos de manera directa el mensaje; primero lo anunciamos de manera imprecisa, y después entregamos el mensaje real o completo. Solemos anunciar con expresiones que involucren "esto", "algo", "lo siguiente", "qué"...

Te diré algo	:	**ponte a estudiar.**	¿Qué es *algo*? Ponte a estudiar.
¿Sabes qué?	:	**este punto es muy fácil.**	¿A qué se refiere *qué*? A que este punto es muy fácil.
Me dijo lo siguiente	:	**que todo iba como lo planeamos.**	¿Qué es *lo siguiente*? Que todo iba como lo planeamos.

---

* LANDERO, Luis: *Juegos de la edad tardía*; CORNWELL, Patricia: *Último reducto.*

Ejemplos:*

[...] *De estos objetos necesariamente opuestos devienen **dos formas de instituciones contrarias: la una pública y común, la otra particular y doméstica**. [...]*

[...] *Las crueles madres de que yo hablo hacen lo contrario: a fuerza de sumergir a sus niños en la blandura, **los preparan para el sufrimiento** [...]*

[...] *Me veo obligado a añadir otra, que no es más que una derivación de la anterior: **no podremos ser separados el uno del otro sin nuestro consentimiento**. [...]*

[...] *Yo no sé por mí cuál es la enfermedad que nos curan los médicos, pero sé que ellos nos causan **algunas que son muy funestas: la cobardía, la pusilanimidad, la credulidad, el terror de la muerte** [...]*

[...] *Hay **dos clases de dependencia**: la de las cosas, que nace de la naturaleza; **la de los hombres**, la cual es debida a la sociedad. [...]*

[...] *hace falta que sea dueño de **algo: sus vestidos, sus muebles, sus juguetes, etc**. [...]*

[...] *Existen dos clases de mentiras: **la de hecho,** que se refiere a una acción pasada, y **la de derecho,** que es la que tiene relación con lo futuro. [...]*

[...] *Que se le diga a este repartidor tan espléndido que dé **las cosas que más le gustan:** sus juguetes, sus dulces, su merienda [...]*

[...] *En la sociedad son indispensables **dos morales distintas: una que consiste en palabras y otra que es la producida por las acciones**, en las cuales no encontramos ningún parecido. [...]*

[...] *Doña Gisa era **así: la verdad por encima de todo, a veces hasta hacerla parecer áspera e inflexible; tal vez era una actitud de defensa contra su buena fe, pues era crédula hasta el absurdo y confiaba en todo el mundo** [...]*

[...] *a la suegra no le sería difícil domarlo, dirigirlo a su voluntad en cuanto se casara. En **esto** se engañó: **el yerno iba a darle una sorpresa**. [...]*

[...] *Nuestro personal está en la calle. Los dos maletines contienen **todo lo que nos pidió: mapas, horarios, herramientas y demás artículos**. [...]*

[...] *y había llevado cuidado de no emplear trozos de metal en los techos. Adiviné **por qué: los habilinos no deseaban que su poblado fuera localizable desde pequeños aviones o helicópteros** [...]*

---

* Rousseau, Jean-Jacques: *Emilio, o De la educación*; Amado, Jorge: *Doña Flor y sus dos maridos*; Grisham, John: *El Informe Pelícano*; Bishop, Michael: *El eslabón perdido*.

El anuncio puede convertirse en recapitulación; y por tanto, irá al final.
Ejemplos:*

[...] *No es carne ni es hueso, no es pensamiento ni conciencia: **así lo enseñan los grandes sabios**.* [...]

    [...] *Deseaba morirse para alejarse de sí mismo, para no ser yo, para encontrar la tranquilidad en el corazón vacío, para permanecer abierto al milagro a través de los pensamientos despersonalizados: **ése era su objetivo**.* [...]

    [...] *esa unidad y consecuencia lógica de todas las cosas, a pesar de todo se encuentra cortada en un punto, en un pequeño vacío donde entra en este mundo de la unidad algo extraño, algo nuevo, algo que antes no existía, y que no puede ser enseñado ni demostrado: **ésa es tu doctrina de la superación del mundo, de la redención**.* [...]

    [...] *Un retazo de pena, un mendrugo de miseria: **eso era lo que ahora percibía*** [...]

MANOS A LA OBRA

Redacte 10 ejemplos del punto.

DOS PUNTOS PARA LLAMAR LA ATENCIÓN: ESCLARECER CON UNA ENUMERACIÓN

Aquí también buscamos esclarecer. La única diferencia con el punto anterior es que aquí el esclarecimiento es a través de una ENUMERACIÓN y que las fórmulas "esto" y "algo" no son necesarias:

*La **mayoría** estaba ahí*	:	**Antonio, Navid, Alondra, Carlos...**
*Era **muy bonito lugar***	:	**el mar, la arena, el horizonte y las gaviotas.**
*Todo listo para la **clase***	:	**el salón dispuesto, el profesor preparado y los alumnos atentos.**

---

* HESSE, Hermann: *Siddharta*.

Ejemplos:*

[...] *y cuando Rose dio a luz a su hijo a las 2.07 de la madrugada siguiente, todos estaban* *allí:* **sus padres y Stanley, Mildred y Joan, incluso la madre de Stanley.** [...]

   [...] *diecisiete y dieciocho años pasó no menos de una hora diaria completando dieci-* *nueve cuadernos de trabajo, según los denominaba él, rellenándolos con diversos ejerci-* *cios creados por él mismo con el fin de aguzar el ingenio, ahondar en el detalle y tratar de* *mejorar (como una vez explicó a Amy):* **descripciones de objetos físicos, paisajes, cielos** **matinales, rostros humanos, animales, el efecto de la luz en la nieve, el ruido de la** **lluvia en el cristal, el olor de un tronco ardiendo, la sensación de caminar entre la niebla** **o escuchar el viento que sopla entre las ramas de los árboles** [...]

[...] *En resumen, las informaciones geográficas que pueden extraerse de todo el mundo* *homérico pueden incluirse en varios grandes «grupos»:* **el mundo de Ítaca (en las islas** **danesas), las aventuras de Ulises (en el Atlántico Norte), el mundo de Troya (en el sur** **de Finlandia) y el de los aqueos (a lo largo de las costas del Báltico).** [...]

[...] *Podéis imaginaros mi situación:* **rodeada de tinieblas, sin recursos, sin honor, sin** **esperanza, expuesta a todos los peligros.** [...]

   [...] *reunía todos los encantos más atractivos:* **un talle de ninfa, una cara redonda,** **fresca, extraordinariamente animada, de rasgos amables y pícaros, la más bonita** **boca posible, unos grandes ojos negros, llenos de expresión y de sentimiento, unos** **cabellos castaños que caían hasta su cintura, la piel de un resplandor... de una finura** **increíbles** [...]

En estos casos, como muestran los ejemplos, el esclarecimiento podría tratarse de frases (sin verbo conjugado).

MANOS A LA OBRA

Redacte 10 ejemplos del punto.

---

* AUSTER, Paul: *4 3 2 1*; ECO, Umberto: *Historia de las tierras y los lugares legendarios*; MARQUÉS DE SADE: *Justine o Los infortunios de la virtud.*

SUPLEMENTO. OTROS USOS DE LOS DOS PUNTOS

○ Para cerrar una ENUMERACIÓN antes de la frase de relación que la sustituye:
Natural, sana y equilibrada: así debe ser una buena alimentación.
Terremotos, inundaciones y erupciones volcánicas: ésas son las principales catástrofes naturales.

○ Para "separar" la ejemplificación del resto de la oración:
De vez en cuando tiene algunos comportamientos inexplicables: hoy ha venido a la oficina con sandalias.
Puedes escribir un texto sobre algún animal curioso: el ornitorrinco, por ejemplo.

○ Tras FÓRMULAS DE SALUDO:
Querido amigo:
    Te escribo esta carta para comunicarte...
Estimado profesor:
    Le agradeceré...

Empleamos este signo de puntuación tras las fórmulas de saludo en las cartas. También en este caso la palabra que sigue a los DOS PUNTOS se escribe con mayúscula y, generalmente, en un renglón aparte.

○ Antes de una LISTA:
Van a subastar tres manuscritos: uno de Borges, otro de Alfonso Reyes y un tercero de Antonio Machado.
Tres son las provincias aragonesas: Huesca, Zaragoza y Teruel.

Como observación: usamos DOS PUNTOS antes de una ENUMERACIÓN introducida por un VERBO. Si no se trata de prosa, la lista suele ir en FORMA VERTICAL, que rompe la imagen del párrafo:

Las herramientas que todo escritor debe tener a mano son:
lápiz
papel
un diccionario
pasión
claridad
pulcritud
constancia

En otras ocasiones, si hay cierta extensión o cierta complejidad, la lista se escribe dentro de un párrafo, pero con un NÚMERO o una LETRA antes de cada elemento:

> *Las herramientas que todo escritor debe tener a mano son: 1) un lápiz duradero, 2) un papel dispuesto a ser desechado, o, mejor, un cúmulo de papeles, 3) un diccionario actualizado, 4) mucha pasión y ganas de lograr un buen cometido, 5) claridad en sus ideas, 6) pulcritud en el contenido y en la forma, y 7) una constancia infranqueable.*

Dos correcciones útiles

1. Debemos evitar la muletilla "como son" —precedida por coma y sucedida por dos puntos— para introducir una lista. Por ejemplo:
   - ⊗ *Hay herramientas que todo escritor debe tener a mano, como son: un lápiz duradero, un papel...*
   - ☑ *Hay herramientas que todo escritor debe tener a mano: un lápiz duradero, un papel...*
2. No toda enumeración amerita el uso de dos puntos. Por ejemplo:
   Hace un mes viajamos, conocimos y disfrutamos.
   Quiero leer, descifrar, entender lo que escribió.
   Debemos comprar dos cuadernos, una pluma, un corrector y una regla.

Podemos usar DOS PUNTOS para introducir una ENUMERACIÓN; pero hay una condición: la oración que viene antes de los DOS PUNTOS debe ser completa; es decir, debe haber un "qué" antes de los DOS PUNTOS (como en *dos puntos para llamar la atención: esclarecer lo anunciado de manera imprecisa*). Por ejemplo:

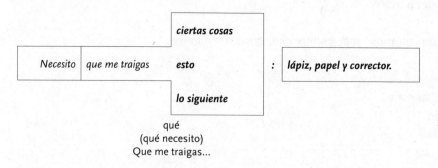

qué
(qué necesito)
Que me traigas...

Asimismo, esta opción es aconsejable sólo cuando el listado es extenso. En caso contrario, es mejor hacerlo de la manera más sencilla, sin DOS PUNTOS, para lo cual obviamente no es necesario anunciar:

Necesito	que me traigas	**lápiz, papel y corrector**.

qué
(¿Qué necesito?
Que me traigas...)

Como podemos ver, en muchas ocasiones el uso de DOS PUNTOS es innecesario; incluso, puede quitar limpieza y proporcionar desacierto.

Asimismo, en prosa no debemos colocar DOS PUNTOS cuando la enumeración es introducida por un verbo (todo lo contrario a cuando se trata de una lista vertical o con numeración):

Los amigos de mi hermana son Ricardo, Francisco, Iván y Alejandro.
Mi hermana tiene muchos amigos: Ricardo, Francisco, Iván y Alejandro.

○ Antes de ciertos giros o frases hechas:

Sin rodeos: necesito este trabajo.
Al contrario: la democracia sirve para proteger los intereses de la minoría.

○ En textos jurídicos y administrativos:

CERTIFICA:
Que José Álvarez García ha seguido el curso de Técnicas Audiovisuales celebrado en la Escuela de Cine durante abril y mayo del presente año.

RECETA 21
PARA MÁS RIQUEZA Y MATICES (II)

LOS PUNTOS SUSPENSIVOS (...) tienen diversos usos, diversos alcances.

Lamentablemente, se suele abusar mucho de este signo. Este desbarro resulta de la creencia de que por sí mismos estos signos dan mayor "emoción" a un escrito. Error. Debemos saber que su inclusión no asegura emoción o ironía si lo que sucede a continuación no tiene dichas características.

Puntos suspensivos... para enumeraciones abiertas o incompletas

¿Cuándo podemos utilizar puntos suspensivos? Cuando comenzamos una enumeración pero también consideramos que no es necesario seguirla hasta su conclusión lógica; o si suponemos que el lector ya puede imaginar los "elementos restantes". En estas enumeraciones abiertas o incompletas, los puntos suspensivos tienen el mismo valor que *etcétera* (o *etc.*).

> *Su bazar es como los de los pueblos, donde revende de todo:* **comestibles, ropa, juguetes, artículos de limpieza...**

> *Puedes hacer lo que más quieras:* **leer, ver televisión, escuchar música...**

> *Fue un viaje por las ciudades más importantes de Europa, incluyendo* **Londres, Ámsterdam, Viena, Madrid, París, Berlín, Roma...**

> *No hay nada que haga mal:* **canta, baila, actúa...**

Ejemplos:*

[...] *Pero tiene el mismo tipo de entusiasmo por* **la libertad, la independencia, la emancipación...**, *buena cosa si está bien dirigida* [...]

[...] *Eso de romper las máquinas no debe hacerse: las cosas han de seguir adelante...* **el comercio, la industria, los negocios, el intercambio de materias primas...** [...]

[...] *había sido dejado fuera un volumen que contenía las nociones elementales de primera enseñanza, y varios volúmenes de literatura amena:* **poesía, biografía, novelas, viajes...** [...]

[...] *dividido en dos por un sendero;* **la iglesia, el camino, las colinas...** [...]

[...] *No deseo poner hiel en las cosas, sino infundirles* **dulzura, sonrisas, encanto...** [...]

[...] *Un cerebro* **poderoso, amplio, original...** [...]

[...] *—Jane —me dijo—: esta mañana estás agradable,* **sonriente, bonita...** [...]

[...] *Vi* **un reloj, una mesa blanca, varias sillas...** [...]

[...] *Se ve que le tienes presente en la imaginación.* **Alto, delgado, con los ojos azules, con el perfil griego...** [...]

---

* Eliot, George: *Middlemarch, un estudio de la vida en provincias*; Brontë, Charlotte: *Jane Eyre.*

MANOS A LA OBRA

Redacte 10 ejemplos del punto.

PUNTOS SUSPENSIVOS... PARA INDICAR QUE UN DISCURSO HA SIDO INTERRUMPIDO

Sucede en DIÁLOGOS o en MONÓLOGOS...

> —Oye, escúchame: ésta es la última vez que...
> —¡Cállate! —interrumpió Juan a Martín, violentamente—. Eres tú quien debe escucharme a mí.

Ejemplos:*

[...] —¿Lo ves? —observó R. Daneel—. No está bien hacer ninguna distinción que tenga un significado inferior a la inteli...

—Muy bien —elevó Baley la voz, interrumpiendo—. [...]

[...] Nuestro deber consiste en investigar a todos los grupos subversivos posibles, en desmenuzar a todas las organizaciones disidentes...

—¿Cuánto tiempo has decidido emplear? —interrumpió Baley. [...]

[...] y al momento pretexté que me dolía mucho la cabeza... y corrí...

—Vamos, Jessie, basta, ¡basta! —interrumpió Baley—. Domínate en lo posible. Ahora, ¿por qué estás asustada? No te da miedo Daneel. [...]

[...] —Pero me parece que...

R. Daneel se encontró interrumpido por una flechita roja que apareció en el cuadro de señales de la puerta. [...]

—He estado pensando que quizá minimicé la posibilidad de algún tumulto. Si hubiera algo...

—Comisionado —interrumpió Baley con voz ahogada—, si hay algo ya se lo diré. No hemos tenido ninguna dificultad. [...]

[...] —Pero, ¿cómo recibirán tu aviso? Si yo les dejo llevar esta radio, no podré hablar contigo sobre nuestros asuntos, y de lo contrario...

—Estuve pensando en ello —interrumpió Lackland—. Creo que será mejor que subas aquí en cuanto amaine el viento. Te daré otro equipo. [...]

---

* ASIMOV, Isaac: *Bóvedas de acero*; CLEMENT, Hal: *Misión de gravedad*.

[...] —Supongo que no, quería obtener muestras de tejido de una especie de ballena de doscientos metros abandonada en la playa. Pensé que alguien podría...

—¿Los trajiste? —interrumpió Rosten. [...]

[...] Pero no debes olvidar que se invirtieron dos mil millones de dólares en equipo especial para ese cohete que no pudo salir del polo, y que contiene grabaciones de incalculable valor...

—Lo sé. Haré cuanto esté en mi mano —interrumpió Lackland—, pero es imposible explicar la importancia de todo ello a un nativo. [...]

En cualquier otro escrito, incluso si no se centra en un diálogo, podría suceder esta misma situación. Por lo demás, alguien podría interrumpirse a sí mismo, dudando o cambiando de opinión:

Cualquier tipo de gobierno totalitario me... Digámoslo así: el individuo debe mantener íntegro su valor como tal para que la sociedad en su conjunto también lo sea.

MANOS A LA OBRA

Redacte 10 ejemplos del punto.

Cuando los PUNTOS SUSPENSIVOS cierran un enunciado, después de éstos se escribe con mayúscula. Se trataría de algo cercano a una pausa (aquí sí, aunque como consecuencia de una situación determinada), como lo evidenciará el siguiente punto. Por ejemplo:

Yo creo que sí... Pero es mejor no pensar cosa tan improbable.

Estamos ante un bosque mediterráneo de encinas, pinos... Bajo estos árboles es fácil resguardarse.

Cuando los PUNTOS SUSPENSIVOS no cierran un enunciado y éste continúa tras ellos, se escribe con minúscula. Se trataría también de algo cercano a una pausa. Por ejemplo:

Estoy pensando que... aceptaré; en esta ocasión debo arriesgarme.

Me dijo... sí. No tenía más opciones.

Puntos suspensivos... para indicar ironía, sorpresa, dramatismo, duda o temor

Podemos usar PUNTOS SUSPENSIVOS cuando queremos expresar que antes de lo que va a seguir ha habido un momento de duda, temor o vacilación.

> *Iré; no iré... Debo decidirme pronto.*

> *Espero una llamada del hospital... Seguro que son buenas noticias.*

> *No sé... Creo que... bueno, sí, me parece que voy a ir.*

Para indicar que habrá un giro irónico, de sorpresa o dramatismo, también podemos recurrir a los PUNTOS SUSPENSIVOS. Preparamos y aumentamos el efecto que producirán las palabras venideras:

> *Me juró que me daría todo el dinero que me hiciera falta para el viaje, y me entregó un cheque por... quince dólares.*

> *Se convocó a una junta, se distribuyeron centenares de papeles anunciándola y, al final, nos reunimos... cuatro personas.*

Ejemplos:*

[...] *¡Y yo he sido capaz de estar todo un mes **pen...**!*

[...] *Dígame, joven: ¿no se ha visto usted **en el caso... en el caso** de tener que pedir un préstamo sin esperanza?*

[...] *Óigame, joven: ¿podría **usted...**?*

[...] *Fue premiada con una medalla de oro y un diploma. **La medalla... se** vendió hace tiempo. En cuanto al diploma, mi esposa lo tiene guardado en su baúl.*

[...] *—El panecillo blanco te lo traeré en seguida pero **el salchichón... ¿No prefieres** un plato de chtchis? Es de ayer y está riquísimo [...]*

[...] *Había que tomar una determinación, una cualquiera, costara lo que costase. Había que hacer **esto o...** [...]*

[...] *no era más que un sueño, mientras que **ahora... ahora** se le presentaba bajo una forma nueva, amenazadora, misteriosa. [...]*

---

* DOSTOIEVSKI, Fiódor: *Crimen y castigo*; TWAIN, Mark: *Las aventuras de Huckleberry Finn*.

[...] *¡Qué raro! Yo he salido de casa para ir a alguna parte; apenas he terminado de leer, he* **salido para...** *¡Ahora me acuerdo: iba a Vasilievski Ostrof, a casa de Rasumikhine!* [...]

[...] *—Sólo tengo un dólar y lo quiero* **para...** [...]
[...] *y luego se tiene que quedar tan tranquilo seis meses enteros antes de echarle mano a un negro libre que anda por allí al acecho, robando, infernal, con sus camisas blancas,* **y...** *»* [...]
[...] *—Bueno, te creo, Huck.* **Me... me** *he escapado.* [...]
[...] *—Pero si* **él...** [...]
[...] *Yo busco por el lado de babor y tú por el de estribor. Empieza por la balsa,* **y...** [...]
[...] *—* **Están... están...** *¿es usted el vigilante del barco?* [...]
[...] *—Están en una situación horrible,* **y...** [...]
[...] *—Pues es verdad; me... me se había olvidado.* [...]

MANOS A LA OBRA

Redacte 10 ejemplos del punto.

PUNTOS SUSPENSIVOS... PARA OMITIR PARTE DE CIERTAS ORACIONES

Hay oraciones que constan de dos partes. En estos casos, para que sea el propio lector quien complete el sentido, tenemos la opción de omitir la segunda.

Sucede con las oraciones CONDICIONALES:

Si *sigues al pie de la letra las indicaciones,*	*aprenderás mucho.*
Condición necesaria y forzosa para que se produzca la principal.	Oración principal. Consecuencia o resultado de lo expresado por la condición.

Podríamos omitir la segunda parte, la principal, y agregar puntos suspensivos...

Si *sigues al pie de la letra las indicaciones...*	
Condición necesaria y forzosa para que se produzca la principal.	Oración principal... ausente.

También funciona con oraciones que se construyen con *tan* o *tanto*, y que después agregan *que* (la parte omitida):

Aprendí tantos usos,	*que ya soy algo perito.*
Aprendí tantos usos...	

Para ambos tipos de oraciones, véase la receta 23.

Ejemplos:*

[...] **Si** *al fin habían venido a matarme...*
   [...] **Si** *Butler es un actor...*
   [...] **Si** *no hubieses venido por tu cuenta...*
   [...] —**Si** *echa por la borda todo el equipaje místico...*
   [...] **Si** *la intención de Cave era hablar alegóricamente...*
   [...] **Si** *la cosa se difunde...*
   [...] **Si** *no lo hubiera escuchado...*
   [...] **Si** *no te vistieras como una heroína de Marie Corelli...*
   [...] **Si** *otros quieren morir...*

[...] **Si** *hubieses nacido cerdo...*
   [...] —*Dijo también que habría deseado* —*añadió Joe mirándome de nuevo y en apariencia haciendo esfuerzos por recordar*— *que* **si** *el estado de su salud le hubiese permitido... ¿No es así, Pip? [...]*
   [...] —**Si** *pudiese lograr enamorarme de ti... ¿No te importa que te hable con tanta franqueza, teniendo en cuenta que ya somos antiguos amigos? [...]*
   [...] —**Si** *quieres que lo diga, Joe...* —*empecé, pero él se levantó y se acercó a mi sofá. [...]*
   [...] —*Y tiene unos sentimientos* **tan** *aristocráticos...*
   [...] —*Pero la querida señora Pocket* —*dijo la señora Coiler*—, *después de su primer desencanto (no porque ese simpático señor Pocket mereciera el menor reproche acerca del particular), necesita* **tanto** *lujo y* **tanta** *elegancia...*

---

* VIDAL, Gore: *Mesías.*
La original no tiene omisiones, ni puntos suspensivos; fueron agregados para efectos didácticos.
DICKENS, Charles: *Grandes esperanzas.*
Aquí las omisiones sí son parte del texto original.

MANOS A LA OBRA

Redacte 10 ejemplos del punto.

SUPLEMENTO. OTROS USOS DE LOS PUNTOS SUSPENSIVOS

○ Para dejar incompletos citas textuales, sentencias o refranes:

En ese momento de indecisión, pensé: "más vale pájaro en mano..." y acepté el dinero.
El escolar recitaba muy solemne: "Yo no quiero que a mi niña golondrina...".
Como dice el refrán, no hay mal...
Citando a Neruda, "puedo escribir los versos más tristes...".

Como vemos, estas citas son directas. Los DOS PUNTOS dan mayor solemnidad.

○ Cuando citamos sólo parte de un título:

Steven Spielberg, en La lista..., *usó el blanco y negro por varias razones difíciles de refutar.*
    El primer sencillo de Supposed former... *fue* Thank you.
    En el segundo capítulo de El ingenioso hidalgo..., *Cervantes revela una clave importante.*

○ Cuando omitimos parte de un texto, dentro de paréntesis o llaves:

Yo fui loco y ya soy cuerdo; fui don Quijote de la Mancha y soy agora [...] Alonso Quijano el Bueno. (Cervantes: Quijote, II, LXXIV)

SUPLEMENTO. LOS PUNTOS SUSPENSIVOS Y OTROS SIGNOS

○ Tras los PUNTOS SUSPENSIVOS nunca se escribe PUNTO. Sin embargo, sí podríamos colocar otros signos de puntuación, como COMA, PUNTO Y COMA o DOS PUNTOS:

Cuando decidas los colores, las telas, el tipo de mobiliario... ven a verme y haremos un presupuesto.
    Pensándolo bien...: mejor que no se presente.

Ya habían llegado los libros, los ordenadores, el papel...; al día siguiente empezaría a trabajar.

o Los SIGNOS DE INTERROGACIÓN O EXCLAMACIÓN se escriben delante o detrás de los PUNTOS SUSPENSIVOS. Eso dependerá de si el enunciado que encierran está completo o incompleto:

¿Me habrá traído los libros?... Seguro que sí.
¡Si te dije que...! Es inútil, nunca haces caso a nadie.

o Tanto con la COMA, el PUNTO Y COMA y los DOS PUNTOS, como los SIGNOS DE INTERROGACIÓN Y EXCLAMACIÓN, las proposiciones se escribirán inmediatamente, sin un espacio que los separe de los puntos suspensivos, tal como muestran los ejemplos anteriores.

RECETA 22
PARA MÁS RIQUEZA Y MATICES (III)

Llegó el momento de hablar de COMILLAS y de PARÉNTESIS, en general, y de otros asuntos relacionados. Comencemos con las COMILLAS...

Hay tres tipos:

comillas angulares (también latinas, españolas o francesas)	« »
comillas inglesas	" "
comillas simples	' '

Si bien no es una regla sino una recomendación, en textos impresos es mejor utilizar en primera instancia las COMILLAS ANGULARES, y reservar los otros tipos para cuando debamos entrecomillar partes de un texto ya entrecomillado. En este caso, las COMILLAS SIMPLES emergerán como última instancia.

Por lo general, a pesar de las recomendaciones, es indistinto el uso de uno u otro tipo de comillas dobles, ya que cada una de ellas hace esencialmente lo mismo; pero, eso sí, suelen alternarse cuando hay que utilizar comillas dentro de un texto ya entrecomillado.

> *Al llegar el auto deportivo, Diana susurró: «Vaya "cachorro" que se ha comprado Tomás».*

COMILLAS, PARA CITAS TEXTUALES

Sirven, en general, para reproducir CITAS TEXTUALES de cualquier extensión:

> *Fue entonces cuando la novia lo dijo: «Sí».*

> *Sus palabras fueron: «Por favor, el pasaporte».*

> *Dice Miguel de Unamuno en* La novela de don Sandalio:
>
> *«He querido sacudirme del atractivo del Casino, pero es imposible; la imagen de Don Sandalio me seguía a todas partes. Ese hombre me atrae como el que más de los árboles del bosque; es otro árbol más, un árbol humano, silencioso, vegetativo. Porque juega el ajedrez como los árboles dan hoja».*

Como vimos en la receta 17 (*Para mencionar a generadores de opiniones...* punto 2), cuando intercalamos un comentario —muchas veces intervención del narrador o transcriptor de la cita—, no debemos cerrar las comillas y luego volver a abrirlas, después del comentario. Para intercalar tales intervenciones, debemos encerrarlas entre RAYAS.

> *«Los días soleados como éste —comentó Silvia— me encantan».*

Ejemplos:*

> *[...] me repitió casi tus mismas palabras. **«Ella sufre en alguna parte. Siempre ha sufrido. Es muy alegre, adora el amarillo, su pájaro es el mirlo, su hora la noche** [...]*

---

* CORTÁZAR, Julio: *Rayuela.*
Como vemos, a Cortázar le faltó poner el punto después de las comillas. Es una licencia, en su caso, sólo válida en la literatura, arte que se permite estas complacencias.
VONNEGUT, Kurt: *Galápagos.*

[...] pensaba Oliveira, oyéndose hablar. **«Pobre de mí, madre mía.»** [...]

[...] **«Cierra los ojos y da en el blanco»**, pensaba Oliveira. **«Exactamente el sistema Zen de tirar al arco. Pero da en el blanco simplemente porque no sabe que ése es el sistema. Yo en cambio... Toc toc. Y así vamos.»** [...]

[...] **«¿Y si no me hubieras encontrado?»**, le preguntaba. **«No sé, ya ves que estás aquí...»** [...]

[...] que me daba consejos sobre un helecho: **«No lo riegue, ponga un plato con agua debajo de la maceta, entonces cuando él quiere beber, bebe, y cuando no quiere no bebe...»** [...]

[...] —Nos dice: **«Quejas reiteradas.»** [...]

[...] Pero Babs lloraba, Babs había dicho: **«Oh sí, oh sí que es verdad»** [...]

[...] se reproducía la descripción que hace Darwin de las Islas Galápagos en su primer libro, El viaje del Beagle:

«Nada menos atrayente que la primera impresión. Un campo quebrado de negra lava basáltica arrojada en medio del más agitado oleaje [...]

[...] Continuaba Darwin: **«Toda la superficie... parece estar impregnada, como un cedazo, de vapores subterráneos: aquí y allá la lava todavía blanda se extendió en grandes burbujas** [...]

[...] Todo esto le recordó vívidamente, escribió, **«... esas partes de Staffordshire donde son más numerosas las grandes fundiciones de hierro».** [...]

[...] El detalle más desatinado de su historia, y que a él no le parecía nada desatinado, era el siguiente: **«Donald se encontraba allí».** [...]

[...] Y le dije, y no me avergüenza confesar que yo estaba llorando: **«Adiós, viejo camarada. Partes a un mundo distinto. Seguramente a un mundo mejor, porque ningún otro puede ser tan malo como éste».** [...]

MANOS A LA OBRA

Redacte 10 ejemplos del punto.

SUPLEMENTO. OTROS USOS DE LAS COMILLAS

o Para indicar que una palabra o expresión es impropia, vulgar o de otra lengua, o que se utiliza irónicamente o con sentido especial:
Dijo, cargado de razón, que el asunto tenía algunas «prorrogativas».

En el salón han puesto una «boiserie» que les ha costado un dineral.
Últimamente está muy ocupado con sus «negocios».

○ Para citar títulos de artículos, poemas, cuadros:
El artículo de Roberto Diéguez titulado «Noción, conmoción y ensueños de los adjeti-
vos» está recogido junto con otros en un volumen antológico: Estudios lingüísticos.
Temas castellanos.
Nos leyó en voz alta el «Romance Sonámbulo» del Romancero gitano.
En esta sala se puede ver el «The Birds» de Hitchcock.

En los textos impresos, los títulos de los libros, sin embargo, suelen escribirse con letra cursiva; en los textos manuscritos o mecanografiados es frecuente subrayarlos.

○ Cuando en un texto comentamos o tratamos una palabra en particular, debemos aislarla escribiéndola entre comillas:
Como modelo de la primera conjugación, se utiliza usualmente el verbo «amar».

También podemos distinguir la palabra escribiéndola subrayada o con un tipo de letra diferente (cursiva [itálica], esencialmente), si esto es posible.

La palabra entre, *incluida tradicionalmente en la lista de preposiciones, no funciona a veces como tal.*

○ Cuando pretendemos aclarar el significado de una palabra, éste se encierra entre comillas. En tal caso es preferible utilizar comillas simples:

«Espiar» ('acechar') no significa los mismo que «expiar» las faltas.

SUPLEMENTO. LAS COMILLAS Y OTROS SIGNOS

○ Los signos de puntuación correspondientes al período en el que va inserto el texto entre comillas, se colocan siempre después de las comillas de cierre:

Sus palabras fueron: «No lo haré»; pero al final nos ayudó.
¿De verdad ha dicho: «Hasta luego»?
¡Menudo «collage»!

o El texto recogido entre comillas tiene una puntuación independiente y lleva sus propios signos ortográficos. Por eso, si el enunciado entre comillas es interrogativo o exclamativo, los signos de interrogación o exclamación se colocan dentro de éstas:

Se dirigió al dependiente: «Por favor, ¿dónde puedo encontrar cañas de pescar?».
«¡Qué ganas tengo de que lleguen las vacaciones!», exclamó.

PARÉNTESIS, PARA AÑADIR O ACLARAR

Los PARÉNTESIS ( ) sirven, en general, para insertar en un enunciado una información complementaria o aclaratoria. Estos elementos son incidentales y se intercalan en el enunciado.

---

*María **(que, por cierto, te envía saludos)** nos atendió como reyes.*

---

*Se necesita **(con más razón ahora)** mucho apoyo de todos.*

Ejemplos:*

[...] *También se podría decir que Borges hace álgebra, no aritmética **(como pasa con el Teste o el Leonardo de Valéry)**.* [...]

[...] *Desde ese momento, estos monstruos pierden su condición de objetos reales **(ganando, claro, la eternidad que les confiere su condición de objetos ideales)**.* [...]

[...] *Las conclusiones de De Sitter parecían demasiado fantásticas para corresponder a la realidad **(como si la realidad tuviera la obligación de ser aburrida)**.* [...]

[...] *Las formas primitivas del pensamiento **(¿categorías?)** que dominan toda la física serían:* [...]

[...] *4. El concepto de permanencia **(una forma modificada del concepto de sustancia)**.*

[...] *5. El concepto de autosuficiencia de las partes **(derivada, presumiblemente, del concepto de existencia)**.*

[...] *sus hombres son bandidos **(en el caso de la política)** o locos **(en el caso del pensamiento)**.* [...]

[...] *la magia de los números pequeños había sido ya elaborada por los chinos **(es muy difícil no ser precedido por los chinos)** y es lo más deleznable de toda su obra.* [...]

---

* SABATO, Ernesto: *Uno y el universo*; BECKETT, Samuel: *Malone muere*.

[...] *quiero decir lo que se refiere a Malone* **(puesto que así me llamo ahora)** *y al otro* [...]

 [...] *Porque lamentando no poder pasar el tiempo que le quedaba de vida* **(y que le sería agradablemente reducido)** *bajo esa lluvia pesada, fría* **(sin ser helada)** *y perpendicular, ya postrado, ya tendido boca arriba, no estaba lejos de preguntarse si no se equivocaba al creer sufrir por su causa* [...]

 [...] *eran lo más repugnante en ella* **(a primera vista)**. [...]

 [...] *Le traía de comer* **(un buen plato por día, caliente al principio, muy pronto frío)**, *vaciaba el orinal todas las mañanas y le enseñaba a lavarse la cara y las manos todos los días* [...]

 [...] *pues era la más extrovertida de los dos* **(en aquella época)**: *"¡No habernos encontrado sesenta años atrás!"* [...]

 [...] *y lo miraba* **(y aún lo hacía de vez en cuando)** *con ojos en los cuales él creía leer un amor y una pena infinitos* [...]

MANOS A LA OBRA

Redacte 10 ejemplos del punto.

SUPLEMENTO. OTROS USOS DE LOS PARÉNTESIS

○ En ocasiones podemos utilizar los PARÉNTESIS para evitar introducir una opción al texto. En estos casos podemos encerrar dentro del PARÉNTESIS una palabra completa o sólo uno de sus segmentos (en este uso puede alternar con la barra):
En el documento se indicará el **(los)** *día***(s)** *en que haya tenido lugar la baja.*
*Se necesita chico***(a)** *para repartir pedidos.*

> Fuera de anuncios, circulares o algunos textos de tipo técnico, es recomendable evitar este uso, especialmente en documentos personalizados.

○ Cuando reproducimos o transcribimos textos, códices o inscripciones con abreviaturas, podemos utilizar los PARÉNTESIS para reconstruir las palabras completas o los elementos que faltan en el original, y las suplimos:
*Imp***(eratori)** *Caes***(ari)**.
En este caso, también podemos usar CORCHETES ([ ]).

o En la transcripción de textos utilizamos TRES PUNTOS entre PARÉNTESIS —o entre CORCHETES O LLAVES— para dejar constancia de que estamos omitiendo, en la cita, un fragmento del texto:

o

Hasta aquí (...) la obra visible de Menard, en su orden cronológico. Paso ahora a la otra: la subterránea, la interminablemente heroica, la impar. También, ¡ay de las posibilidades del hombre!, la inconclusa. Esa obra (...) consta de los capítulos noveno y trigésimo octavo de la primera parte del don Quijote y de un fragmento del capítulo veintidós.

o Las letras o números que encabezan clasificaciones, enumeraciones, etc., pueden situarse entre PARÉNTESIS o seguidas del paréntesis de cierre:

Estos libros podrán encontrarse en los lugares siguientes:
(a) En los estantes superiores de la sala de juntas
(b) En los armarios de la biblioteca principal

O bien:

Estos libros podrán encontrarse en los lugares siguientes:
a) En los estantes superiores de la sala de juntas
b) En los armarios de la biblioteca principal

o Utilizamos el adverbio *sic* (que en latín significa "así", de la frase *sic erat scriptum*, "así fue escrito"), entre PARÉNTESIS, LLAVES O CORCHETES, para indicar que la palabra o frase que lo precede es literal, aunque sea o pueda parecer incorrecta.

Así pues, lo usamos cuando reproducimos errores, tipográficos o de otra clase, o inconveniencias al citar textos. El objetivo es informar al lector que el uso indebido se encuentra en la fuente original y que no es obra de quien cita. Con frecuencia se trata de mostrar una debilidad, una falta ortográfica o un juicio descabellado en quien es citado.

«Me dijistes [sic] que era así...».
«Para combatir al ogro (sic) tuvimos que...»

También podemos usar esta fórmula cuando aparecen palabras poco comunes cuya grafía es similar a la de otras muy conocidas, y queremos evitar que el lector las interprete como errores.

*«La venencia **(sic)** no es Venecia».*
*«La adsorción **(sic)** se realiza con carbón activo».*

SUPLEMENTO. LOS PARÉNTESIS Y OTROS SIGNOS

o Los signos de puntuación correspondientes al período en el que va inserto el texto entre paréntesis, se colocan siempre después del cierre:

*Tenía varios hermanos **(era el primogénito de una numerosa familia)**, pero no los veía desde hacía años.*
¿En qué año se creó la ONU ***(Organización de las Naciones Unidas)**?*

o El texto recogido dentro de los PARÉNTESIS tiene una puntuación independiente. Por eso, si el enunciado entre paréntesis es interrogativo o exclamativo, los signos de interrogación y exclamación, u otros, se colocan dentro de los paréntesis:

*La manía de Ernesto por el coleccionismo **(lo colecciona todo: sellos, monedas, relojes, plumas, llaveros...)** ha convertido su casa en un almacén.*
*Su facilidad para los idiomas **(¡habla con fluidez siete lenguas!)** le ha abierto muchas puertas.*

TRES OPCIONES: COMAS, RAYAS O PARÉNTESIS

Hay tres maneras de introducir una frase incidental dentro de una oración:

comas	, aquí el comentario,	
rayas	—aquí el comentario—	--aquí el comentario-- (dos guiones en máquinas de escribir o en celulares con teclado limitado)
paréntesis corchetes o llaves	(aquí el comentario) [aquí el comentario] {aquí el comentario}	

> El uso de COMAS precisa dejar un espacio después de la primera coma. Con los otros signos, no debe haber espacio alguno entre el contenido del "comentario" y el signo en sí, al comienzo y al final.

¿Cuándo usar uno u otro? No es lo mismo marcar una frase incidental con COMAS que con RAYAS o con PARÉNTESIS. La diferencia entre una u otra opción depende de cómo el redactor perciba el grado de conexión que el inciso mantiene con el resto del enunciado; cada signo sugiere un grado distinto de "alejamiento" (o de cercanía).

Las frases incidentales que menos alejadas se encuentren del discurso de la oración, las que menos se aparten del flujo del pensamiento, deben ser aisladas con COMAS. Las que más se alejan del discurso de la oración, las que agregan información meramente técnica o bibliográfica, por ejemplo, o las que repiten alguna información que dimos con anterioridad, deben ser aisladas entre PARÉNTESIS. Los casos intermedios pueden ser encerrados entre RAYAS.

Estas últimas también pueden ser utilizadas cuando existe una proposición con muchas comas, debido a que, por ejemplo, tenemos más de una circunstancia que no va al final de la oración. Para esto último, véase la siguiente receta, la 23.

Lo importante es mantener un criterio estable en cuanto al uso de uno u otro signo en frases incidentales, y obviamente respetarlo hasta el final. De todos modos, ahora serán vistas algunas recomendaciones, como pauta; en muchas de ellas el uso de un signo u otro es opcional.

o Paréntesis
  • Cuando el inciso es largo o de escasa relación con lo anterior o posterior...

    *El abuelo de Alberto **(en su juventud fue un brillante cirujano)** parecía una estatua sentado en aquel sillón.*

    *Las asambleas **(la última duró cuatro horas sin ningún descanso)** se celebran en el salón de actos.*

  • Cuando queramos intercalar algún dato o precisión: fechas, lugares, significado de siglas, el autor u obra citados...

    *El año de su nacimiento **(1952)** es el mismo en que murió Guzmán.*

    *Toda su familia nació en Valparaíso **(Chile)**.*

    Una ONG ***(Organización no gubernamental)** ha de ser, por principio, una asociación sin ánimo de lucro.*

○ Rayas

- Al igual que con todos los puntos anteriores, podemos usar este signo cuando queramos encerrar aclaraciones o incisos que interrumpen el discurso. En este caso debemos colocar siempre una raya de apertura antes de la aclaración y otra de cierre al final.

    *Llevaba la fidelidad a su maestro —**un buen profesor**— hasta extremos insospechados. Esperaba a Emilio —**un gran amigo**—. Lamentablemente, no vino.*

    Es incorrecta la imitación de la puntuación inglesa, que permite el uso de una sola raya... a menos que se trate de una acotación de narrador "al final de la línea" en un diálogo.

○ Comas

> Véase receta 17.

V
CONSOLIDANDO TEXTOS

Ya tenemos textos claros y armoniosos; ahora también prósperos y atractivos. Es todo lo avanzado hasta ahora. Gran progreso.

Es momento de incursionar en situaciones briosas, a veces un poco complejas, un poco. Mucho tiene que ver con la COMA.

En toda esta sección abordaremos las posibilidades pragmáticas que tiene la coma cuando hablamos de circunstancias; veremos su facultad de aclarar casos intrincados o de facilitar la lectura. Asimismo, veremos una situación muy particular, una coma totalmente desconocida para la gran mayoría de la población. Y por último nos enfocaremos en asuntos de alcance discursivo, anticipando lo que se avecina.

Esta sección busca, además de fortalecer lo aprendido, consumar el aprendizaje. ¡Adelante, que vamos por muy buen camino!

RECETA 23
LA COMA FLOTANTE: PARA AMPLIAR INFORMACIÓN, EVITAR CONFUSIONES O ENFATIZAR

> Podemos afirmar que esta receta aborda, en general, una regulación negativa. Asumimos, pues, que la ortografía y la gramática se subordinan a la fuerza de la praxis, o deberían hacerlo. Así pues...

Hay frases que proveen alguna información sobre el contexto en que se da el mensaje, es decir, frases que nos indican tiempo (*cuándo*), modo (*cómo*) o lugar (*dónde*), en general; también compañía (*con quién*), instrumento (*con qué*), material (*de qué*)...

Pues bien, ya lo vimos en la receta 2, no obstante, es absolutamente necesario repasar cómo se conforma una oración. Esto nos servirá para asimilar el asunto de la circunstancia, eje de toda la receta.

SUJETO	PREDICADO			
QUIÉN	HACE	QUÉ	A QUIÉN	EN QUÉ CIRCUNSTANCIAS
El profesor La profesora	llegó			en un nuevo automóvil.
Él Ella	ha comprado	un nuevo libro		en aquella librería.
—	(Le) Regalará	flores	a su pareja	esta noche.
Él y ella Ellos	estudiaban			todas las tardes.

Las circunstancias son el contexto, y cuando consiste en una frase (no una palabra), puede estar encabezado por ciertas formas; por ejemplo:

tiempo	(cuándo)	cuando ___, mientras ___, antes (de) que ___, después (de) que ___, al + infinitivo (al llegar, al reír, por ejemplo).
lugar	(dónde)	donde (precedida o no de preposición) ___, en + lugar.
modo	(cómo)	como ___, según ___, conforme ___, como si ___.
compañía	(con quién)	con ___, en compañía de ___*
instrumento	(con qué)	con ___, con un(a) ___**
cantidad	(cuánto, en qué cantidad)	de menos ___, en nada ___, ni más ni menos ___, por poco ___, a pocas ___***
medio	(mediante qué)	a ___, en ___, por ___****

---

* Ojo... La compañía podría también denotar contigüidad, concomitancia, coexistencia, colaboración o acción conjunta.

** La fórmula con un(a) + 'algo' en ocasiones podría no ser instrumental. Con la ayuda de identifica también un instrumento (aunque en casos expresa compañía o colaboración).

Con puede designar un utensilio (con un martillo, con un hacha), pero también el medio, material o inmaterial, empleado en la consecución de algo (con vapor, con fuerza, con paciencia) o la manera en que se lleva a cabo un proceso (con sorpresa, con glotonería).

Los de instrumento están próximos a los de medio; pero ambos conceptos no son equivalentes.

*** En general, expresamos cantidad o grado con una preposición más los sustantivos grado, magnitud, medida, parte, proporción, entre otros.

**** En primer término, mediante, indica recursos para lograr algo. En sistemas de transportes o medios de comunicación, varios se acoplan con a, en y por: por tren, por avión, por barco; en tren, en avión, en barco, en bicicleta, en canoa; a caballo; por teléfono, por cable, por Internet, por correo.

CUANDO LA CIRCUNSTANCIA VA AL FINAL

Si la circunstancia, el contexto, va al final, no requerimos comas.

	circunstancia
El profesor llegó	**en un automóvil nuevo**.

	circunstancia
Ella ha comprado un nuevo libro	**en aquella librería**.

No obstante, sí podría ir una coma, a pesar de no ser necesaria. ¿Cuándo? Cuando queramos o necesitemos que la circunstancia quede separada o remarcada.

oración principal		circunstancia separada y remarcada
El profesor llegó	,	**en un automóvil nuevo**.
El profesor llegó		**(en un automóvil nuevo)**.
El profesor llegó.		

oración principal		circunstancia remarcada
Ella ha comprado un nuevo libro	,	**en aquella librería**.
Ella ha comprado un nuevo libro		**(en aquella librería)**.
Ella ha comprado un nuevo libro.		

Con coma o sin coma, está correcto. Dependerá, pues, del alcance que el redactor le dé al segmento contextual.

Repasemos… La circunstancia puede ir al final, y lo hará sin coma antepuesta, porque no es necesaria. Pero, a pesar de no ser necesaria, podemos poner la coma si queremos que el contexto quede remarcado. Perfecto.

Veamos ejemplos del contexto al final, sin coma:*

[...] *Daba clase **por las tardes*** [...]

[...] *recientemente volví a Dresde **con mi amigo O'Hare.*** [...]

[...] *Ha entrado por una puerta **en 1955** y ha salido por ella **en 1941.*** [...]

[...] *Billy trabajaba en aquella carta **en la habitación trasera del sótano de su vacía casa.*** [...]

[...] *iba a conseguir la felicidad de mucha gente **al decir la verdad sobre el tiempo.*** [...]

[...] *Un cirujano militar hubiera sabido admirar la fidelidad clínica del artista **al representar las heridas de Cristo*** [...]

[...] *Siempre se cubría la cabeza **cuando su madre iba a verle a la sala general.*** [...]

[...] *bebió vino **mientras el marido guardaba igualmente silencio*** [...]

[...] *Vivieron con lady Lundie **hasta que la madre se sintió lo bastante fuerte para llevar a cabo el proyecto de vida que había dispuesto para el futuro y para ganarse el pan como profesora de canto.*** [...]

[...] *Lady Lundie extendió la mano **por última vez.*** [...]

[...] *Llevó a su segunda esposa a Inglaterra **a finales de 1866.*** [...]

[...] *Sir Patrick detuvo a su sobrina **cuando ésta salía acompañada por el joven moreno.*** [...]

[...] *Anne la mantenía a distancia **por primera vez desde que se conocían.*** [...]

[...] *Hubo un momento de silencio **en la glorieta.*** [...]

[...] *El hombre avanzó **entre un enjambre de luciérnagas.*** [...]

[...] *La puerta de la casa se cerró **con suavidad.*** [...]

[...] *Montag sintió que su corazón saltaba y volvía a saltar **mientras ella le ahuecaba la almohada.*** [...]

[...] *Una catarata de libros cayó sobre Montag **mientras éste ascendía vacilantemente la empinada escalera.*** [...]

[...] *El pavor se convirtió en pánico **cuando Melquíades se sacó los dientes, intactos, engastados en las encías*** [...]

[...] *Los gitanos navegaban seis meses por esa ruta **antes de alcanzar el cinturón de tierra firme por donde pasaban las mulas del correo.*** [...]

---

* VONNEGUT, Kurt: *Matadero cinco*; COLLINS, Wilkie: *Marido y mujer*; BRADBURY, Ray: *Fahrenheit 451*; GARCÍA MÁRQUEZ, Gabriel: *Cien años de soledad*.

[...] *y el juguete bailó sin interrupción al compás de su propia música* **durante tres días**. [...]

[...] *José Arcadio Buendía conversó con Prudencio Aguilar* **hasta el amanecer**. [...]

MANOS A LA OBRA

1. Agregue un contexto al final de las siguientes oraciones, y hágalo sin coma:[*]

[...] *Pieles y cueros blandos cubrían sus cuerpos.* [...]

[...] *Pasó una hora y luego otra.* [...]

[...] *Al desierto no suele gustarle el movimiento.* [...]

[...] *Detrás del trineo iba otro.* [...]

[...] *El hombre que iba al frente del trineo volvió la cabeza y cruzó la mirada con el que iba detrás.* [...]

[...] *Los dos hombres comprendieron de dónde partía el sonido.* [...]

Ojo...

Una vez hecho el ejercicio, reflexione sobre lo que implica (lo aprendido en el punto).

En caso de binomios (receta 5), cada oración puede tener un contexto.

2. Redacte 10 ejemplos del punto.

Ahora ejemplos de contexto al final... pero esta vez con COMA:[**]

[...] *y él quedó colgando en el aire,* **mientras su coche bajaba**. [...]

[...] *Empezamos a sonreír o a reírnos,* **a medida que nos venían a la memoria distintas anécdotas de la guerra** [...]

[...] *y el avión se dirigió directamente a Frankfurt,* **desde Filadelfia**. [...]

[...] *El divino muchacho, el celestial andrógino,* **ayudó a Billy a ponerse en pie, mientras los otros se acercaban para sacudir la nieve de su ropa**. [...]

---

[*] LONDON, Jack: *Colmillo Blanco*.

[**] Otra vez... VONNEGUT, Kurt: *Matadero cinco*; COLLINS, Wilkie: *Marido y mujer*; BRADBURY, Ray: *Fahrenheit 451*; GARCÍA MÁRQUEZ, Gabriel: *Cien años de soledad*.

[...] *Billy y su grupo se unieron al río de humillación,* **cuando el débil sol de media tarde salía de entre las nubes.** [...]

[...] *Uno de ellos vio el rostro de Billy en el respiradero y movió un dedo con gesto de advertencia,* **al tiempo que le decía que fuera un buen muchacho.** [...]

[...] *El pelotón caminó dando rodeos,* **hasta dirigirse definitivamente hacia la verja del matadero de Dresde.** [...]

[...] *Blanche se iba a la India para ser institutriz al servicio de un juez,* **bajo la tutela de la esposa de éste.** [...]

[...] *Lo vi anoche,* **en el palco de ella** [...]

[...] *daba órdenes a uno de los criados encargados del jardín,* **con el tono y la actitud que la identificaban como señora de la casa** [...]

[...] *Se sentó en silencio en una silla,* **en el otro extremo de la habitación.** [...]

[...] *Miró a su marido,* **apretando con fuerza la cortina rota.** [...]

[...] *Los ojos de la esposa siguieron cada uno de los pasos de la pareja con la misma mirada atroz,* **hasta que la puerta se cerró.** [...]

[...] *Arrancó unas cuantas briznas de la hierba con que cubrieron la tumba,* **cuando creía que no le miraba nadie.** [...]

[...] *Se deslizó hasta detenerse,* **con los tacones a un par de centímetros del piso de cemento de la planta baja.** [...]

[...] *y se pusieron en marcha,* **con el viento nocturno martilleado por el alarido de su sirena y su poderoso retumbar metálico.** [...]

[...] *Los fuegos artificiales se apagaron en la sala de estar,* **detrás de Mildred.** [...]

[...] *Beatty estaba sentado allí levemente sudoroso,* **mientras el suelo aparecía cubierto de enjambres de polillas nuevas que habían muerto en una misma tormenta.** [...]

[...] *Toda la aldea estaba convencida de que José Arcadio Buendía había perdido el juicio,* **cuando llegó Melquíades a poner las cosas en su punto.** [...]

[...] *Úrsula replicó,* **con una suave firmeza** [...]

[...] *El gitano le envolvió en el clima atónito de su mirada,* **antes de convertirse en un charco de alquitrán pestilente y humeante sobre el cual quedó flotando la resonancia de su respuesta** [...]

[...] *Pilar Ternera fue quien más contribuyó a popularizar esa mistificación,* **cuando concibió el artificio de leer el pasado en las barajas como antes había leído el futuro.** [...]

[...] *Instaló la familia en el Hotel de Jacob,* **mientras conseguía una casa** [...]

Ojo... En algunas ocasiones es absolutamente necesario poner la circunstancia entre comas, y no para remarcar. De no ponerlas, podríamos generar confusiones.*[20] Los casos son puntuales.

MANOS A LA OBRA

1. Agregue un contexto al final de las siguientes oraciones, y hágalo con coma:**

[...] *Henry volvió a contestar con un gruñido y se arrastró para acostarse.* [...]
[...] *Henry saltó de entre las mantas y se dirigió hacia los perros.* [...]
[...] *El día era una repetición de los anteriores.* [...]
[...] *Los hombres se afanaron en caminar sin hablar sobre la tierra pelada.* [...]
[...] *Un ruido que partió del grupo de los perros llamó la atención de los dos hombres.* [...]
[...] *La leña de la hoguera dio un chasquido.* [...]

Ojo...
Una vez hecho el ejercicio, reflexione sobre lo que implica (lo aprendido en el punto).

En caso de binomios (receta 5), cada oración puede tener un contexto; y de ser así, el primero quedará entre comas.

2. Redacte 10 ejemplos del punto.

Podríamos recurrir a la coma en un contexto al final si éste en realidad es más de uno, es decir, si hay dos o más. Las comas estarían enumerando (como en la receta 6).

	contexto como información principal		
	1		2
Ella compró un nuevo libro	**en aquella librería**	**,**	**anoche.**
	dónde		cuándo

---

* Para más detalles, véase la apostilla 20.
** Otra vez... LONDON, Jack: *Colmillo Blanco*.

información adicional

	1	2
Ella compró un nuevo libro ,	***en aquella librería*** ,	***anoche.***
Ella compró un nuevo libro	***(en aquella librería*** ,	***anoche).***
Ella compró un nuevo libro.	dónde	cuándo

contexto como información principal

	1	2
El profesor llegó	***en un automóvil nuevo*** ,	***muy temprano.***
	en qué (cómo)	cuándo

información adicional

	1	2
El profesor llegó ,	***en un automóvil nuevo*** ,	***muy temprano.***
El profesor llegó	***(en un automóvil nuevo*** ,	***muy temprano).***
El profesor llegó.	en qué (cómo)	cuándo

Ejemplos:*

[...] *Fue publicado por primera vez* **en Londres, en 1841**. [...]

[...] *la Cruzada de los Niños había empezado* **en 1213, cuando dos monjes tuvieron la idea de reclutar ejércitos de niños en Francia y Alemania** [...]

[...] *Lanzamos millones de carcajadas en Hamburgo,* **en Berlín Oeste, en Berlín Este, en Viena, en Salzburgo, en Helsinki y también en Leningrado**. [...]

[...] *y asistió a las clases nocturnas de la Escuela de Óptica de Ilium* **durante un semestre, antes de que fuera requerido para el servicio militar, durante la Segunda Guerra Mundial.** [...]

---

* Otra vez: Vonnegut, Kurt: *Matadero cinco*; Collins, Wilkie: *Marido y mujer*; Bradbury, Ray: *Fahrenheit 451*; García Márquez, Gabriel: *Cien años de soledad*.

[...] *Su padre murió **en un accidente de cacería, en el curso de la guerra**.* [...]

[...] *Billy dice que se alejó del tiempo por primera vez **en 1944, mucho antes de su viaje a Tralfamadore**.* [...]

[...] *Weary arrastró a Billy **durante un buen trecho, a base de puntapiés**.* [...]

[...] *Geoffrey caminó a toda prisa **hacia la glorieta, a grandes e impacientes zancadas**.* [...]

[...] *Anne Silvester apareció **en el umbral, frente a él**.* [...]

[...] *La puerta se abrió **poco a poco, centímetro a centímetro**.* [...]

[...] *El único ojo sano del señor Bishopriggs la siguió **con expresión de reproche, mientras ponía los platos sobre la mesa**.* [...]

[...] *Ahí está la nube, **sobre el valle** —añadió, señalando por la ventana—, **acercándose por un lado, mientras el viento sopla por el otro**.* [...]

[...] *Lo habían visto en público **en el festival anual de la Asociación Pugilística Cristiana, con «los guantes»**.* [...]

[...] *Billy había contemplado torturas y horribles heridas **desde su infancia, al principio y al final de casi todos los días**.* [...]

[...] *vivía sin vivir **en el suave zumbido, en la suave vibración de la perrera débilmente iluminada, en un rincón oscuro de la parte trasera del cuartel de bomberos**.* [...]

[...] *Ambos leyeron **durante toda la larga tarde, mientras la fría lluvia de noviembre caía sobre la silenciosa casa**.* [...]

[...] ***En una ocasión, cuando niño**, se había sentado en una duna amarillenta **junto al mar, bajo el cielo azul y el calor de un día de verano** [...]* [*]

[...] *Pero José Arcadio Buendía no se planteó esa inquietud **cuando encontró el mar, al cabo de otros cuatro días de viaje, a doce kilómetros de distancia del galeón**.* [...]

[...] *Fue concebido y dado a luz **durante la penosa travesía de la sierra, antes de la fundación de Macondo** [...]*

Ojo... En algunas ocasiones, más que de dos contextos, se trata de una segunda frase que explica a la anterior, como vimos en la receta 17.

---

[*]   Aquí también hay dos circunstancias al comienzo.

MANOS A LA OBRA

1. Agregue más de un contexto al final de las siguientes oraciones; y si ya hay uno, basta con que agregue otro:*

[...] *Henry se rio con aire de desafío.* [...]
    [...] *El día resultaba como todos los demás. Llegó la claridad a las nueve.* [...]
    [...] *No era ciertamente así.* [...]
    [...] *La única alteración que en él notaron fue que se puso más alerta que nunca.*
Los miraba con aquella despiadada atención hija del hambre. [...]

Ojo...
Una vez hecho el ejercicio, reflexione sobre lo que implica (lo aprendido en el punto).

2. Redacte 10 ejemplos del punto.

CUANDO LA CIRCUNSTANCIA VA DESPUÉS DEL COMIENZO

Si la circunstancia, el contexto, no va ni al final ni al comienzo (va en una zona intermedia), requeriremos DOS COMAS. A menos que la oración, contexto incluido, sea muy corta o simple, ambas comas serán obligatorias.

		circunstancia		
Pudo recordar	,	*cuando llegó su hermano*	,	*toda su infancia.*
Pudo recordar		*(cuando llegó su hermano)*		*toda su infancia.*
Pudo recordar				*toda su infancia.*

---

* Otra vez... LONDON, Jack: *Colmillo Blanco.*

		circunstancia		
Encontró	,	**en el fondo de aquel primer cajón**	,	*lo que tanto había buscado.*
Encontró		**(en el fondo de aquel primer cajón)**		*lo que tanto había buscado.*
Encontró				*lo que tanto había buscado.*

Como vemos, el contexto queda "entre paréntesis".
Ejemplos:[*]

[...] *El timbre de la puerta,* **en el piso de arriba,** *había estado llamando una y otra vez sin que él oyera nada.* [...]

[...] *Un hombre gritó,* **por entre la rendija del respiradero de uno de los vagones,** *que acababa de morir uno de sus compañeros.* [...]

[...] *Alguien entre la multitud del zoo le preguntó,* **a través del guía,** *qué era lo más valioso que hasta entonces había aprendido en Tralfamadore* [...]

[...] *La gente,* **al ver que Billy empezaba a sonreír y que los colores volvían a sus mejillas,** *se fue alejando de su alrededor.* [...]

[...] *Los propietarios de dichas casas,* **al saber que los rusos se acercaban matando, robando, violando y quemando,** *habían huido.* [...]

[...] *Y empezó,* **con aquella maravillosa voz que tanto había estudiado,** *a hablar de los platillos volantes y de Montana Wildhack, etc.* [...]

[...] *Billy y el maorí,* **con la ayuda de otros prisioneros,** *hicieron un gran hoyo.* [...]

[...] *Una mujer,* **en un ambiente de entusiasmo enardecido,** *contempla la apoteosis de la Fuerza Física.* [...]

[...] *Su actitud,* **cuando volvió a mirarla a ella,** *era la viva imagen de la desenvoltura* [...]

[...] *Lo reciben,* **cuando llega,** *con una furiosa desconfianza* [...]

[...] *Anne Silvester se encontraba,* **en aquel momento,** *de camino a la posada de la montaña.* [...]

[...] *Su historia,* **hasta donde se conocía,** *era triste.* [...]

[...] *Se somete,* **bajo una irresistible presión,** *al ejercicio de autoridad de su tutora* [...]

[...] *Lo que sí sabré,* **cuando me vaya,** *es la enorme insensatez de dar propinas a un camarero.* [...]

---

[*] Otra vez: VONNEGUT, Kurt: *Matadero cinco*; COLLINS, Wilkie: *Marido y mujer*; BRADBURY, Ray: *Fahrenheit 451*; GARCÍA MÁRQUEZ, Gabriel: *Cien años de soledad.*

[...] *Su pie,* **al enviar vibraciones hacia delante,** *había recibido los ecos de la pequeña barrera que se cruzaba en su camino antes de que llegara a alcanzarlo.* [...]

[...] *Los hombres,* **desde arriba,** *arrojaban al aire polvoriento montones de revistas que caían como pájaros asesinados* [...]

[...] *La mujer,* **en el porche,** *con una mirada de desprecio hacia todos, alargó el brazo y encendió la cerilla* [...]

[...] *Catarino,* **con una rosa de fieltro en la oreja,** *vendía a la concurrencia tazones de guarapo fermentado* [...]

[...] *José Arcadio Buendía,* **sin comprender lo que decía su esposa,** *descifró la firma.* [...]

[...] *José Arcadio Buendía,* **con la copia de la orden en la mano,** *lo encontró durmiendo la siesta en una hamaca que había colgada en el escueto despacho.* [...]

MANOS A LA OBRA

1. Agregue un contexto después del comienzo (en una zona intermedia) de las siguientes oraciones:*

   [...] *El manantial brotaba al pie de un haya y corría después sobre un fondo de arena que formaba remolinos y ondulaciones.* [...]

   [...] *El hombre que había bebido siguió arrodillado.* [...]

   [...] *La mano del otro se había inmovilizado por encima de la chaqueta. Los dos hombres se contemplaron desde los lados del manantial.* [...]

   [...] *Del bolsillo de detrás del pantalón Popeye sacó un pañuelo sucio y lo extendió en el suelo detrás de sus talones.* [...]

OJO...
Una vez hecho el ejercicio, reflexione sobre lo que implica (lo aprendido en el punto).

En caso de binomios (receta 5), cada oración puede tener un contexto. En tal caso, tenga precaución con la ubicación.

2. Redacte 10 ejemplos del punto.

---

* FAULKNER, William: *Santuario.*

Asimismo, siguiendo con los contextos, podemos considerar *comoquiera, cuando-quiera* y *(a)dondequiera.**

> **Comoquiera que te sientas,** *debes ser sumamente respetuoso.*

> **Dondequiera que estés,** *siempre serás parte de mi vida.*

Ejemplos:**

[...] —**Comoquiera que sea,** *Damón —respondió Lauso—, yo me siento agora libre y señor de mi voluntad* [...]

    [...] *pero,* **comoquiera que ello sea,** *vos veréis ahora, si la sinrazón pasa adelante, cómo yo no me quedo atrás en hacer vuestro mandamiento por la vía mejor que el caso pidiere.* [...]

[...] **Dondequiera se halle, cuandoquiera se halle,** *temo por él.* [...] ***

[...] **Dondequiera que fuese,** *se oía una voz que decía: «¡Ea, aquí está Boxer!»* [...]

CUANDO LA CIRCUNSTANCIA VA AL COMIENZO

Tenemos tres opciones con el contexto al comienzo. Veamos...

○ **Coma para evitar confusiones o para facilitar la lectura**

Si el contexto va al comienzo, una coma podría esclarecer ciertos asuntos, como qué es contexto y qué es sujeto, u otro asunto. También evita que el lector haga una

---

* *Comoquiera* ('de cualquier manera') + *que* significa 'de cualquier manera que' o 'sea como sea que'. Ojo... También puede significar 'puesto que' o 'como'.
Cuandoquiera ('en cualquier momento') + *que* significa 'en cualquier momento en que' o 'sea cuando sea que'.
Dondequiera ('en cualquier lugar' o 'en todas partes'; o 'cualquier lugar' o 'todas partes') + *que* significa 'en cualquier lugar que' o 'sea donde sea que'; 'a cualquier lugar que' (con verbos que indican movimiento o destino); 'cualquier lugar que' (precedida de preposición).
** CERVANTES SAAVEDRA, Miguel de: *La Galatea*; KING, Stephen: *La torre oscura III*; DICKENS, Charles: *El grillo del hogar.*
*** *Dondequiera (que) se halle, cuandoquiera (que) se halle...*

relectura para buscar el sentido de nuestra oración o que tenga un barullo momentáneo, que únicamente sea resuelto por el sentido común (por, en algunos casos, la
ridiculez de las opciones alternativas), al terminar de leer la oración.

Para empezar, podemos saber qué es contexto y qué no lo es.

Cuando se sentó, a su lado había más personas.	Opciones muy distintas. Debemos eliminar la imprecisión.
Cuando se sentó a su lado, había más personas.	

Cuando llegó, su hermano recordó que había dejado abierta la puerta.	Opciones muy distintas.
Cuando llegó su hermano, recordó que había dejado abierta la puerta.	

En un lugar alejado de todos, los alumnos se pusieron a estudiar.	Opciones muy distintas.
En un lugar alejado de todos los alumnos, se pusieron a estudiar.	

En otros casos, para dilucidar el sentido, ponemos una coma que le evitará al lector
recurrir a su sentido común al terminar la oración (y con esto aseguramos fluidez):

Cuando al fin pudo llegar a su casa, el televisor seguía encendido.	Si no ponemos coma, por un momento el lector pensará que el televisor llegó a su casa. Después, la extrañeza de esa opción hará que el lector la descarte. Pero debe ser nuestra redacción la encargada, desde el comienzo, de brindar claridad.
Cuando al fin pudo llegar a su casa el televisor, seguía encendido.	

Sin deliberar siquiera un poco la desconfianza, decidió irse.	¿La desconfianza decidió irse? Otra vez, la coma deberá aclarar todo desde el comienzo, antes de que el sentido común del lector lo haga. En este caso, no obstante, la desconfianza sí podría decidir irse, si utilizamos lenguaje figurado.
Sin deliberar siquiera un poco, la desconfianza decidió irse.	

Otras veces, con contextos al menos medianamente largos, complejos o con alguna particularidad que lo hiciera confuso en la oración misma, la coma simplemente
facilita la lectura; delimita. Sirve, pues, para marcar un punto de referencia.

circunstancia

| **Cuando al fin todos pudimos llegar a nuestras respectivas casas** | , | el televisor seguía encendido. |

circunstancia

| **En una muy cálida y clara habitación de aquella enorme casa del centro de la ciudad** | , | vimos la transmisión. |

Ejemplos:*

[...] **Después de la Segunda Guerra Mundial,** *fui a la Universidad de Chicago durante algún tiempo.* [...]

[...] **Mientras estudié antropología,** *trabajaba también como reportero de sucesos para el famoso Chicago City News Bureau por veintiocho dólares a la semana.* [...]

[...] **Cuando volví a la oficina,** *la escribiente me preguntó, con un interés únicamente informativo, qué aspecto tenía el individuo después de haber sido aplastado.* [...]

[...] **Cuando se puso el sol,** *fuimos a cenar a un restaurante italiano* [...]

[...] **A la mañana siguiente,** *las dos niñas y yo cruzamos el río Delaware por el mismo lugar en que lo había hecho George Washington.* [...]

[...] **Una mañana de verano de hace treinta o cuarenta años,** *dos muchachas lloraban desconsoladamente en el camarote de un barco de pasajeros de las Indias Orientales que partía de Gravesend rumbo a Bombay.* [...]

[...] **Cuando la madre de Blanche y yo nos vimos por última vez,** *éramos dos pobres muchachas que salían al mundo.* [...]

[...] **Antes de que el invitado pudiera responder,** *el señor de la casa reclamó su atención.* [...]

[...] **Al pasar junto a su marido,** *se detuvo y puso la mano cariñosamente sobre su frente* [...]

[...] **Al mirar hacia el otro lado del comedor,** *sus ojos se posaron sobre el señor Vanborough.* [...]

[...] **Antes de que alguno de los dos caballeros pudiera decir una sola palabra,** *lady Jane se fijó en el jardín* [...]

---

* Otra vez: Vonnegut, Kurt: *Matadero cinco*; Collins, Wilkie: *Marido y mujer*; Bradbury, Ray: *Fahrenheit 451*; García Márquez, Gabriel: *Cien años de soledad.*

[...] *Tres meses después del memorable día en que su abogado le informó de que era un hombre libre,* el señor Vanborough tenía a la mujer que deseaba para adornar la cabecera de su mesa y ayudarle a prosperar en el mundo [...]

[...] *Cuando los incendiarios llegan para rociar los volúmenes con kerosene,* el biblio-tecario los invita a entrar [...]

[...] *Mientras recorremos la biblioteca y encontramos a los lectores que la habitan,* se hace evidente que detrás de los ojos y entre las orejas de todos hay más de lo que podría imaginarse. [...]

[...] *Mientras quema los libros en el césped del jardín de la biblioteca,* el Censor Jefe toma café con el bibliotecario del pueblo y habla con un camarero del bar de enfrente [...]

[...] *Un momento antes de que su pie tropezara con el objeto que había en el suelo,* advirtió lo que iba a ocurrir. [...]

[...] *Cada vez que doblaba la esquina,* sólo veía la cera blanca [...]

[...] *Cuando llegaron a la casa de ella,* todas sus luces estaban encendidas. [...]

[...] *Con su casco simbólico en que aparecía grabado el número 451 bien plantado sobre su impasible cabeza y sus ojos convertidos en una llama anaranjada ante el pensamiento de lo que iba a ocurrir,* encendió el deflagrador y la casa quedó rodeada por un fuego devorador que inflamó el cielo del atardecer con colores rojos, amarillos y negros [...]

[...] *Cuando se hizo experto en el uso y manejo de sus instrumentos,* tuvo una noción del espacio que le permitió navegar por mares incógnitos [...]

[...] *Cuando volvieron los gitanos,* Úrsula había predispuesto contra ellos a toda la población. [...]

[...] *Desde los tiempos de la fundación,* José Arcadio Buendía construyó trampas y jaulas. [...]

[...] *Al término de la primera semana,* mataron y asaron un venado, pero se confor-maron con comer la mitad y salar el resto para los próximos días. [...]

[...] *Pero desde la tarde en que llamó a los niños para que lo ayudaran a desempa-car las cosas del laboratorio,* les dedicó sus horas mejores. [...]

[...] *Varios siglos más tarde,* el tataranieto del criollo se casó con la tataranieta del aragonés. [...]

MANOS A LA OBRA

1. Al comienzo de las siguientes oraciones, agregue un contexto que impulse el uso de coma:[*]

[...] *No recuerdo que alguna vez ella hubiera dudado de mi razón o de mis aciertos. [...]*
   [...] *Te deja peor que policía. [...]*
   [...] *Por supuesto que no lo dije con estas palabras. [...]*
   [...] *Esta referencia temporal es la que interesa. [...]*
   [...] *Los seres humanos somos demasiado débiles ante nuestras debilidades. Nuestra vulnerabilidad nos entrega a la seducción de la posibilidad. [...]*

OJO...
Una vez hecho el ejercicio, reflexione sobre lo que implica (lo aprendido en el punto).

2. Redacte 10 ejemplos del punto.

OJO...
En caso de binomios (receta 5), el contexto pertenecerá a ambas ideas. Si quiere que el contexto pertenezca a una única oración, tendrá que utilizar PUNTO Y COMA para delimitar ambas secciones; ya no habría binomio.

Por último, si al comienzo hay más de un contexto, las comas serán absolutamente necesarias. Ya lo sabemos.

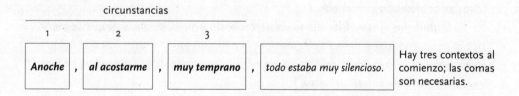

circunstancias

1		2		3		
Anoche	,	*al acostarme*	,	*muy temprano*	,	*todo estaba muy silencioso.*

Hay tres contextos al comienzo; las comas son necesarias.

---

[*] *Sonata a Tolstói*, extraído de ROSALES, Saúl: *Autorretrato con Rulfo.*

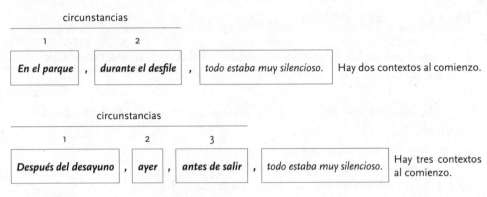

Ejemplos:*

[...] *A veces, a altas horas de la noche,* me da esa manía de mezclar el alcohol con el teléfono. [...]

[...] *A veces, entrada la noche, cuando mi mujer ya se ha acostado,* intento llamar por teléfono a algunas antiguas amigas. [...]

[...] *En cierta ocasión, en un cóctel,* me encontré con un profesor de la Universidad de Chicago y le conté el bombardeo tal como yo lo había visto. [...]

[...] *Cuando finalmente Billy volvió a su casa de Ilium, después del accidente de aviación que le dejó una terrible cicatriz en la parte superior del cráneo,* estuvo tranquilo durante algún tiempo. [...]

[...] *Ahora, después de aquella experiencia junto a ellos,* cuando oigo decir que alguien ha muerto, me encojo de hombros [...]

[...] *En aquellos momentos, en alguna parte,* era Navidad. [...]

[...] *Allí, entre desconocidos,* habría de perfeccionar su talento artístico como actriz y cantante [...]

[...] *Veinticuatro años más tarde, en el verano de 1855,* había una villa en Hampstead que se alquilaba amueblada. [...]

[...] *Cuando los ojos de Blanche se volvieron hacia Arnold, después de que se fuera su tío,* ni siquiera abominables desfiguraciones impuestas por la moda, como el inflado moño y el sombrero ladeado, podían arruinar el triple encanto de la juventud, la belleza y el afecto que brillaban en su rostro. [...]

[...] *Después, al cuidado de la amiga de su madre,* su adolescencia había sido tan feliz e inocente que las pasiones dormidas ¡parecían destinadas a dormir para siempre! [...]

---

* Otra vez: VONNEGUT, Kurt: *Matadero cinco*; COLLINS, Wilkie: *Marido y mujer*; BRADBURY, Ray: *Fahrenheit 451*; GARCÍA MÁRQUEZ, Gabriel: *Cien años de soledad*

[...] *luego, cuando más precioso era el tesoro de su juventud,* en un momento fatídico, lo había desperdiciado con el hombre que tenía ante ella. [...]

[...] *Sin esperar a saber si la disculpaban o no, sin detenerse a oír una palabra más,* abandonó la glorieta. [...]

[...] *Puntualmente, al expirar el cuarto de hora,* regresó sir Patrick. [...]

[...] *Luego, al irse a dormir,* sentiría la fiera sonrisa retenida aún en la oscuridad por sus músculos faciales. [...]

[...] *En el último momento, cuando el desastre parecía seguro,* sacó las manos de los bolsillos y cortó su caída aferrándose a la barra dorada. [...]

[...] *Y más tarde, al salir del restaurante,* Barnes tropezó con un anciano que casi cayó al suelo. [...]

[...] *Una vez, cuando él era niño, en un corte de energía,* su madre había encontrado y encendido una última vela [...]

[...] *Anoche, cuando dije algo sobre la luna,* usted la miró. [...]

[...] *Años atrás, cuando lo merecía,* me azotaban. [...]

[...] *Al otro lado de la calle, hacia abajo,* las casas se erguían con sus lisas fachadas. [...]

[...] *Muchos años después, frente al pelotón de fusilamiento,* el coronel Aureliano Buendía había de recordar aquella tarde remota en que su padre lo llevó a conocer el hielo. [...]

[...] *Por fin, un martes de diciembre, a la hora del almuerzo,* soltó de un golpe toda la carga de su tormento. [...]

[...] *Cuando despertaron, ya con el sol alto,* se quedaron pasmados de fascinación. [...]

[...] *Cuando el pirata Francis Drake asaltó a Riohacha, en el siglo xvi,* la bisabuela de Úrsula Iguarán se asustó tanto con el toque de rebato y el estampido de los cañones [...]

[...] *A los catorce meses, con el estómago estragado por la carne de mico y el caldo de culebras,* Úrsula dio a luz un hijo con todas sus partes humanas. [...]

[...] *Una noche, después de varios meses de andar perdidos por entre los pantanos, lejos ya de los últimos indígenas que encontraron en el camino,* acamparon a la orilla de un río pedregoso cuyas aguas parecían un torrente de vidrio helado. [...]

[...] *Años después, durante la segunda guerra civil,* el coronel Aureliano Buendía trató de hacer aquella misma ruta para tomarse a Riohacha por sorpresa [...]

El último integrante de la serie podría ir sin comas; podría. ¿El motivo? Lo veremos a continuación.

MANOS A LA OBRA

1. Al comienzo de las siguientes oraciones, agregue al menos dos contextos que impulsen el uso de coma:*

   [...] *Los dos hombres doblaron su camino en la esquina.* [...]
       [...] *Clod entró a su casa y evadió a los niños y a la esposa.* [...]
       [...] *Se tiró a la cama a repensar la invitación de sus dos amigos.* [...]
       [...] *El negocio se vació finalmente de compradores.* [...]
       [...] *La cajera de Personal comenzó la entrega.* [...]
       [...] *El interruptor de la corriente eléctrica le entregó a Claudio un cuarto vacío.* [...]

OJO...
Una vez hecho el ejercicio, reflexione sobre lo que implica (lo aprendido en el punto).

2. Redacte 10 ejemplos del punto.

OJO OTRA VEZ...
En caso de binomios (receta 5), el contexto pertenecerá a ambas ideas. Si quiere que el contexto pertenezca únicamente a la primera oración, tendrá que utilizar PUNTO Y COMA para delimitar ambas secciones; ya no habría binomio.

○ **Sin coma, por ser innecesaria**

Si la oración es sencilla o especialmente si el contexto es corto, sencillo o consiste en una frase común, la coma es absolutamente innecesaria; no tiene qué aclarar.

contexto

Ayer *hizo mucho calor.*

Nada que pudiere causar confusión; *ayer* es corto.

---

* "Aguinaldo para Santaclós", extraído de ROSALES, Saúl: *Autorretrato con Rulfo.*

contexto

| **En el parque**   *hará mucho calor.* |

Contexto sencillo; *en el parque* no podría provocar confusión.

contexto

| **Cuando llegaste**   *hacía mucho calor.* |

Contexto sencillo; *cuando llegaste* no tiene complicación.

Ejemplos:[*]

[...] **Por aquel entonces** *formábamos la Unión de Federalistas Mundiales...* [...]

[...] **Al final** *entró en la cocina otra vez y tomó otra cocacola.* [...]

[...] **"Desde la cúpula de la iglesia de Nuestra Señora** *contemplé los montones de escombros esparcidos por toda la ciudad.* [...]

[...] **Después de eso** *estuve enseñando* [...]

[...] **Después de una carnicería** *sólo queda gente muerta que nada dice ni nada desea* [...]

[...] **Aquí en la Tierra** *creemos que un momento sigue a otro* [...]

[...] **Cuando los abrió** *se encontró en el fondo de la piscina* [...]

[...] **Hasta el momento** *se había dirigido al señor Delamayn, que casualmente se encontraba más cerca de ella* [...]

[...] **En aquel mismo momento** *se quebró una vez más el silencio de la noche estival.* [...]

[...] **En dos años** *se labró una posición en los tribunales. Al cabo de dos años se labró una posición fuera de los tribunales.* [...]

[...] **Cierto día de aquel año** *aparecieron en el periódico dos artículos especiales: la noticia de la concesión de un título nobiliario y la noticia de un suicidio.* [...]

[...] **En aquel punto** *se detuvo en silencio con la cabeza sobre el pecho, pensando.* [...]

[...] **Dos meses después** *se cumplió uno de los presentimientos que habían atormentado a lady Lundie.* [...]

[...] **Al llegar al hotel** *se sentó a escribir la carta* [...]

[...] **No mucho después de «Bonfire»** *escribí un cuento más imaginativo* [...]

[...] **al principio** *es un protector.* [...]

[...] **Ahora** *el quinto brinco antes del gran salto.* [...]

---

[*]   Otra vez: Vonnegut, Kurt: *Matadero cinco*; Collins, Wilkie: *Marido y mujer*; Bradbury, Ray: *Fahrenheit 451*; García Márquez, Gabriel: *Cien años de soledad*

[...] ***Durante varios meses*** *se empeñó en demostrar el acierto de sus conjeturas.* [...]

[...] ***En sus primeros viajes*** *parecía tener la misma edad de José Arcadio Buendía.* [...]

[...] ***Diez minutos después*** *volvió con la lanza cebada de su abuelo.* [...]

[...] ***Desde la cumbre nublada*** *contemplaron la inmensa llanura acuática de la ciénaga grande, explayada hasta el otro lado del mundo.* [...]

[...] ***Al día siguiente*** *convenció a sus hombres de que nunca encontrarían el mar.* [...]

[...] ***Al principio*** *el pequeño Aureliano sólo comprendía el riesgo* [...]

[...] ***Ese día*** *el italiano almorzó con ellos.* [...]

> En muchas ocasiones, no hay coma porque, más que un contexto, se trata de un modificador directo del verbo (adverbio o similar). La línea entre estas dos situaciones no siempre es clara.

Manos a la obra

1. Al comienzo de las siguientes oraciones, agregue un contexto que no impulse el uso de coma:*

   [...] *Adán miró el barato reloj de cuarzo enroscado en su muñeca. La carátula gris ahogada por la escasa luz no le dijo nada.* [...]

   [...] *El niño corrió hacia el padre y Adán lo abrazó para caminar de regreso a casa.* [...]

   [...] *Ella lo esperaría. Cambió el canal del televisor.* [...]

   [...] *El niño preguntó si su mamá seguía enojada.* [...]

Ojo...
Una vez hecho el ejercicio, reflexione sobre lo que implica (lo aprendido en el punto).

2. Redacte 10 ejemplos del punto.

Ojo...
En caso de binomios (receta 5), el contexto pertenecerá a ambas ideas. Si quiere que el contexto pertenezca únicamente a la primera oración, tendrá que utilizar PUNTO Y COMA para delimitar ambas secciones; ya no habría binomio.

---

* "Juegos mecánicos", extraído de ROSALES, Saúl: *Autorretrato con Rulfo.*

○ **Coma para enfatizar**

Por el contrario, si un contexto sencillo va al comienzo y queremos resaltarlo (como ponerlo en **negrita**), podemos poner una coma.

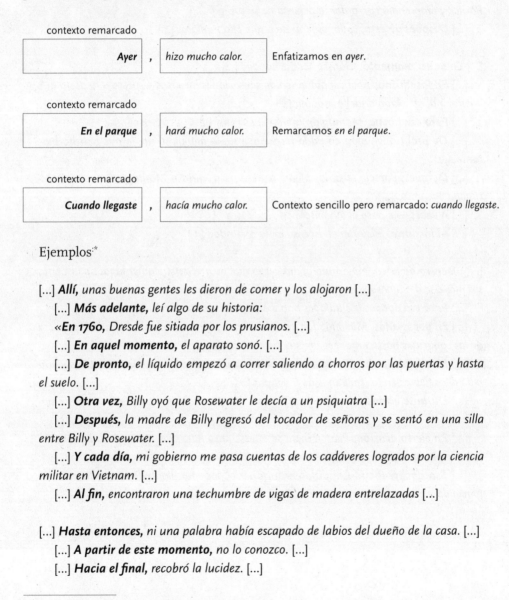

contexto remarcado

| **Ayer** | , | *hizo mucho calor.* | Enfatizamos en *ayer.* |

contexto remarcado

| **En el parque** | , | *hará mucho calor.* | Remarcamos *en el parque.* |

contexto remarcado

| **Cuando llegaste** | , | *hacía mucho calor.* | Contexto sencillo pero remarcado: *cuando llegaste.* |

Ejemplos:*

[...] *Allí, unas buenas gentes les dieron de comer y los alojaron* [...]
  [...] *Más adelante, leí algo de su historia:*
  «En 1760, Dresde fue sitiada por los prusianos. [...]
  [...] *En aquel momento, el aparato sonó.* [...]
  [...] *De pronto, el líquido empezó a correr saliendo a chorros por las puertas y hasta el suelo.* [...]
  [...] *Otra vez, Billy oyó que Rosewater le decía a un psiquiatra* [...]
  [...] *Después, la madre de Billy regresó del tocador de señoras y se sentó en una silla entre Billy y Rosewater.* [...]
  [...] *Y cada día, mi gobierno me pasa cuentas de los cadáveres logrados por la ciencia militar en Vietnam.* [...]
  [...] *Al fin, encontraron una techumbre de vigas de madera entrelazadas* [...]

[...] *Hasta entonces, ni una palabra había escapado de labios del dueño de la casa.* [...]
  [...] *A partir de este momento, no lo conozco.* [...]
  [...] *Hacia el final, recobró la lucidez.* [...]

---

* Otra vez: VONNEGUT, Kurt: *Matadero cinco*; COLLINS, Wilkie: *Marido y mujer*; BRADBURY, Ray: *Fahrenheit 451*; GARCÍA MÁRQUEZ, Gabriel: *Cien años de soledad*

[...] *En 1858,* la casa se animó con la llegada de sir Thomas Lundie. En 1865, la familia se separó debido al regreso de sir Thomas a la India, acompañado de su esposa. [...]

[...] *Hace años,* tu madre se mostró intranquila por tu futuro en su lecho de muerte. [...]

[...] *Esta vez,* Arnold dedujo con acierto lo que indicaban las palabras y el tono de sir Patrick y emprendió con ardor la defensa de su amigo. [...]

[...] *Después de esto,* calló, esperando a que ella hablara. [...]

[...] *En aquel momento,* Clarisse MeClellan dijo [...]

[...] *En las últimas noches,* había tenido sensaciones inciertas respecto a la acera que quedaba al otro lado aquella esquina [...]

[...] *Pero esa noche,* Montag aminoró el paso casi hasta detenerse [...]

[...] *De pronto,* Montag no pudo recordar si sabía aquello o no, lo que le irritó bastante. [...]

[...] *Después,* pareció recordar algo y regresó para mirar a Montag con expresión intrigada y curiosa. [...]

[...] *A veces,* me paso el día entero en el «Metro» [...]

[...] *Al instante,* iniciaron el ascenso en la oscuridad [...]

[...] «*Dentro de poco,* el hombre podrá ver lo que ocurre en cualquier lugar de la tierra, sin moverse de su casa.» [...]

[...] *Para esa época,* Melquíades había envejecido con una rapidez asombrosa. [...]

[...] *En pocos años,* Macondo fue una aldea más ordenada y laboriosa que cualquiera de las conocidas hasta entonces por sus 300 habitantes. [...]

[...] *Más tarde,* otros gitanos le confirmaron que en efecto Melquíades había sucumbido a las fiebres en los médanos de Singapur [...]

[...] *Durante varias semanas,* José Arcadio Buendía se dejó vencer por la consternación. [...]

[...] *En cierta ocasión,* Pilar Ternera se ofreció para hacer los oficios de la casa mientras regresaba Úrsula. [...]

[...] *Esa noche,* Pietro Crespi lo encontró en el corredor, llorando con el llantito sin gracia de los viejos [...]

MANOS A LA OBRA

1. Al comienzo de las siguientes oraciones, agregue un contexto resaltado:*

[...] *No podía salir así a la calle y urgía lanzarse al bazar.* [...]
    [...] *En esa cama dormían los niños.* [...]
    [...] *Él sabía mucho de persianas.* [...]
    [...] *Ricardo la conocía.* [...]
    [...] *Abrieron el cajón más bajo de la cómoda. Uno de ellos lo usó como peldaño y trató de coger la botella.* [...]

OJO...
Una vez hecho el ejercicio, reflexione sobre lo que implica (lo aprendido en el punto).

2. Redacte 10 ejemplos del punto.

OJO...
En caso de binomios (receta 5), el contexto pertenecerá a ambas ideas. Si quiere que el contexto pertenezca únicamente a la primera oración, tendrá que utilizar PUNTO Y COMA para delimitar ambas secciones; ya no habría binomio.

PARA CONDICIONES

Podemos utilizar oraciones CONDICIONALES, las que utilizan *si* o similar.** Si la CONDICIÓN va en primera instancia, requeriremos una coma.

Si sigues al pie de la letra este libro	,	aprenderás mucho.
Condición necesaria y forzosa para que se produzca la principal.		Oración principal. Consecuencia o el resultado de lo expresado por la condición.

* "Bazar La Providencia", extraído de ROSALES, Saúl: *Autorretrato con Rulfo.*
** *Si, en (el) caso de (que), a condición de (que)... a menos que, a no ser que, con tal de (que), siempre que, siempre y cuando, de lo contrario, de + infinitivo (-ar, -er, -ir)...*

Ejemplos:*

[...] *Si al fin habían venido a matarme,* me parecía mejor ir hacia ellos mientras el miedo no me dominaba. [...]

[...] *En caso de que así fuera,* hacía como si no. [...]

[...] *Si Butler es un actor,* también es un maestro. [...]

[...] *Si no hubieses venido por tu cuenta,* hubiera mandado a buscarte. [...]

[...] *en caso afirmativo,* habría muchas dificultades [...]

[...] *—Si echa por la borda todo el equipaje místico,* ¿qué queda? [...]

[...] *Si la intención de Cave era hablar alegóricamente,* no podía haber hallado público mejor [...]

[...] *si se piensa durante un momento sobre esto,* se verá que es realmente lo justo. [...]

[...] *Si un cachorro como ése puede hacerlo,* entonces nada debo temer. [...]

[...] *si se apoderaban de él,* podrían obligarlo a que les enseñara ese arte. [...]

[...] *Pero si entre ellos hay algo humano,* corre peligro. [...]

[...] *Por tanto, si me matan de hambre o de cualquier otra manera,* a nadie podré culpar más que a mí mismo. [...]

[...] *Si el lector pasó sus ojos por las narraciones transcritas relativas a Mowgli,* recordará sin duda que el muchacho pasó la mayor parte de su vida con la manada de lobos de Seeonee [...]

[...] *Si el hombre lo mirara,* el tigre huiría. [...]

Pero si la CONDICIÓN es muy corta o sencilla, la coma no es necesaria.
Ejemplos:**

[...] *pero si quiere* le hago una llamada. [...]

[...] *y si eso lo desalienta* es probable que no persista demasiado en el error. [...]

[...] *y si no prestamos atención* podemos llegar a infringir la ley. [...]

[...] *De todos modos, si era contemporáneo de Cave* ya debe de estar muerto. [...]

[...] *Si el tigre cojea* es porque nació cojo, como todo el mundo sabe. [...]

[...] *—¡Si acudo a tu llamado* es por Bagheera y no por ti, Baloo, viejo gordinflón! [...]

[...] *y que si quieres* puedes transformarte en fiera. [...]

> Ojo... Si la resolución comienza con *es por(que)*, tampoco requeriremos coma.

---

* VIDAL, Gore: *Mesías*; KIPLING, Rudyard: *El libro de la selva.*
** Ibídem.

MANOS A LA OBRA

Redacte 10 ejemplos del punto.

Por otro lado, si la CONDICIÓN va en segunda instancia, no requeriremos coma.

Aprenderás mucho	**si** sigues al pie de la letra este libro.
Oración principal. Consecuencia o el resultado de lo expresado por la condición.	Condición necesaria y forzosa para que se produzca la principal.

Ejemplos:*

[...] *yo hubiera protestado con indignación* **si alguien me hubiese atribuido ese prejuicio** [...]

[...] *parecía débil, ilógico y deprimente* **si uno no se lo había escuchado declamar a él mismo.** [...]

[...] *¿Cómo encaminarías las cosas* **si estuvieran en tus manos?** [...]

[...] *Nadie tendría la posibilidad de verlo u oírlo* **si no fuera por Paul.** [...]

[...] *Tú no hubieras creído en la repercusión de la emisión de anoche* **si yo te lo hubiera dicho.** [...]

[...] *pero no puedo* **si Paul insiste en convertir cada viaje que hago en una especie de espectáculo.** [...]

[...] *pues ella, sin duda, habría mimado excesivamente a Mowgli* **si la hubieran dejado que lo educara a su manera** [...]

[...] *¿De qué sirvió que casi lo mataras a golpes* **si no lo previniste contra esto?** [...]

[...] *Podrían dejarlo caer* **si lo seguimos muy de cerca.** [...]

[...] *puede perfectamente derribar a un hombre* **si se lanza contra él de frente y le pega en mitad del pecho.** [...]

[...] *Sin duda hubiera oído a Shere Khan* **si éste,** *con su pata coja,* **hubiera dado uno de sus inseguros pasos por los bosques que dominan el Waingunga** [...]

[...] *Por supuesto, Kaa hubiera podido pulverizar a una docena de Mowglis* **si hubiese querido** [...]

[...] *¿Cómo mantendrá su buen estado un caballo* **si no se le permite dormir?** [...]

---

* Ibídem.

MANOS A LA OBRA

Redacte 10 ejemplos del punto.

Si la CONDICIÓN va al final pero queremos que quede como información adicional, periférica, o que quede remarcada, le antepondremos una coma.
Ejemplos:*

[...] ¿*El Estado permitiría a los padres conservar a sus hijos, **si así lo deseaban**?* [...]

[...] *—La seda dura indefinidamente, **si tienes cuidado**.* [...]

[...] *Lo sabrías, **si no estuvieras totalmente ciego para lo que solía llamarse la naturaleza humana**.* [...]

[...] *Supongo que lo haría, **si lo pensara**.* [...]

[...] *Por supuesto, construya palacios para los que elijan morir en nombre de usted, **si quiere**.* [...]

[...] *—Salvar la vida, **si es posible**.* [...]

[...] *Miraré, **si ello te place**.* [...]

[...] *y el autor faltaría, a todas luces, al deber que le impone el modo como aquéllas han sido contestadas, **si dejara aquí de hacer constar su gratitud para que tenga la mayor publicidad posible**.* [...]

[...] *El cachorro de hombre es nuestro... para matarlo, **si nos place**.* [...]

[...] *ni las vides ni las enredaderas que de ellos colgaban podrían ofrecerle apoyo suficiente al tigre, **en caso de que quisiera huir por esa parte**.* [...]

[...] *y mamá Loba se preparó para lo que ya sabía ella que sería su última pelea, **si era preciso llegar al terreno de la lucha**.* [...]

[...] *y viajan por allí inclusive de noche, **si es necesario**.* [...]

[...] *quedarás limpio, **si eso es fango** —dijo Tha.* [...]

MANOS A LA OBRA

Redacte 10 ejemplos del punto.

---

* Ibídem.

Para algunas oraciones con *tan*, *tanto/a* o *tal(es)*

En general, no se requiere coma en construcciones que tienen *tan(to)* o *tal* más un *que*:

Estaban **tan** confundidos	**que** decidieron quedarse.
Era **tan** feliz	**que** siempre se veía reluciente.
Se asustó **tanto**	**que** salió de aquella habitación.

Pero aquí...

Fue **tanto** el gusto	**que** disfrutó toda aquella noche.	En estos tres ejemplos hay confusión momentánea: *¿el gusto que disfrutó...?*, *¿la fe que no cuestionaba?*, *¿los resultados definitivos que presumían...?* Ojo. Eso significa que...
Tal era la fe	**que** no cuestionaba.	
Tales habían sido los resultados definitivos	**que** presumían todo el tiempo.	

En ciertas ocasiones sí es necesaria una coma; hay una pequeña y leve vaguedad, que será resuelta al final de la proposición, en vista de lo descabellada que parece una opción. No obstante, lo mejor es resolver inmediatamente esa imprecisión. Así pues, al igual que en muchos casos de las circunstancias, la coma sirve para evitar confusiones momentáneas o para facilitar la lectura.[21]

Ellos estaban **tan** confundidos por los recuerdos	,	**que** decidieron quedarse.	Ellos decidieron quedarse.
Ellos estaban **tan** confundidos por los recuerdos		**que** decidieron quedarse...	¿Recuerdos que decidieron quedarse...?
Ella era **tan** feliz con el celular	,	**que** siempre se veía reluciente.	Ella siempre se veía reluciente.
Ella era **tan** feliz con el celular		**que** siempre se veía reluciente...	¿Un celular que siempre se veía reluciente...?
El gato se asustó **tanto** con el ruido	,	**que** salió de aquella habitación...	El gato salió de aquella habitación.
El gato se asustó **tanto** con el ruido		**que** salió de aquella habitación...	¿Un ruido que salió de aquella habitación...?

Tales *habían sido los resultados*	**,**	**que** *presumían todo el tiempo.*	Ellos presumían todo el tiempo.
Tales *habían sido los resultados*	**que** *presumían todo el tiempo...*	¿Resultados que presumían todo el tiempo...?

Ejemplos:*

[...] *Era **tan** goloso de **la vida, que** lo encontramos en la puerta de su casa de la calle Angela Merici [...]*

    [...] *y sentí un terror **tan** intenso ante aquella aparición de **delirio, que** se me cerró la voz. [...]*

    [...] *Ella se mostró **tan** estricta en sus leyes, **que** el primer oficial le permitió esperar un rato más [...]*

[...] *Conocíamos **tanto su drama, que** durante años pensé que Margarito Duarte era el personaje en busca de autor que los novelistas esperamos durante toda una vida [...]*

    [...] *Había previsto con **tanto** cuidado la repartición póstuma de sus cosas y el destino de **su cuerpo, que** en ese instante hubiera podido morirse sin estorbar a nadie. [...]*

    [...] *Llegaron a conocerse **tanto** mientras se le soldaban los huesos **de la mano, que** él mismo se asombró de la fluidez con que ocurrió el amor cuando ella lo llevó a su cama de doncella una tarde de lluvias en que se quedaron solos en la casa. [...]*

[...] *Fue **tal** el susto de **ambas, que** la muchacha no se atrevió a salir del cuarto del tenor hasta muy entrada la noche. [...]*

    [...] *Era **tal su convicción, que** el agente se sintió incómodo y le pidió perdón por sus preguntas. El caso se declaró cerrado [...]*

    [...] *Era **tal su obsesión, que** nos infundió la ansiedad de conocerla como una visita mortal y apetecible [...]*

[...] *Era **tan** variada **la fauna, que** nunca había silencio, desde el amanecer hasta muy entrada la noche se escuchaba el canto de los tucanes y loros [...]*

    [...] *se mimetizaban **tan** perfectamente con **la naturaleza, que** resultaban invisibles, como tenues fantasmas. [...]*

    [...] *Se movía con **tan** increíble lentitud, **que** era como si no se moviera en absoluto. [...]*

    [...] *estaban ambos **tan** acostumbrados al contacto de **sus cuerpos, que** una separación, por breve que fuera, la sentían como una premonición de muerte. [...]*

---

* García Márquez, Gabriel: *Doce cuentos peregrinos*; Allende, Isabel: *La ciudad de las bestias.*

[...] *Los dos muchachos partieron detrás sin hacer preguntas,* **tan** *mareados por* **el olor, que** *apenas podían tenerse de pie.* [...]

[...] *Estaba* **tan** *destrozado por las garras de* **la Bestia, que** *los soldados no tuvieron estómago para descolgarlo y llevarlo de vuelta a Santa María de la Lluvia.* [...]

[...] *Lisa lo había llamado* **tanto** *con el* **pensamiento, que** *no le extrañó verlo llegar.* [...]

[...] *Santos levantó a Nadia en sus fornidos brazos y la estrechó con* **tanta fuerza, que** *estuvo a punto de romperle las costillas a Borobá* [...]

[...] *Al soplar, las notas escaparon del instrumento con* **tal belleza, que** *él mismo se sorprendió.* [...]

[...] *pero ella actuó con* **tal** *seguridad, blandiendo la navaja ante las narices de* **los curiosos, que** *nadie intervino y a los diez minutos Alex estaba libre.* [...]

[...] *Había* **tal** *certeza y calma en* **su voz, que** *Kate no se atrevió a retenerla.* [...]

En la literatura es usual que aparezca esta coma en casos innecesarios. De ser así, el escritor tiene la intención de remarcar todo lo que aparece después del *que*.

MANOS A LA OBRA

Redacte 10 ejemplos del punto.

RECETA 24
LA COMA PARA AISLAR

PARA AISLAR AL DESTINATARIO DEL MENSAJE

Una de las funciones de la COMA, la más desconocida por la masa, es aislar. Separa al destinatario del mensaje, que no es parte del mensaje. Así pues, tenemos un QUÉ VOY A DECIR (mensaje) y un A QUIÉN VOY A DECÍRSELO.

Este A QUIÉN es llamado VOCATIVO, como vemos; y consiste en la forma en que alguien se dirige a otra persona o a un grupo.

Ahora bien, utilizamos una COMA **después** del VOCATIVO si éste va al comienzo:

vocativo (destinatario del mensaje)		mensaje
Valeria	,	*te equivocaste.*
Chávez	,	*no te olvides de mi encargo.*
Manuel Burgos	,	*usted está aprobado.*
Papá	,	*ya sabes qué hacer.*
Jefe	,	*quedó listo lo que pidió.*
Manotas	,	*ataja este penal.*
Fenómeno	,	*estás cada día mejor.*
Mi amorcito lindo	,	*no podemos llegar tarde.*
Secretario	,	*necesito hablar con usted.*
Ingeniero	,	*me da mucho gusto saludarlo.*

Utilizamos una COMA **antes** del VOCATIVO si éste va al final:

mensaje		vocativo (destinatario del mensaje)
Te equivocaste	,	*Valeria.*
No te olvides de mi encargo	,	*Chávez.*
Usted está aprobado	,	*Manuel Burgos.*
Ya sabes qué hacer	,	*papá.*
Quedó listo lo que pidió	,	*jefe.*
Ataja este penal	,	*Manotas.*
Estás cada día mejor	,	*Fenómeno.*
No podemos llegar tarde	,	*mi amorcito lindo.*
Necesito hablar con usted	,	*Secretario.*
Me da mucho gusto saludarlo	,	*ingeniero.*

Y utilizamos DOS COMAS, **una antes y una después,** cuando el VOCATIVO va en una posición intermedia, ni al comienzo ni al final. Esto podría suceder únicamente con mensajes relativamente largos.

primera parte del mensaje		vocativo (destinatario del mensaje)		segunda parte del mensaje
Te equivocaste	,	**Valeria**	,	con tu apreciación.
No te olvides	,	**Chávez**	,	de mi encargo.
Su proyecto	,	**Manuel Burgos**	,	está aprobado.
Ya sabes qué hacer	,	**papá**	,	con la mantequilla.
Quedó listo	,	**jefe**	,	lo que pidió.
Ataja	,	**Manotas**	,	este penal.
Estás cada día mejor	,	**Fenómeno**	,	en tu oficio.
No podemos llegar tarde	,	**mi amorcito lindo**	,	a la reunión.
Necesito hablar con usted	,	**Secretario**	,	sobre el último balance.
Me da mucho gusto saludarlo	,	**ingeniero**	,	en su cumpleaños.

¿En qué parte intermedia puede ir el vocativo? Para no meternos en asuntos gramaticales, diremos simplemente que puede ir donde el sentido lo permita, donde no incurra en un despropósito.

Para el VOCATIVO tenemos muchas posibilidades:

nombres de pila	*Benjamín, Sofía, Margarita, Diego...*
apellidos	*Rodríguez, Contreras, Maldonado, Muñoz...*
nombres y apellidos	*Rocío Rojas, Fernando Zavala, Diego Toledo, Aurora Torres...*
parentescos	*mamá, padre, abuelo, abuelita...*
relaciones personales o profesionales	*amiga mía, colega, profesor...*
apodos o hipocorísticos	*Lupe, Buba, Murci, Candonga...*

apelativos	*crac, bestia, tonto, dulzura...*
nombres apelativos	*Pulga, Pirata, Fantasma, Torpedo...*
apelativos cariñosos	*amor mío, bombón, bebé, perrito...*
cargos	*director, coordinador, rector, presidente...*
títulos	*contador, abogado, arquitecto, doctor...*

En general, nos sirve todo lo que pueda indicarle(s) a otro(s) que requerimos de su atención, que queremos decirle(s) algo. El VOCATIVO aparece cuando hablamos en SEGUNDA PERSONA, es decir, cuando nos dirigimos a un *tú*, un *vos* o un *usted*, o un *vosotros* o un *ustedes*.

Así pues, tenemos también fórmulas para referirnos a grupos:

vocativo (destinatario del mensaje)		mensaje
Amigos	,	*no olviden que hoy hay junta.*
Estimado público	,	*hacemos la segunda llamada.*
Damas y caballeros	,	*tengan ustedes muy buenas noches.*
Jóvenes	,	*no olviden la tarea.*

mensaje		vocativo (destinatario del mensaje)
No olviden que hoy hay junta	,	**amigos.**
Hacemos la segunda llamada	,	**estimado público.**
Tengan ustedes muy buenas noches	,	**damas y caballeros.**
No olviden la tarea	,	**jóvenes.**

primera parte del mensaje		vocativo		segunda parte del mensaje
No olviden	,	**amigos**	,	*que hoy hay junta.*
Hacemos	,	**estimado público**	,	*la segunda llamada.*
Tengan ustedes	,	**damas y caballeros**	,	*muy buenas noches.*
No olviden	,	**jóvenes**	,	*la tarea.*

Las cartas suelen estar encabezadas por un VOCATIVO: *estimado profesor, mi buen amigo...* Estas fórmulas de saludo son vocativos; no obstante, ya que el mensaje es la carta en sí, es decir, un texto completo y al menos medianamente largo, en lugar de COMA se prefiere usar DOS PUNTOS.

Por otro lado, especialmente en la diplomacia, en el mundo judicial, en el monárquico y en el eclesiástico, existen los tratamientos de cortesía; hay vocativos especiales para autoridades: *excelentísimo señor, su majestad, su señoría...*

Ahora bien, tenemos que fijarnos en las INTERROGACIONES... Si tenemos un VOCATIVO que encabeza una secuencia en la que hay una pregunta, este VOCATIVO queda fuera de los signos.

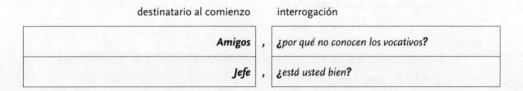

destinatario al comienzo		interrogación
Amigos	,	*¿por qué no conocen los vocativos?*
Jefe	,	*¿está usted bien?*

Y si la finaliza, queda adentro.

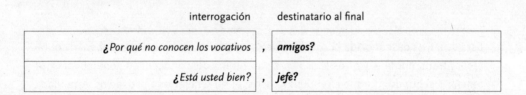

interrogación		destinatario al final
¿Por qué no conocen los vocativos	,	*amigos?*
¿Está usted bien?	,	*jefe?*

¿Y si el vocativo, queridos lectores, va en una zona intermedia? La respuesta es obvia.

Con la EXCLAMACIÓN, la regla es, en general, la misma. Eso sí, tenemos más opciones... Cuando el vocativo va al comienzo, podemos también tenerlo adentro de los signos (*¡Papá, ven!* en lugar de *Papá, ¡ven!*) o, en su caso, tener dos exclamaciones (*¡Papá!, ¡ven!*). Todo dependerá de si es también exclamado y de si el vocativo en sí es considerado una exclamación.

Ejemplos:*

[...] —Sí, **señor** —respondieron los interpelados. [...]

[...] —Sea usted franco, **don Pedro**, y díganos de una vez que quiere obligarnos a que vayamos a trabajar al Chiflón del Diablo. [...]

[...] —Buenas noches, **vecina**. ¿Cómo está el enfermo? —preguntó cariñosamente María de los Ángeles. [...]

[...] —¿Y hablaste, **hija**, con los jefes? ¿Te han dado algún socorro? [...]

[...] —Sí, **Jem,** pero yo no quiero estudiar vacas, yo... [...]

[...] —No, **gracias**, señora —tartajeó en voz baja. [...]

[...] —**Miss Caroline**, es un Cunningham.

    Y me senté de nuevo.

    —¿Qué hay, **Jean Louise**? [...]

[...] —Jean Louise, esta mañana ya empiezo a estar cansada de ti —dijo—. Cada día te metes en mal terreno, **querida mía**. Abre la mano. [...]

[...] —¿Hacia qué parte se ha ido, **miss Caroline**? Díganos hacia dónde ha ido, ¡de prisa! [...]. Rápido, **señorita**, ¿adónde ha ido? [...]

[...] —Gracias, **preciosidades** —nos dispersó, abrió un libro y desconcertó al primer grado con una larga narración sobre un sapo que vivía en un salón [...]

[...] —No lo sé, **Scout**. Pero las monedas tienen importancia para alguien... [...]

Esta COMA es desconocida porque, primero, los profesores —quienes deberían conocerla y transmitirla— y otros supuestos paraninfos desconocen, en general, su existencia; y, segundo, porque en muchos casos, al no reflejar una pausa en la oralidad, la gente cree que la coma no es necesaria. Pero nosotros ya sabemos que, al menos en la redacción, la coma no tiene nada que ver con pausas.

Esta COMA, pues, la de VOCATIVO, es absolutamente necesaria. No hay excusas.

MANOS A LA OBRA

Redacte 10 ejemplos del punto.

---

* "El chiflón del diablo", extraído de LILLO, Baldomero: *Subterra*; LEE, Harper: *Matar un ruiseñor*.

PARA AISLAR EXPRESIONES

Al igual que con los VOCATIVOS, debemos aislar ciertas expresiones cortas —en la mayoría de los casos vocablos—, unas que poseen intrínsecamente un significado, un sentimiento vivo o una llamada enérgica, entre otras opciones. Éstas son llamadas INTERJECCIONES.

Estrictamente, en sí son oraciones, a pesar de constar de una o pocas palabras.

ah	eh	oh	uh	vaya	ay
ups	recórcholis	achís	ajá	órale	rayos

Muchas veces van con SIGNOS DE EXCLAMACIÓN, y a veces con SIGNOS DE INTERROGACIÓN. Y a propósito: los SIGNOS DE EXCLAMACIÓN no son obligatorios, contrario a lo que muchos creen.

interjección

		Oh	,	los usos de la coma son muy sencillos.
Y yo	,	**uy**	,	antes pensaba que las comas eran pausas.
Qué fácil es todo esto	,	**¡eh!**		
¿Estás bien?	,	**¿ah?**		

Ejemplos:*

[...] —¡**Ah**, qué sé yo...! [...]
   [...] —¿**Ah**, sí? ¿Quién? [...]
   [...] —¡**Eh**, buen mozo! [...]
   [...] —Cansadito, ¿**eh**? —le preguntó Maleza. [...]
   [...] —Y procura recordar, ¿**eh**?, procura hacer memoria, que todo nos puede ser útil. [...]

[...] ¡**Ah**, no padre mío! —dijo entre sí con el corazón angustiado—; ahora acabo esto de veras [...]
   [...] para que tú vuelvas a quererme, padre mío. ¡**Oh**, estoy decidido en mi resolución!" [...]

---

* GARCÍA PAVÓN, Francisco: *Historias de Plinio*; AMICIS, Edmundo de: *Corazón*; PUSHKIN, Alexandr: *La hija del capitán.*

[...] *y el guardia nos dejó tranquilos. "**Ah**, muchachos; si en los momentos de peligro estaba cerca de mi general, justo es que ahora también le pueda ver de cerca.* [...]

[...] *algunos se recuperan. "**Ah**, Enrique", me dijo mi padre.* [...]

[...] *Deroso protestó enérgicamente: "¡**Ah**, no! Para mí, Garrón siempre será Garrón, y Precusa, y todos* [...]

[...] *—¡**Ay**, Piotr Andréyevich! —respondió con un hondo suspiro—. Estoy enfadado conmigo mismo: yo tengo la culpa de todo. ¿Qué iba a hacer? El diablo me confundió* [...]

[...] *—¡**Eh**, buen hombre! —le gritó el cochero—. ¿Sabes dónde está el camino?* [...]

[...] *—¡**Ah**, comprendo...! «Y no darle mucha libertad...». No; ya veo que «tener sujeto» quiere decir otra cosa... «Adjunto... su pasaporte...» ¿Dónde está? ¡**Ah**!, ya lo veo... «Escribir al regimiento Semiónovski...».* [...]

[...] *¡**Ah**!, por fin se le ha ocurrido, etcétera, etcétera. Bien, hijo mío —dijo al terminar la carta y poniendo mi pasaporte a un lado—, todo se hará* [...]

[...] *—¡Cálmese, **por Dios**! —dijo apartando la mano—. Todavía está en peligro, puede abrírsele la herida. Cuídese, aunque sólo sea por mí.* [...]

[...] *—¿Qué me dices? ¡**Oh**, este Shvabrin es un grandísimo schelm, y, si algún día cae en mis manos, mandaré que lo juzguen en veinticuatro horas y lo fusilaremos en el parapeto de la fortaleza!* [...]

[...] *—¡**Ah**!, por poco me olvido de darte las gracias por el tulup y el caballo. Sin eso no podía haber llegado hasta la ciudad y me habría helado por el camino.* [...]

Como vimos en la receta 13, al ser una oración, si la INTERJECCIÓN va a funcionar sola, deberá ir entre puntos o sus variantes.

MANOS A LA OBRA

Redacte 10 ejemplos del punto.

PARA AISLAR SONIDOS

Al igual que con VOCATIVOS e INTERJECCIONES, debemos aislar las expresiones que imitan o recrean sonidos. En algunos casos las usamos para referirnos a fenómenos visuales; en otros, simplemente para enfatizar sobre una acción en una escena. Estas expresiones son llamadas ONOMATOPEYAS.

achís achú	ding dong dindón	toc toc toctoc	crash	bum
pum	zas plas plaf paf	ban bang	ring ring rinrín	chu chu chu

Los SIGNOS DE EXCLAMACIÓN también son opcionales:

onomatopeya

	Rinrín	,	sonó el timbre.
Iba caminando y	,	**pum**	,	sentí un golpe.
Me picaba mucho la nariz hasta que	,	**¡achís!**	,	un estornudó salió de mí.

Ejemplos:*

[...] *el tlaloque debía oler la leche y las galletas y, tentado por semejante delicia, debía entrar, y,* **zas,** *ahí lo atraparía.* [...]

[...] **Riiing, riiing, riiing**..., *sonaban sin parar y casi sincronizados todos los teléfonos del pueblo, de manera especial el de Erminia, aunque éste estaba siempre ocupado.* [...]

[...] *El Pecas estaba enfrascado en una conversación con Lester Olson, el que había disparado al hombre murciélago,* **pum, pum, pum,** *en un granero de Newburyport.*** [...]

> Ojo... Si a la onomatopeya le antecede *el/la, un/una, este/esta...*, está funcionando como nombre; por lo tanto, no se aísla con comas: *ayer escuchamos* **el/un/este pum**.

---

* ARAYA, Eric: *El Cazatlaloques;* BERNARDI, Katia: *Las chicas que soñaban con el mar;* KING, Stephen: *Pesadillas y alucinaciones II.*
** En el original, en inglés, la onomatopeya es *pop-pop-pop:* [...] *who had shot the batman, pop-pop-pop, in a Newburyport barn.* [...]

> ### MANOS A LA OBRA
>
> Redacte 10 ejemplos del punto.

RECETA 25
LA COMA MODIFICADORA Y DISCURSIVA

PARA, CON UN GERUNDIO, ANUNCIAR LO QUE HAREMOS

El GERUNDIO (-*ando, -endo*) podría servir para anunciar o aclarar el sentido o la tendencia de lo que a continuación expresará el redactor. Para que así sea, el GERUNDIO debe ir siempre como introducción e indicar el rumbo temático. Cabe destacar que, en el fragmento, el emisor es tácito.

El gerundio funciona como modificador oracional; denota duración y, solo o sucedido por una frase, nos indica el acometimiento del redactor:

Resumiendo ,	*tengo sueño.*	Resumiré: tengo sueño.
Cambiando de tema ,	*el clima está muy extraño.*	Cambiaré de tema: el clima está muy extraño.
Volviendo a lo anterior ,	*te digo que esto es muy sencillo.*	Volveré a lo anterior; te digo que esto es muy sencillo.

Si el mensaje merece mayor atención, podemos usar DOS PUNTOS:

Resumiendo	:	*tengo sueño.*
Cambiando de tema	:	*el clima está muy extraño.*
Volviendo a lo anterior	:	*te digo que esto es muy sencillo.*

Ejemplos:*

[...] **Tomando como ejemplo el automóvil,** *cuesta trabajo concebir, actualmente, cuán extraordinario instrumento de reestructuración de las relaciones humanas hubiese podido ser gracias al dominio del espacio y a la conversión estructural de determinado número de técnicas* [...]

---

* BAUDRILLARD, Jean: *El sistema de los objetos*; ARISTÓTELES: *Metafísica*; FREUD, Sigmund: *Tótem y tabú*.

[...] *Considerando, en efecto, que, fuera del Ente, el No-ente no es nada,* piensa que necesariamente existe una sola cosa, el Ente [...]

[...] *Analizando las tendencias que constituyen la base de las neurosis, hallamos que las tendencias sexuales desempeñan un papel decisivo,* mientras que las formaciones sociales a que antes hemos aludido reposan sobre tendencias nacidas de una reunión de factores egoístas [...]

[...] *Remontando el curso de la historia, del desarrollo de las tendencias libidinosas, desde las formas que las mismas afectan en la edad adulta hasta sus primeros comienzos en el niño,* establecimos en un principio una importante distinción [...]

MANOS A LA OBRA

1. Luego de las siguientes oraciones,[*] agregue una segunda oración que contenga un indicador aprendido en este punto:

   [...] *Algunos refugiados tenían parientes lejanos en la ciudad y habían sido acogidos en sus casas.* [...]

   [...] *Todas las ciudades fronterizas estaban en peligro no sólo por las precarias lealtades de los condestables y las guarniciones, sino también por las acciones del enemigo.* [...]

   [...] *La desconfianza era uno más de los muchos males menores de la guerra civil, por muy lamentable que fuera.* [...]

   [...] *Menos mal que aún se podía tener absoluta confianza en los amigos fieles.*

Ojo...
Las oraciones introducidas con estos gerundios suelen aparecer después de un holgado desarrollo; no obstante, nosotros lo haremos después de una única oración.

2. Redacte 10 ejemplos del punto.

---

[*] PETERS, Ellis: *La virgen de hielo.*

Para indicar un tema

En la escritura solemos utilizar fórmulas que sirven para indicar el tema puntual al cual nos referiremos. Suelen aparecer con la intención de remarcar el tema, para dar un giro o un contraste:

a propósito de	a tenor de	en cuanto a	con relación a	(con) respecto de/a	en lo relativo a
en lo que respecta a	en relación con/a	hablando de	(en lo) referente a	(en lo) relacionado con	(en lo) tocante a

Utilizamos la fórmula junto al tema, y luego lo que diremos sobre el tema:

fórmula + tema	qué diremos sobre el tema (el mensaje)
Respecto a la lectura ,	me gusta mucho.
En cuanto a este uso ,	puedo decir que es muy sencillo.
En tenor de lo sucedido ayer ,	te digo que así estaba planeado.

> Si el mensaje es largo, esta combinación podría ir entre comas, en una zona intermedia, como paréntesis. En tal caso, puede ir entre paréntesis propiamente tal.

Ejemplos:*

[...] ***En cuanto a nosotros,*** *nos permitiremos pensar que si el ciego hubiera aceptado el segundo ofrecimiento del, en definitiva, falso samaritano [...] quién sabe si el efecto de la responsabilidad moral resultante de la confianza así otorgada no habría inhibido la tentación delictiva [...]*

    [...] *y* ***en cuanto a la camarera del hotel,*** *fue ella la primera persona que entró en el cuarto cuando la chica de las gafas oscuras empezó a gritar. [...]*

---

* Saramago, José: *Ensayo sobre la ceguera*; Wilde, Oscar: *Intenciones.*

[...] **En cuanto a la primera sala,** *tal vez por ser la más antigua y llevar por tanto más tiempo en proceso de adaptación al estado de ceguera, un cuarto de hora después de que sus ocupantes acabaran de comer* [...]

[...] *y* **en cuanto a los dos que conocíamos,** *ésos están muertos y, con mucho trabajo, enterrados.* [...]

[...] *y* **con respecto a la iluminación,** *la suerte fue que encontraron dos velas en el armario de la cocina* [...]

[...] **En cuanto a Balzac,** *ofrece una notabilísima mezcla de temperamento artístico con el espíritu científico.* [...]

[...] *Y* **en cuanto a su afirmación de que los griegos no eran buenos críticos de arte,** *me parece absurda.* [...]

[...] **En cuanto a eso que la gente llama "conversación moralizadora",** *constituye simplemente el necio método a través del cual los filántropos, más necios todavía, intentan desarmar el justo rencor de las clases criminales.* [...]

[...] **En cuanto a las virtudes,** *¿qué son realmente?* [...]

[...] *También,* **a propósito de la exactitud histórica en la indumentaria,** *lord Lytton decía en un artículo la Nineteenth Century, como dogma artístico, que la arqueología se encuentra totalmente fuera de lugar en la representación de cualquier obra de Shakespeare* [...]

MANOS A LA OBRA

1. En los siguientes pares de oraciones,[*] agregue una tercera oración que contenga un indicador aprendido en este punto:

    [...] *Acababan de celebrarse los esponsales en el monasterio de Tintagel cuando llegó la noticia de que su antiguo enemigo el duque Morgan se había lanzado sobre el Leonís, arrasando sus castillos, sus campos y sus ciudades. Rivalén equipó sus naves a toda prisa y llevó consigo a Blancaflor, que estaba encinta, hacia sus lejanas tierras.* [...]

    [...] *Tristán subió a una barca y se hizo a la mar hacia la isla de San Sansón. Pero Morolt había prendido en su mástil una vela de rica púrpura y llegó el primero a la isla.* [...]

---

[*] BÉDIER, Joseph: *La historia de Tristán e Isolda.*

> [...] *El día de la asamblea de los barones, Tristán envió a Perinís, el paje de Isolda, para ordenar a sus compañeros que se trasladaran a la corte, ataviados como correspondía a los mensajeros de un gran rey, porque esperaba conseguir aquel mismo día el término de la aventura. Gorvalán y los cien caballeros, que hacía cuatro días se hallaban desolados por la pérdida de Tristán, se regocijaron con la noticia.* [...]

Ojo...
En general, el sujeto de la segunda oración se trasladará a la introducción, y la oración quedará con sujeto tácito.

2. Redacte 10 ejemplos del punto.

Para introducir un tenor (fundamento, principio, solicitud...)

En la escritura también podemos utilizar fórmulas para introducir diversos contenidos, como FUNDAMENTO, COMPONENTE, CUENTA, CARGO, PRINCIPIO, SOLICITUD, UBICACIÓN, COMPAÑÍA, INTERÉS, PRETEXTO, EXCEPCIÓN...* Como veremos, estas fórmulas sirven como TENOR...

fórmula (+ argumento)		qué diré respecto a lo anticipado en el tenor (mensaje)
A juzgar por los ejemplos	,	*el punto anterior y el de autores de la receta 17 están relacionados.*
Por culpa del frío	,	*me quedaré en casa leyendo y bebiendo café.*
Además de saludarlos	,	*les envío la información solicitada.*

> Estas introducciones son generalizadas. Ya vimos algunas (*según, de acuerdo con...*) en la receta 17; en el punto anterior, el del tema, vimos otras; éstas y otras, no vistas, caben en todo lo relacionado a contextos, circunstancias (receta 23).

La frase completa del tenor, si el sentido lo permite, podría estar pospuesta y entre comas, como paréntesis; y en este caso, también, puede ir entre paréntesis propiamente tal.

---

* Véase, al final de esta receta, un apéndice con algunas fórmulas.

	tenor		
El punto anterior y el de autores de la receta 17	,	*a juzgar por los ejemplos*	,	están relacionados.
		(a juzgar por los ejemplos)		

		tenor
El punto anterior y el de autores de la receta 17 están relacionados	,	*a juzgar por los ejemplos.*
		(a juzgar por los ejemplos).

Ejemplos:*

[...] **Gracias a** que llegó el señor Vicente, púdosele poner siquiera un tafetán y unos vendajes. [...]

    [...] **A juzgar por** las medias frases que de ellos le habían traído el alcalde, el juez y el señor Porras, que asimismo como prohombre habíase visto en la cortés obligación de cortejarlos, insistían los misioneros en creerle un presumidillo lector de España Nueva [...]

[...] **en vez de** soltarla en una canoa en medio del río o enterrarla, la han colgado en lo alto de un árbol. [...]

    [...] **A juzgar por** lo que oíamos, parecía estar virtualmente desintegrándose. [...]

    [...] **Gracias a** los habladores, los padres sabían de los hijos, los hermanos de las hermanas, y gracias a ellos se enteraban de las muertes, nacimientos y demás sucesos de la tribu. [...]

    [...] Los hombres, **en vez de** yuca y plátano, comían tierra. [...]

    [...] y esa entrevista, **junto con** la antología, puso fin a La Torre de Babel. [...]

    [...] **Gracias a** él y a Potsotiki, los hombres que andan se salvaron del daño que despelleja, quema y mata rápido. [...]

    [...] Pero **en vez de** soltar flechas, suelta truenos. [...]

[...] Así que **en vez de** la multitud esperada, lo que tenían era unas cuantas almas en pena. [...]

    [...] El radiecito le daba una gran seguridad en sí mismo, **a juzgar por** el tono. [...]

    [...] **en vez de** andar perdiendo el tiempo vendiendo libros, instalen en este pabellón una venta de aguardiente y verán. [...]

    [...] Que **en vista del** fracaso del cambio al Molí de la Fusta, el año entrante iban a volver al Paseo de Gracia y como antes, sin país invitado. [...]

---

* Trigo, Felipe: *El médico rural*; Vargas Llosa, Mario: *El hablador*; Vallejo, Fernando: *La Rambla paralela*.

> ## Manos a la obra
>
> Redacte 10 ejemplos del punto.

Para introducir un tenor lógico (*porque, aunque, para...*)

Podemos utilizar construcciones que nos indiquen el sentido lógico de lo que diremos a continuación, en relación a lo anterior, pero que también nos permitan recapitular, de manera resumida o tácita, lo dicho anteriormente...

efectos	obstáculos potenciales pero inefectivos	consecuencias
a causa de esto *debido a esto* *por este/tal motivo* *por esta/tal razón* *siendo así*	*a pesar de todo/eso/esto/(aqu)ello* *pese a todo/eso/esto/(aqu)ello* *aun (siendo) así* *aun con eso* *así y todo* *con todo (y con eso)* *sea como fuere/sea/haya sido*	*por eso/esto/(aqu)ello* *con esto* *de esta manera* *de este modo* *de esta forma* *en ese/este caso* *por consiguiente* *en/por consecuencia*

finalidades	condiciones*
para todo/eso/esto/(aqu)ello/tal	*si así es/sucede...* *si así fuera/fuese* *de ser así* *en tal caso* *de otra manera/forma/suerte* *de otro modo* *en ese/este caso/supuesto*

---

*   Los casos *de otra manera/forma/suerte* y *de otro modo* implican condiciones negativas: *si no sucede de tal manera...*

Veamos:*

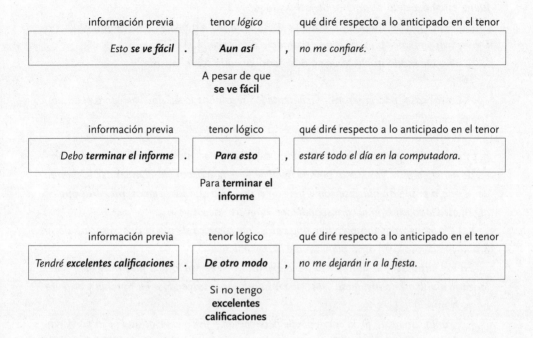

información previa	tenor *lógico*	qué diré respecto a lo anticipado en el tenor
Esto *se ve fácil* .	**Aun así** ,	no me confiaré.

A pesar de que
se ve fácil

información previa	tenor lógico	qué diré respecto a lo anticipado en el tenor
Debo **terminar el informe** .	**Para esto** ,	estaré todo el día en la computadora.

Para **terminar el informe**

información previa	tenor lógico	qué diré respecto a lo anticipado en el tenor
Tendré **excelentes calificaciones** .	**De otro modo** ,	no me dejarán ir a la fiesta.

Si no tengo
excelentes calificaciones

Ejemplos:**

[...] solamente la creencia y la conducta a la cual se ha llegado mediante una convicción libre son susceptibles de condena o alabanza. **Siendo así,** puede considerarse una mutilación criminal de los derechos individuales mantenerle voluntariamente en la ignorancia que cualquier hecho u opinión [...]

[...] Quiero decir si todavía se reúnen y todo eso... **De ser así,** opino que debemos acabar también con ellos [...]

[...] y con la fuerza que da el pánico le hizo perder el equilibrio y caer hacia la cuba de líquido. **Pese a todo,** Doyle vio, desesperado, cómo varias gotas caían de su mano herida para hundirse en el fluido perlino. [...]

---

* Podemos agregar fórmulas para frases:
En lugar de ___.
Lejos de ___.
Si acaso ___, si bien ___, siquiera ___.

** Powers, Tim: *Las puertas de Anubis*; Grisham, John: *Legítima defensa*; Asimov, Isaac: *Cien preguntas básicas sobre la ciencia*.

[...] *Drummond ha olvidado sus buenos modales o ha decidido jugar duro.* **Sea como fuere,** *estoy decidido a cambiar de fecha y lugar.* [...]

[...] —*¿Es posible estipular el coste de un trasplante de médula? —pregunta Kipler—.* **De ser así,** *podemos prescindir del testimonio de Gaskin.* [...]

[...] —¿**De modo que** *está usted muy familiarizado con el mismo?*
—*Sí.*
—**En tal caso,** *podría resumir fácilmente lo esencial de la sección «u» para el jurado, ¿no es cierto?* [...]

[...] *Y al revés: lo que antes era nada podría cambiar de pronto y convertirse en una pompa de «energía positiva» y otra pompa igual de «energía negativa».* **De ser así,** *la pompa de «energía positiva» quizá se convirtiese en el universo que conocemos, mientras que en algún otro lado existiría el correspondiente «universo negativo».* [...]

[...] *Y supongamos también que una catástrofe cósmica de algún tipo lo sacara de su órbita y lo colocara en otra, planetaria e independiente.*

En ese supuesto, *la naturaleza de la explosión (si es eso lo que fue) muy bien pudo lanzarlo a una órbita inclinada, que, sin embargo, sigue trayendo a Plutón una y otra vez hacia Neptuno* [...]

[...] *Por la curvatura de la curva puede determinar el físico la velocidad de la partícula.* **Con esto,** *con el espesor de la traza y otros datos, puede determinar también la masa de la partícula.* [...]

MANOS A LA OBRA

Redacte 10 ejemplos del punto.

PARA INDICAR UN MODO

Una COMA podría servirnos para que indiquemos la manera en que se desarrolla algo, **cómo se desarrolla toda la oración.**[*] Con esta herramienta, lo hacemos de un modo objetivo, certero, o al menos difícil de objetar.

Para esto, podemos utilizar bastantes adverbios (no todos) terminados en -*mente* (o sus "equivalentes"): *generalmente, posiblemente, efectivamente, finalmente, comúnmente.*

---

[*] Cuando hablamos de *cómo*, pensamos en la manera en que sucede algo. No obstante, en un sentido pragmático, podría extenderse a compañía, instrumento, cantidad y medio.

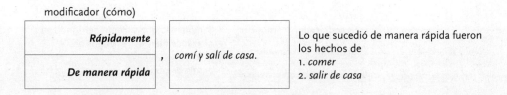

Como vemos, estos modificadores suelen ir al comienzo, con una COMA POSPUES-TA. Pero también pueden ir al final, con una COMA ANTEPUESTA:

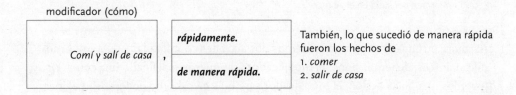

También podemos ubicar el modificador en una zona intermedia, y lo hacemos con DOS COMAS, una antes y una después. Pero si nos decantamos por esta opción y tenemos un binomio, lo más probable es que modifique sólo a una acción, no a todo.

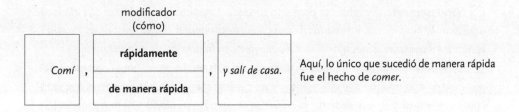

Los GERUNDIOS también sirven, aunque siempre para una actividad simultánea: *hablando..., entendiendo, diciendo..., acentuando...*

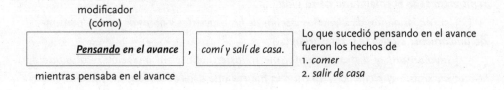

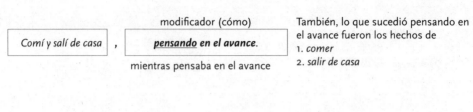

También, lo que sucedió pensando en el avance fueron los hechos de
1. *comer*
2. *salir de casa*

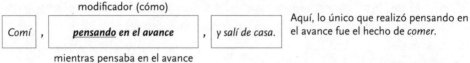

Aquí, lo único que realizó pensando en el avance fue el hecho de *comer*.

Así pues, en líneas generales, si tenemos dos acciones coordinadas y queremos modificar ambas, debemos poner el modificador al comienzo o al final, y una coma. Y si tenemos una única acción, el modificador será más bien, como podemos imaginar, un elemento que enfatiza.

Ejemplos:*

[...] **Nerviosamente,** *Ambrosio se preguntó si Azédarac ya había descubierto que el Libro de Eibon había sido retirado de los misales que contaminaba con su presencia, y cuánto tardaría en conectar la desaparición del volumen con la partida de su visitante.* [...]

[...] **Residiendo durante un mes en el hogar del obispo,** *Ambrosio había aprendido demasiado para la tranquilidad del espíritu de un piadoso clérigo y había visto cosas que eran como una mancha secreta de terror y vergüenza en las páginas blancas de su memoria.* [...]

[...] *y un día, con asombro de mi madre, comencé mis ejercicios de piano,* **pensando que quizá te agradara la música.** [...]

[...] *Muchas horas y muchos días podría pasar contándote la historia de aquellos años,* **repitiendo todo el calendario de tu vida** [...]

[...] *leía en los diarios de Viena las reseñas de los conciertos y obras de teatro,* **pensando únicamente cuáles te interesarían** [...]

[...] **Involuntaria y distraídamente,** *me miraste, notaste mi intención, y al punto —aún me asusta el recuerdo— tu mirada fue esa que dedicas a todas las mujeres, esa mirada tierna y envolvente que desnuda, la misma mirada fija y larga que me había transformado, de niña en mujer, en amante.* [...]

---

* Smith, Clark Ashton: *Los mundos perdidos*; Zweig, Stefan: *Carta de una desconocida*.

[...] *Y de nuevo hablaste con aquella franqueza tuya, **evitando siempre toda indiscreción,** sin curiosidad por conocer nada de mi vida.* [...]

Aquí vemos el *cómo* (y sus posibles extensiones pragmáticas), que se confunde con el siguiente punto y con algunos marcadores discursivos (conectores) de la receta 28. No obstante, los tres primeros puntos de la receta 23 pueden ser considerados modificadores oracionales.[*22]

MANOS A LA OBRA

Redacte 10 ejemplos del punto.

PARA REVELAR LA POSICIÓN DEL REDACTOR

En otras ocasiones, podemos anunciar cuál es la posición del redactor al emitir el mensaje. Al igual que en el punto anterior, se presenta generalmente como adverbios terminados en *-mente* o equivalentes: *francamente (con toda franqueza), sinceramente (con toda sinceridad), desgraciadamente (por desgracia), afortunadamente (por fortuna), lisa y llanamente, indudablemente (sin duda)...*
Tenemos dos opciones:

o **Declaración de postura al emitir**

Se trata siempre de una declaración de cómo será abordada la oración, de con qué supuesta intención o dirección la concretará el redactor. Es una posición personal frente al contenido del mensaje y a su revelación.

modificador

| **Francamente** | , | *pensaba que no entendería nada.* |

declaración de cómo se expresará
(con franqueza)

---

* Es muy común que el GERUNDIO esté mal ejecutado. Véase la apostilla 22 y la receta 33.

modificador

| *Sinceramente* | , | *yo no entendía nada de esto.* |

declaración de cómo se expresará
(con sinceridad)

○ **Declaración de percepción**

Se trata de una apreciación personal sobre un hecho, de cómo lo ve el redactor. Es siempre, por tanto, subjetivo; se basa únicamente en la visión del redactor.

modificador

| *Sin duda(s)* |
| *Indudablemente* |

, *ahora sí escribiré como siempre quise hacerlo.*

Declaración de cómo cree percibirlo
(como un hecho indudable).
No quiere decir que necesariamente el hecho
en sí sea indudable.

modificador

| *Desgraciadamente* |
| *Por desgracia* |

, *nunca antes me interesé en esto.*

Declaración de cómo cree percibirlo
(como un hecho desgraciado).
No quiere decir que necesariamente el hecho
en sí sea desgraciado.

Al mover el modificador a una posición diferente, corremos el riesgo de modificar algo distinto y de manera distinta. Dependerá del caso puntual.

Así pues, a no ser que estemos totalmente seguros de que tendremos el resultado esperado, debemos asegurarnos de ubicar el modificador en el comienzo.

Ejemplos:*

[...] **Desgraciadamente,** *la inmortalidad del alma también les da a muchos hombres el coraje necesario para cometer todo tipo de crímenes en nombre del Señor.* [...]

[...] **Afortunadamente,** *la puñalada no era profunda.* [...]

[...] **Sinceramente,** *yo nunca lo he visto.* [...]

[...] **—Realmente,** *este hijo mío no tiene remedio —le dijo a Duarte—.* [...]

[...] **Irónicamente,** *los planes que albergaba para los Estados Pontificios eran muy similares a los de Alejandro, pues su prioridad era unificar todos los territorios bajo un gobierno centralizado.* [...]

[...] **Infelizmente,** *se perdió ese documento histórico: el negativo se había quemado, el hombre, por lo visto, sólo sabía fotografiar en su atelier* [...]

[...] **Lógicamente,** *el odio concebido contra las muchachas de la sociedad, afirmado en la ideología confusa de los folletos, lo aproximó a las mujeres del pueblo.* [...]

[...] **—Realmente,** *estoy contento...* [...]

[...] **Aparentemente,** *todo había vuelto a lo normal.* [...]

[...] **Felizmente,** *no todo era negativo en el balance.* [...]

[...] **—Verdaderamente,** *tendré que pensar que no has sobrepasado la infancia, pedazo de tarado* [...]

[...] **Felizmente,** *Quique empezó a hablar de Alejandra.* [...]

[...] **Desgraciadamente,** *como en otra ocasión hubiera hecho, me era imposible levantarme.* [...]

[...] **Naturalmente,** *no me precipité con alegría sobre aquella grieta.* [...]

[...] **Lamentablemente,** *no me era posible vislumbrar siquiera sus límites a la escasísima luz que me daba mi encendedor.* [...]

MANOS A LA OBRA

Redacte 10 ejemplos de cada situación del punto.

---

* Puzo, Mario: *Los Borgia*; Amado, Jorge: *Gabriela, clavo y canela*; Sabato, Ernesto: *Sobre héroes y tumbas.*

Para indicar una perspectiva

Podemos indicar cuál es punto de vista desde el cual es emitido el mensaje. Utilizamos fórmulas como *en mi opinión, a mi juicio/parecer, desde mi/nuestro/su punto de vista, según esas fuentes...*

modificador

| **Según yo** | , | *esto va cada día mejor.* |

Algunos casos podrían coincidir con los generadores de opiniones, dichos o pensamientos de la receta 17.

modificador

| **A nuestro juicio** | , | *no debiste haber esperado tanto.* |

Al igual que en el punto anterior, si movemos el modificador a una posición diferente, corremos el riesgo de modificar algo distinto y de manera distinta. Dependerá del caso puntual.

Ejemplos:*

[...] **A mi juicio,** *por tanto, cualquier definición de error que elijamos debe ser lo bastante flexible como para dar cabida a nuestra manera de hablar del error cuando no hay ningún parámetro que indique si tenemos razón.* [...]

[...] *Fue también,* **a mi juicio,** *una de las cosas contra las que se rebelaría un John Proctor, pues la época del campo armado casi había pasado* [...]

   [...] **Según todas las noticias,** *no hay en el mundo costumbres más puritanas que las impuestas por los comunistas en Rusia donde la moda femenina* [...]

---

* Schulz, Kathryn: *En defensa del error;* "Las brujas de Salem", extraído de Miller, Arthur: *Las brujas de Salem | El crisol;* Sagan, Carl: *Miles de millones.*

[...] *en vuestra opinión*, ¿*cuál de éstos podrá ser traído ante Dios?* [...]

[...] *Los Pies Cortos son*, **en mi opinión**, *primos de los Red Sox*

[...] *Tenemos aquí*, **a mi juicio**, *un buen motivo para hablar claro, para concebir nuevas instituciones y nuevas formas de pensar.*

[...] **Según se ha informado**, *la incidencia de cánceres malignos de piel es hoy diez veces mayor que en la década de los cincuenta.*

[...] *No es una cuestión de ideología o un prejuicio político;* **en mi opinión**, *se deduce directamente del calentamiento global* [...]

[...] **Desde muchos puntos de vista**, *sin embargo, pienso que deberíamos desarrollar y apoyar la conversión directa e indirecta de la luz solar en electricidad.* [...]

[...] *Percibir el mal allí donde existe es*, **en mi opinión**, *una forma de optimismo.* [...]

[...] *En esta lista de prestaciones se puede incluir*, **en mi opinión**, *la guerra del Golfo Pérsico de 1991.* [...]

[...] **A mi juicio**, *el auténtico triunfo de Gettysburg no se produjo en 1863, sino en 1913, cuando los veteranos supervivientes, los restos de las fuerzas adversarias, los azules y los grises, se reunieron en la celebración y el recuerdo solemne.* [...]

[...] *La proliferación a escala global de los cigarrillos determina*, **según estimaciones**, *tres millones de muertes anuales.* [...]

[...] *Además*, **según el Centro de Enfermedades Transmisibles del Servicio de Sanidad Pública de Estados Unidos**, *al principio el crecimiento de la enfermedad en este país estuvo limitado casi exclusivamente a grupos vulnerables* [...]

Si el sentido del mensaje lo permite (si no es complejo), podemos utilizar estos marcadores al final.

MANOS A LA OBRA

Redacte 10 ejemplos del punto.

PARA INDICAR MARCADORES DISCURSIVOS

Véase la receta 28 (conectores).

Apéndice: fórmulas para introducir un tenor...

a base de, a cargo de, a comienzo(s) de, a costa de, a demanda/iniciativa/instancia(s)/petición/ requerimiento/ruego/solicitud/sugerencia de, a expensas de, a falta de, a fin(es) de, a instancias de, a juicio de, a juzgar por, a partir de, a tiempo de, a través de, a trueque de, a expensas suyas > a sus expensas, a gusto mío > a mi gusto, a instancia(s) suya(s) > a su(s) instancia(s), a dos visos, al abrigo de, al lado de, al margen de, al son de, a lo ancho de, a lo largo de, a su alrededor...
bajo pena de, bajo pretexto de...
camino de, con visos de, con vistas a, con arreglo a, con base en, con cargo a, conforme a...
de cara a, de conformidad con, de espaldas a, de parte de > de su parte, de regreso a, de parte tuya > de tu parte, de boca de > de su boca, dirección a...
en aras de, en atención a, en bien de, en compañía de, en contra de, en contraste con, en detrimento de, en espera de, en lugar de, en medio de, en orden a, en perjuicio de, en prevención de, en punto a, en señal de, en vez de, en virtud de, en vísperas de, en lo alto de, en contra suya > en su contra, en torno tuyo > en tu torno, en vista de ello...
frente a, fuera de...
gracias a...
junto a, junto con...
merced a...
por encima de, por conducto de, por culpa de...
relacionado con, rumbo a...
so capa de, so pena de, so pretexto de...

VI

PREPARANDO UN TEXTO COMPLETO

La redacción requiere de pasos previos a la escritura propiamente tal. Estos pasos consisten, en general, en la elaboración de ideas, la proyección del texto y los mecanismos para ensamblar escritos. La precisión de apelar a estos requerimientos previos tiene algunas salvedades, como toparnos con un contenido sencillo o corto o tener la gran suerte, o virtud, de dominar excelsamente el tema del escrito.

Este apartado podría ser el comienzo del proceso de redacción; de hecho, es recomendable que así lo sea. No obstante, fue dispuesto aquí, en sexto lugar, por una razón estratégica. Así pues, como fue mencionado en CÓMO ABORDAR EL LIBRO, quien desee comenzar por aquí, y seguir hasta el final, para luego "continuar" desde el comienzo, adelante. Eso sí, sería aconsejable que quien opte por esta decisión, tenga un desempeño al menos decoroso en las secciones anteriores, es decir, que aquellos puntos sean en realidad actividades de perfeccionamiento.

No sólo se trata del contenido en sí, sino también de datos de todo tipo que puedan facilitarnos la labor de la redacción; por ejemplo, lo que sabemos del lector (intereses, hábitos de lectura, etc.), posibles estructuras para el texto, experiencias previas de redacción de textos parecidos, etc.

Asimismo, una vez que las ideas estén reunidas, y el texto esté preconcebido, debemos saber cómo unir sus partes, más allá de las oraciones y su distribución de la sección I.

Es hora de ir cerrando nuestro REDACTARIO.

RECETA 26
ENCONTRAR IDEAS Y HACERLAS CRECER

A menos que el texto sea de nuestro total dominio o de una sencillez o exigüidad relevante, tanto en contenido como en estructura —algo muy improbable—, debemos buscar ideas útiles.

Así pues, indaguemos...

Torbellino

El primer paso es concentrarse en el tema; debemos apuntar todo lo que venga a nuestras mentes, todo. Si algo sobra, lo sabremos después. En este punto todo es valioso, todo, reitero, lo que proviene de nuestra memoria o de nuestro conocimiento, incluso lo que no conocemos conscientemente.

En este momento, lo único importante es recabar ideas, recolectar ingredientes que podrían sernos de suma utilidad.

Algunas pautas...

- ○ **Apuntar todo, de verdad todo**
  Lo obvio podría ser útil, así que no debemos descartarlo. Es más, es muy probable que, al menos en potencial, la brillantez de nuestro texto sea directamente proporcional a la cantidad de ideas de nuestro torbellino.

  Asimismo, una idea absurda podría ser la clave o un desencadenante para que nuestro texto destaque.
- ○ **Frases y palabras también cuentan**
  Si a nuestra mente no llegan oraciones, sino frases, bienvenidas sean. Incluso bienvenidas las palabras. Se trata de escribir lo más rápido posible, para que el pensamiento no nos rezague.

  En este escenario, los detalles podrían sólo entorpecer el proceso del torbellino.
- ○ **Soslayar la valoración**
  Más adelante habrá ocasión para prescindir de lo sobrante.
- ○ **Adiós a la ortografía y la gramática**
  Se trata de un torbellino de ideas; no es un borrador. Que quede claro. Así pues, no debemos preocuparnos de la forma y la corrección.
- ○ **Es preferible el papel**
  La plataforma en la que plasmemos nuestras ideas será una extensión de nuestras mentes; así pues, es mejor disponer de un dispositivo que nos permita mayor posibilidad de maniobrar: flechas, dibujos, líneas... Si nos decantamos por un ordenador, no nos restrinjamos a procesadores de textos.

  No es momento de ser cuadrados.
- ○ **Releer**
  Si las ideas se agotan, debemos releer o avanzar hacia la EXPLORACIÓN (siguiente punto), para luego retomar...

Exploración

He aquí una forma eficiente de reunir ideas, por si el torbellino se estancó o por si el tema es sumamente complejo (o ambicioso) y, por tanto, debemos indagar en meollos y fundamentos algo intrincados.

Aquí apuntamos a la creatividad, y lo hacemos desde la exploración. Partiremos de una lista teórica con particularidades que considerar.

Veamos dos modelos de exploración...

○ **La estrella**
Permite considerar los puntos esenciales del tema.

Primero, debemos hacernos preguntas sobre el tema, y obviamente responderlas. Debemos evitar las ideas (y preguntas) repetidas; sí, debemos buscar nuevos puntos de vista.

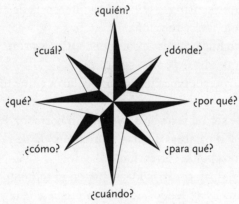

He aquí preguntas básicas. ¿Pero podemos sacar más? Por supuesto, podemos y debemos hacerlo. Para esto, no dudemos en recurrir a la receta 16, al punto *más preguntas*. Vale la pena indagar en cada una de ellas. Sí, en cada una.

○ **El cubo**
Permite contemplar el tema sobre el cual vamos a escribir, y lo hace desde diferentes puntos de vista en relación con otros.

Consiste en estudiar las seis caras posibles de un hecho a partir de seis puntos de vista.

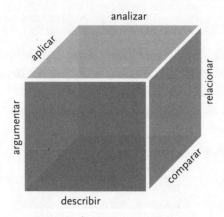

- **Describir**. ¿Cómo se ve, cómo se siente, cómo huele...?
- **Comparar**. ¿A qué se parece? ¿En qué se diferencia de...?
- **Relacionar**. ¿Con qué se relaciona?
- **Analizar**. ¿De cuántas partes se compone? ¿Cuáles son? ¿Cómo funcionan?
- **Aplicar**. ¿Para qué sirve? ¿Cómo se utiliza?
- **Argumentar**. ¿Qué podemos decir, tanto a favor como en contra?

El resultado puede ser un texto en sí; y sería un borrador. Pero también puede ser un esbozo con frases o palabras sueltas; o una mezcla de ambos. En ningún caso debemos preocuparnos por la corrección.

En general, suelen aparecer más ideas que en el torbellino, aunque obviamente también se repetirán. Lo repetido, no obstante, suele estar mejor abordado, más acabado.

Palabras clave

En nuestros borradores podemos encontrar información sumamente valiosa. ¿Dónde? En ciertas palabras. Esto puede suceder incluso cuando estamos revisando, es decir, cuando no buscamos ideas. Así pues, no descartemos añadir glosas a nuestro texto.

No obstante, ya que el manejo de PALABRAS CLAVE puede ser utilizado en listas de ideas, en borradores o en textos prácticamente acabados, es mejor realizar este punto mucho antes de supuestamente haber concluido el texto, para no tener que recurrir a un rediseño mayor.

Pues bien, estas PALABRAS CLAVE encierran la llave para un texto mejor, muy posiblemente. Esto sucede ya que muchas veces no dimensionamos la escasa carga informativa o emotiva que una palabra puede evocar en un lector; simplemente apreciamos esa palabra de acuerdo a nuestra experiencia, a nuestra subjetividad.

La búsqueda de PALABRAS CLAVE, por tanto, podría ayudarnos a encontrar información valiosa y a, de este modo, desarrollar cuantitativa y cualitativamente las ideas, en beneficio de un lector que no sabe lo que nosotros sabemos, que no tiene las mismas ideas que nosotros tenemos...

En la composición, en la creación literaria, hay un principio llamado «MUESTRA, NO DIGAS» («show, don't tell», en inglés).[*] Justamente a esto apunta la premisa.

Los borradores contienen muchas palabras que "dicen"; y debemos hacer que muestren. Tenemos que permitirle al lector que experimente a través de acciones, pensamientos, sentidos, sentimientos..., y no condenarlo a recibir una somera exposición personal, con poca carga. Es el lector quien debe sacar sus propias conclusiones.

El procedimiento...

o **Búsqueda de palabras.** Lo realizamos por instinto; pero en la ejecución, los adjetivos serán los más recurrentes.
o **(Mini) torbellino de palabras.** Enlistamos las ideas escondidas.
o **Selección de palabras.** De acuerdo a lo descubierto, debemos distinguir las palabras que podrían brindar información.
o **Reescritura.**

Veamos un ejemplo sencillo:

---

[*] El concepto se atribuye al escritor Antón Chéjov, quien, en una carta a su hermano, afirmó que "en las descripciones de la naturaleza, uno debe aprovechar los pequeños detalles, agrupándolos de modo que cuando el lector cierre los ojos obtenga una imagen". No obstante, la distinción entre CONTAR y MOSTRAR se popularizó en el libro *The Craft of Fiction*, de Percy Lubbock, en 1921.

Texto original

*Ayer pasamos la **tarde** en casa de mis padres. Fue una jornada **hermosa** pero **corta**.*

Palabra clave	tarde	/	• Entre mediodía y anochecer. • De lo cálido a cuando empieza a refrescar.	⊗
	hermosa	¿Qué es hermosa? ¿En qué consiste?	• Estuvimos todos los hermanos. • Comimos juntos. • Mamá cocinó y papá compró nuestro refresco favorito. • Pudimos hablar y recordar viejos tiempos.	☑
	corta	¿Qué es corta? ¿En qué consiste?	• No alcanzamos a hablar todo lo que queríamos. • No nos dimos cuenta de cuando llegó la noche.	☑

Ampliación

*Ayer pasamos la tarde en casa de mis padres. Fue una jornada **hermosa, con todos los hermanos reunidos, comiendo lo que nuestra madre preparó para nosotros y disfrutando nuestro refresco favorito. Hablamos toda la tarde; recordamos viejos tiempos. Pero, lamentablemente, no alcanzamos a hablar todo lo que queríamos, ya que nos alcanzó de repente la noche**. La reunión se nos hizo demasiado **corta**.*

En este ejemplo, descartamos *noche*, pero sí utilizamos *hermosa* y *corta*. Ahora bien, los adjetivos —como *hermosa* y *corta*— suelen esconder mucha información. Simplemente, estas palabras son subjetivas, son expresadas de acuerdo a lo que el redactor les atribuye, a la experiencia y las vivencias transitadas; pero el lector tiene otras vivencias, otras experiencias, y, por lo demás, también les ha asignado subjetivamente otra carga emotiva a esas palabras.

RELACIONES LÓGICAS

Esta búsqueda no es azarosa o caótica; sí es sistemática. Con este mecanismo tenemos la ventaja de que las ideas se asocian entre sí, y a partir de esta asociación podemos introducir situaciones nuevas, que amplían el discurso y lo hacen más rico.

He aquí las relaciones:

• Analogía	• Contraste	• Causa
¿En qué se parecen?	¿En qué se oponen o se diferencian?	¿Cuál es su origen o su razón?

• Consecuencia	• Procedencia	• Sucesión
¿Qué resulta de...?	¿Cuál es el origen o principio?	¿Qué sucede después?

• Generalización	• Ejemplificación	• Experiencia personal
¿En qué consiste a grandes rasgos?	¿Qué ejemplos podríamos dar?	¿Qué podemos añadir de acuerdo a nuestra experiencia?

• Experiencia de autoridades	• Clasificación	• Contextualización
¿Qué dicen al respecto los facultativos?	¿Cómo podemos ordenar y clasificar?	¿En qué entorno físico o de situación, político, histórico, cultural... podemos situar el tema?

> Quien quiera presentar un texto expositivo de carácter sencillo, aquí tiene 12 párrafos. Quien tenga otros planes, un texto de mayor o de menor extensión, aquí tiene una gran pauta.

MAPA DE IDEAS

Además de buscar ideas y, por tanto, desarrollar un tema, este mecanismo sirve para concebir esquemas, resumir un texto o tomar apuntes. No obstante, estamos aquí por lo que estamos.

Junto al mecanismo anterior, se convierte en una gran herramienta, ya que, además de incrementar la creatividad, impulsa la búsqueda de relaciones lógicas; y, así, logramos recuperar mucha información útil... probablemente olvidada.

Se trata de una forma gráfica, visual, de las ideas generadas.

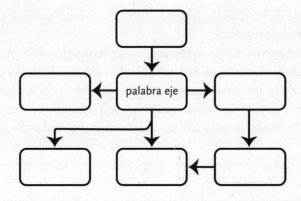

El procedimiento...

o **Palabra eje.** Lo primero es la elección de una palabra que represente una idea fundamental.
o **Jerarquización de la palabra.** La palabra eje irá en el centro del mapa.
o **Primer nivel.** Buscamos todas las palabras con las que podamos asociar la palabra eje.
o **Reescritura.** Ahora, otros elementos que asociemos con las palabras apuntadas en torno a la palabra eje.
o **Expansión.** Es hora de desarrollar el mapa, ramificar el tema. Debemos buscar otras palabras con las que podamos relacionar temas ya vinculados con la palabra eje.

Documentación bibliográfica

Es el mecanismo por excelencia de búsqueda de ideas para un texto académico. La documentación, en este caso, va más allá de la recolección de información; implica estudio, entendimiento y asimilación, para que se integre claramente a nuestro anterior conocimiento. Así es; podemos enriquecer los conocimientos propios y madurar las propias opiniones. Y además de recopilar información relativa al tema, podemos generar nuevas ideas, conclusiones y derivaciones.

El procedimiento...

o **Recaudación de información.** Lo primero es buscar información, tanto general como específica.
o **Lectura superficial.** Luego debemos leer de manera general y sintética, para una primera impresión.
o **Listado de objetivos.** Es momento de trazar elementos sobre los que desearíamos encontrar información. Esta lista ayuda a ejecutar bien el siguiente punto...
o **Valoración de la información.** Ahora debemos apelar al sentido crítico; debemos discriminar qué datos son realmente valiosos, útiles.
o **Búsqueda de título.** A estas alturas buscaremos no desbordar el texto; lo limitaremos.
o **Búsqueda de otras fuentes.** Ahora ampliaremos los antecedentes, generalmente en artículos, revistas...
o **Lectura y síntesis.** Ha llegado el momento de desarrollar apuntes sintéticos de las nuevas fuentes.

- ○ **Obtención de nuevas ideas.**
- ○ **Organización de ideas propias.**

ESCRITURA AUTOMÁTICA

Se trata de, dicho de manera muy sencilla, escribir de forma rápida y constante, sin pensar demasiado. Es idóneo para textos literarios, creativos, en la etapa de hoja en blanco; sirve para desbloquear.

Debemos concentrarnos en el contenido, no en la forma. Así pues, debemos valorar la cantidad de texto, la materia prima, no la calidad. Prohibido detenernos.

Veamos...

- ○ Escribir rápida y constantemente sobre el tema, sin pensar demasiado.
- ○ Apuntar todo lo que se venga a la cabeza.
- ○ Hacerlo de diez a veinte minutos.

LO MÁS IMPORTANTE ES...

Es un mecanismo bastante concreto, no abierto como otros. El autor se centra en el propósito y los puntos importantes, para lo cual previamente debe tenerlos establecidos y determinados. El mecanismo, pues, es directo.

Simplemente se trata de hacernos un documento, un formato, que tenga entre 4 y 6 veces la frase "lo más importante es". Y luego completamos con las ideas relevantes.

Veamos un ejemplo sencillo:

Tema: La responsabilidad

Lo más importante es	*dar siempre una buena imagen.*
Lo más importante es	*que la otra persona sienta confianza.*
Lo más importante es	*alejarnos de las excusas y las justificaciones.*
Lo más importante es	*buscar la reciprocidad.*

Lo que añadiremos comienza con un verbo infinitivo (*-ar, -er, -ir*) o con un *que*.

De acuerdo al carácter de nuestro texto, podemos matizar con otros comienzos (otras "técnicas")...

| Está mal... | Está bien... | Me gustaría... |
| No estoy de acuerdo con... | Opino que... | El motivo más importante es... |

He aquí, después de la ejecución, un buen momento para ejecutar la PALABRA CLAVE, si lo creemos conveniente.

APUNTES

Especialmente para libros o textos de considerable extensión o complejidad, tenemos el acto siempre eficiente de tomar apuntes, notas. Implica llevar consigo un dispositivo para apuntar. Actualmente ni siquiera debe ser escrito; incluso notas de audio sirven.

RECETA 27
ANALIZAR EL ESCENARIO Y ORGANIZAR IDEAS

Preparar el texto es de suma conveniencia. Así pues, antes de ponernos a escribir, es totalmente aconsejable que nos detengamos a pensar en el contexto en que se daría este texto.* Al menos un redactor sensato así lo haría.

Veamos...

Propósitos del redactor	Lector(es)
• ¿Qué queremos lograr? • ¿Cómo queremos que reaccionen los lectores? • ¿Qué queremos que hagan con el texto? • Otros.	• ¿Quién(es) va(n) a leer el texto? • ¿Qué conocimientos tiene(n) sobre el tema? • ¿Qué impacto "debería(n)" tener con el texto? • ¿Qué hay que explicarle(s) en el texto? • ¿Cuándo y cómo va(n) a leer el texto? • Otros.

---

* Esta combinación de circunstancias es conocida como SITUACIÓN RETÓRICA O PROBLEMA RETÓRICO.

El *yo* como emisor	• ¿Qué tipo de relación ten(dr)emos con el lector? • ¿Cómo nos presentaremos? • ¿Qué imagen queremos proyectar en el texto? • ¿Qué tono vamos a adoptar? • ¿Qué saben de nosotros los lectores? • Otros.	**Características del texto**	• ¿Cómo será? • ¿Tendrá una extensión larga o corta? • ¿Qué lenguaje utilizaremos? • ¿Cuántas partes tendrá? • Otros.

Contenido del texto	• ¿A qué preguntas debemos responder para realizar el texto? • ¿Qué palabras clave debe presentar el texto? • ¿Disponemos de toda la bibliografía necesaria? • ¿Cuáles son las ideas principales que tiene que considerar el texto? • ¿Se trata de ideas poco desarrolladas o que pueden resultar vagas? ¿Puedo volver a definirlas? • ¿Somos capaces de argumentar satisfactoriamente nuestras ideas? • ¿Qué debe decir exactamente el texto? • ¿Cómo debemos organizar la información para que la comunicación sea eficiente? • Otros.

Una vez resuelto el PROBLEMA RETÓRICO, podemos comenzar con el diseño de nuestro texto... Lo reunido en la receta anterior, la 26, tiene que ser ordenado; únicamente así obtendremos un verdadero texto...

Agrupamos con la premisa de que cada racimo de ideas obtenido corresponde a una parte unitaria de nuestro texto (como mínimo, un párrafo). A su vez, cada racimo, cada grupo, debe estar organizado y dividido en subgrupos. Y ya reunidas las ideas en grupos y subgrupos, la proyección de nuestro texto resulta más clara, y podemos cristalizar un esquema, derrotero previo a la redacción de nuestro texto.

ESQUEMA

Se trata de una lista de ideas organizadas jerárquicamente, como un índice. En éste, todos los elementos del mismo nivel se alinean verticalmente a lo largo de la página.* Pone en relieve las ideas principales, las ideas secundarias y las relaciones que mantienen unas y otras entre sí.

De ser necesario, especialmente con esquemas largos o complejos, podemos identificar con letras y números. Cada elemento del esquema es sólo un tema que habrá

---

* En la narrativa, tanto literaria como audiovisual, se le suele llamar ESQUEMA DE PASOS O ESCALETA.

de desarrollarse en la composición. No es necesario que adopte forma de oración; basta una palabra o una frase.

Veamos el procedimiento general...

o Escribir el título al comienzo del esquema.
o Evitar las unidades estructurales (*estructura externa*), como *introducción, desarrollo* y *conclusión*. En el esquema sólo deben aparecer temas que deban ser discutidos en la composición.
o Como sugerencia, podemos usar números romanos para los temas principales.
o También como sugerencia, podemos indicar las ideas secundarias o subtemas mediante letras (*a, b, c*...) o números arábigos (los "convencionales": 1, 2, 3...), más cierre de paréntesis opcional.
o En general, alinear verticalmente y marcar de forma ordenada, por números y letras, todos los elementos del mismo nivel o importancia.
o Contemplar por lo menos dos subtemas por cada tema.
o Concretar paralelismos entre el enunciado de temas y subtemas. Es decir, si, por ejemplo, el primer tema lo enunciamos mediante un nombre, los enunciados de los temas siguientes deberán ser nombres también. Nada de mezclar categorías en los mismos niveles.
o Valorar, al finalizar el trabajo, si el esquema resulta equilibrado, si cada bloque del mismo nivel tiene más o menos la misma complejidad. En caso de no estarlo, evaluar si sucede así por mala esquematización o porque, extrañamente, así lo demanda el texto.

Veamos:*

Título:
I. Primer tema
  1.
    a.
    b.
  2.
    a.
    b.
    c.

---

* El TEMA es una IDEA PRINCIPAL.

II. Segundo tema

    1.

    2.

        a.

        b.

    3.

III. Tercer tema

    1.

    2.

        a.

        b.

        c.

> Si no tenemos conocimientos suficientes sobre un tema determinado, no es aconsejable organizar las ideas mediante el procedimiento del esquema. Lo mismo sucede si nuestra experiencia en la escritura es insuficiente.

Veamos un ejemplo sencillo:

Título: La alimentación

I. Dieta descuidada

    1. Hábitos

        a. Pocos saben lo que comen.

        b. El modo de vida ayuda al descuido.

    2. Peligros

        a. La apariencia se derrumba.

        b. Es posible que surjan enfermedades.

MANOS A LA OBRA

1. El siguiente esquema incumple las premisas lógicas de la escaleta. Cambie o suprima lo erróneo y rehágalo correctamente.[23]

Título: La redacción

I. Condiciones que favorecen una buena redacción.

    A. Desearía tener más tiempo para practicar.

    B. Lugar tranquilo y cómodo.

    C. Buena iluminación.

II. Útiles necesarios.

    A. Cuaderno o procesador de texto.

    B. Pluma (opcional).

    C. Diccionario.

III. Es necesario aplicar los conocimientos aprendidos.

    A. Desarrollo de ideas.

    B. Problema retórico.

    C. Organización de ideas.

    D. Cohesión y coherencia.

        1. Repetición.

        2. Sustitución.

        3. Elipsis.

        4. El orden de los constituyentes.

        5. Tópico.

        6. Conectores.

    E. Corrección idiomática.

IV. Conclusión: Hay muchas condiciones que favorecen la redacción.

Ojo...

Es conveniente proyectar en primer lugar los bloques que vamos a abordar y el orden de los mismos y después decidir el orden de los elementos secundarios. Esto evitará que grupos de ideas aparezcan varias veces en la confección de un esquema.

Debemos articular bien el esquema. En caso contrario, el texto puede resultar débil.

Debemos evitar que, por ejemplo, haya demasiados elementos en el primer nivel del esquema, por ejemplo, en comparación a otros niveles. Esto puede ser signo de un trabajo deficiente de jerarquización o de un esquema con demasiadas ideas.

Los bloques del mismo nivel jerárquico deben tener más o menos la misma complejidad. De este modo, si tenemos bloques demasiado "ricos" y, por otro lado, bloques "pobres", tendremos que valorar la posibilidad de una reorganización del esquema, para obtener uno con un mayor equilibrio.

2. Elabore una escaleta (una proyección inicial) de un texto con el siguiente tema: *la necesidad de profesores preparados para la enseñanza de materias de comunicación en la enseñanza media.*

CLASIFICACIÓN

Con esta técnica podemos clasificar las ideas de acuerdo a clases asignadas, es decir, elementos que poseen propiedades comunes. Peras con peras y manzanas con manzanas... Es una técnica ideal para textos basados en la taxonomía.

> Para utilizar esta técnica, no obstante, debemos saber eliminar detalles superfluos, para que podamos reconocer las características comunes en las ideas.

Ahora bien, para que una clase quede bien definida, debemos tener un nombre, un concepto (constituido por una o varias palabras).

Hablemos de *A* y *B*. Y las relaciones que pueden presentarse entre dos clases (*A* y *B*) son las siguientes:

○ **Inclusión.** Todos los elementos de la clase *A* son asimismo elementos de la clase *B*.
○ **Exclusión.** Ningún elemento de la clase *A* forma parte de la clase *B*.
○ **Intersección.** Existen elementos comunes a ambas clases.

Veamos un ejemplo sencillo.

Inclusión	La clase de **calzado** está incluida en la de la vestimenta; el calzado es vestimenta.
Exclusión	Vestimenta y **herramientas de trabajo** se excluyen (en general).
Intersección	Los **zapatos de seguridad** son comunes para vestimenta y para **herramienta de trabajo**.

Un ejemplo:*

[...] *Durante nuestro viaje por el Paraná, sólo vi otras tres **aves** dignas de citarse. Una, un pequeño **«martín pescador»** (Ceryle americana), tiene la cola más larga que la especie europea. Por eso no se sostiene tan derecha. Su vuelo [...]. Otra, un **lorito pequeño** (Conurus murinus), verde, de pecho gris, parece preferir a cualquier otro objeto, para construir el **nido**, los grandes árboles que hay en las islas. Estos **nidos** están puestos unos junto a otros, en tan gran número, que sólo se ven una multitud de palitos. Esos **loros** viven siempre en bandadas [...] Otra es un **ave de cola en forma de horquilla terminada por dos largas plumas** (Tyranus savana), que los españoles llaman Cola-de-tijeras, es muy común cerca de Buenos Aires. Suele posarse en una rama de ombú, junto a una casa; desde allí sale para perseguir a los insectos y luego vuelve a encaramarse en el mismo sitio. Su modo de volar y su aspecto general hacen que se asemeje, en absoluto, a la **golondrina ordinaria** [...]*

Manos a la obra

Recurriendo en primera instancia a una clasificación, redacte uno o varios párrafos combinando las oraciones siguientes:

---

* Darwin, Charles: *El viaje de un naturalista alrededor del mundo.*

1. Existen diferencias entre la vida de las personas.

2. La vida es rural. La vida es urbana.

3. Las disparidades son múltiples.

4. El campesino desempeña un papel en su función.

5. El papel es fundamentalmente activo.

6. Su función es económica.

7. La subsistencia está al alcance de su mano.

8. La subsistencia está en la tierra.

9. La subsistencia está en la cosecha.

10. La subsistencia está en el ganado.

11. Ha de obtener su subsistencia con su trabajo.

12. El trabajo es directo.

13. El citadino tiene que adquirir esas subsistencias.

14. El citadino se acerca, con su dinero, a la tienda.

15. La tienda es de comestibles.

16. Si le llega a faltar el dinero, no tiene otros recursos.

17. Un recurso es vivir de limosna.

18. Un recurso es morirse de hambre.

19. Para el campesino, los cambios tienen importancia.

20. Los cambios son atmosféricos.

21. La importancia es fundamental.

22. Para el citadino son factores superficiales.

23. Para el campesino, la lluvia puede significar obtener una cosecha.

24. La cosecha es buena. La cosecha es mala.

25. Al citadino la lluvia sólo lo obliga a sacar el paraguas.

26. Para el campesino, una helada puede significar la ruina.

27. Para el citadino, una helada sólo significa tener que usar una bufanda.

28. La bufanda es de lana.

29. Para el campesino, la rotación constituye todo el ciclo.

30. La rotación es de las estaciones.

31. El ciclo es económico.

32. El ciclo es vital.

33. Para el citadino, la rotación sólo significa cambiar de indumentaria.

34. El cambio es simple.

35. Una modificación de las carteleras.

36. Las carteleras son de espectáculos.

Ojo...

Es importante que intentemos combinar todas las ideas, todas. Ojalá podamos. Todas las ideas agrupadas deben compartir una serie de características; en caso contrario, no formarían una clase.

El texto debe reflejar de manera clara que hay ideas que se incluyen, otras que se excluyen y otras que se intersecan.

Comparación y contraste

Se trata de una técnica para el cotejo de ideas, objetos, personas o animales. La comparación mostrará la semejanza entre dos de éstos; y el contraste, sus similitudes o diferencias.

> Al igual que con la clasificación, con esta técnica debemos saber eliminar detalles superfluos.

¿Cómo comparamos, cómo contrastamos? A partir de nexos...

comparación	contraste
(tal) (así) como	por otro lado
de igual/la misma forma/manera	mientras que
igual que, más que, menos que	por el contrario
de forma/manera similar	a diferencia de
tal como, mejor que, peor que	en cambio
tanto como	en contraste

Un ejemplo:*

[...] Desde luego, todos los primates tienen labios, pero no vueltos hacia fuera **como** nosotros. El chimpancé puede sacar y doblar los labios en una mueca exagerada [...] Nosotros, **en cambio,** tenemos permanentemente salientes los labios. [...] Para el chimpancé, se trata de una señal de saludo más que sexual; **en cambio,** en nuestra especie se emplea para ambas cosas [...]. No se confundieron de modo gradual con la piel facial circundante, **sino que** se formó una línea fija de delimitación. [...]

  [...] La desnudez de la piel hace también posibles ciertas señales de cambio de color. **En otros animales,** esto ocurre únicamente en limitadas zonas lampiñas; **en cambio,** abunda mucho más en nuestra especie. [...] que también experimentan estos cambios, porque, aun siendo invisibles **como** mutaciones de color, un examen más atento revela significativos cambios en la textura de la piel).

---

* Morris, Desmond: *El mono desnudo.*

MANOS A LA OBRA

Utilizando comparación y contraste, redacte uno o varios párrafos combinando las oraciones siguientes:

1. Existen diferencias entre la vida de las personas.

2. La vida es rural. La vida es urbana.

3. Las disparidades son múltiples.

4. El campesino desempeña un papel en su función.

5. El papel es fundamentalmente activo.

6. Su función es económica.

7. La subsistencia está al alcance de su mano.

8. La subsistencia está en la tierra.

9. La subsistencia está en la cosecha.

10. La subsistencia está en el ganado.

11. Ha de obtener su subsistencia con su trabajo.

12. El trabajo es directo.

13. El citadino tiene que adquirir esas subsistencias.

14. El citadino se acerca, con su dinero, a la tienda.

15. La tienda es de comestibles.

16. Si le llega a faltar el dinero, no tiene otros recursos.

17. Un recurso es vivir de limosna.

18. Un recurso es morirse de hambre.

19. Para el campesino, los cambios tienen importancia.

20. Los cambios son atmosféricos.

21. La importancia es fundamental.

22. Para el citadino son factores superficiales.

23. Para el campesino, la lluvia puede significar obtener una cosecha.

24. La cosecha es buena. La cosecha es mala.

25. Al citadino la lluvia sólo lo obliga a sacar el paraguas.

26. Para el campesino, una helada puede significar la ruina.

27. Para el citadino, una helada sólo significa tener que usar una bufanda.

28. La bufanda es de lana.

29. Para el campesino, la rotación constituye todo el ciclo.

30. La rotación es de las estaciones.

31. El ciclo es económico.

32. El ciclo es vital.

33. Para el citadino, la rotación sólo significa cambiar de indumentaria.

34. El cambio es simple.

35. Una modificación de las carteleras.

36. Las carteleras son de espectáculos.

OJO...

No debemos olvidar ninguna idea. Y es primordial utilizar los nexos.

JERARQUIZACIÓN

Es una técnica de gran utilidad para textos expositivos o argumentativos. Ciertas ideas son más relevantes que otras, apoyan mejor la idea central o son más convincentes; y esta técnica aborda perfectamente esta diferenciación, ya que podemos ordenar las ideas según la importancia que les concedamos.

¿Cómo jerarquizamos? También a partir de nexos...

primeramente		además, también
en primer/segundo/tercer lugar		Lo más/menos importante
finalmente		sobre todo
por otra parte		luego

Un ejemplo:*

[...] *Este principio de la humanidad y de toda naturaleza racional en general como fin en sí misma* [...]. **Primero,** *a causa de su universalidad, puesto que se extiende a todos los seres racionales y no hay experiencia que alcance a determinar tanto.* **Segundo,** *porque en dicho principio la humanidad no es representada como fin del hombre (subjetivamente)* [...]. **En efecto,** *el fundamento de toda legislación práctica se encuentra objetivamente en la regla y en aquella forma de universalidad que la capacita para ser una ley (siempre una ley natural)* [...]. **Antes bien,** *el sujeto de todos los fines según el segundo principio, es todo ser racional como fin en sí mismo* [...]

MANOS A LA OBRA

Ordenando las ideas por jerarquización, redacte uno o varios párrafos combinando las oraciones siguientes:

---

* KANT, Immanuel: *Metafísica de las costumbres.*

1. Existen diferencias entre la vida de las personas.

2. La vida es rural. La vida es urbana.

3. Las disparidades son múltiples.

4. El campesino desempeña un papel en su función.

5. El papel es fundamentalmente activo.

6. Su función es económica.

7. La subsistencia está al alcance de su mano.

8. La subsistencia está en la tierra.

9. La subsistencia está en la cosecha.

10. La subsistencia está en el ganado.

11. Ha de obtener su subsistencia con su trabajo.

12. El trabajo es directo.

13. El citadino tiene que adquirir esas subsistencias.

14. El citadino se acerca, con su dinero, a la tienda.

15. La tienda es de comestibles.

16. Si le llega a faltar el dinero, no tiene otros recursos.

17. Un recurso es vivir de limosna.

18. Un recurso es morirse de hambre.

19. Para el campesino, los cambios tienen importancia.

20. Los cambios son atmosféricos.

21. La importancia es fundamental.

22. Para el citadino son factores superficiales.

23. Para el campesino, la lluvia puede significar obtener una cosecha.

24. La cosecha es buena. La cosecha es mala.

25. Al citadino la lluvia sólo lo obliga a sacar el paraguas.

26. Para el campesino, una helada puede significar la ruina.

27. Para el citadino, una helada sólo significa tener que usar una bufanda.

28. La bufanda es de lana.

29. Para el campesino, la rotación constituye todo el ciclo.

30. La rotación es de las estaciones.

31. El ciclo es económico.

32. El ciclo es vital.

33. Para el citadino, la rotación sólo significa cambiar de indumentaria.

34. El cambio es simple.

35. Una modificación de las carteleras.

36. Las carteleras son de espectáculos.

Ojo...

Las ideas del texto deben estar ordenadas de acuerdo a la jerarquía que les hayamos concedido.

Causa y efecto*

Con esta técnica consideramos el fundamento o el origen de las ideas, por una parte, o aquello que le sigue a ese origen. Y podemos hacerlo a partir del efecto, indagando en las causas que lo han provocado; o sondeando primero las causas y, finalmente, indicando el efecto producido.

- ○ **Opción primera**: efecto + causa 1 + causa 2
- ○ **Opción segunda**: causa + efectos

¿Cómo? Sí, a partir de nexos...

causa
pues
puesto que
a causa de, debido a
en vista de
en el supuesto de que

efecto o consecuencia
por (lo) tanto
por consiguiente
por ende/ello/eso/esta razón
de suerte/manera/modo que
así que

Un ejemplo:**

*[...] Cuando desperté medité sobre este sueño, pero me resultó imposible comprenderlo. Intenté, **pues,** dormirme nuevamente, pero una voz dijo: «¡Tienes que comprender el sueño e inmediatamente!» [...] El sueño mostraba que la actitud que se encarnaba por medio de Sigfrido, el héroe, ya no se adecuaba más a mí. **Por ello** él tenía que ser asesinado. [...]*

*[...] Ciertos aspectos hacen referencia a la realidad empírica, incluso con probabilidad no del todo descartada. Sin embargo, nunca pude volver a observar algo parecido, **de modo que** no disponía de comparación alguna. **Puesto que mi observación es única y subjetiva,** es mi intención exponer su existencia, pero no sus contenidos. Debo reconocer, sin embargo, que **debido a** esta experiencia considero el problema de la reencarnación con otros ojos [...]*

---

* La diferencia entre EFECTO y CONSECUENCIA muchas veces no está muy clara. De hecho, a veces pueden entremezclarse. Para interés de este punto, da igual; ambas provienen de la causa. No obstante, simplemente para no quedarnos con la incertidumbre, el efecto se produce directamente por una causa, y la consecuencia, por otro lado, surge como resultado. Así, si dormí poco, por ejemplo, el efecto será que esté cansado, y la posible consecuencia, que me vaya a dormir.

** JUNG, C. G.: *Recuerdos, sueños, pensamientos.*

MANOS A LA OBRA

1. Utilizando causa y efecto, cualquiera de las dos formas, redacte uno o varios párrafos combinando las oraciones siguientes

1. Existen diferencias entre la vida de las personas.

2. La vida es rural. La vida es urbana.

3. Las disparidades son múltiples.

4. El campesino desempeña un papel en su función.

5. El papel es fundamentalmente activo.

6. Su función es económica.

7. La subsistencia está al alcance de su mano.

8. La subsistencia está en la tierra.

9. La subsistencia está en la cosecha.

10. La subsistencia está en el ganado.

11. Ha de obtener su subsistencia con su trabajo.

12. El trabajo es directo.

13. El citadino tiene que adquirir esas subsistencias.

14. El citadino se acerca, con su dinero, a la tienda.

15. La tienda es de comestibles.

16. Si le llega a faltar el dinero, no tiene otros recursos.

17. Un recurso es vivir de limosna.

18. Un recurso es morirse de hambre.

19. Para el campesino, los cambios tienen importancia.

20. Los cambios son atmosféricos.

21. La importancia es fundamental.

22. Para el citadino son factores superficiales.

23. Para el campesino, la lluvia puede significar obtener una cosecha.

24. La cosecha es buena. La cosecha es mala.

25. Al citadino la lluvia sólo lo obliga a sacar el paraguas.

26. Para el campesino, una helada puede significar la ruina.

27. Para el citadino, una helada sólo significa tener que usar una bufanda.

28. La bufanda es de lana.

29. Para el campesino, la rotación constituye todo el ciclo.

30. La rotación es de las estaciones.

31. El ciclo es económico.

32. El ciclo es vital.

33. Para el citadino, la rotación sólo significa cambiar de indumentaria.

34. El cambio es simple.

35. Una modificación de las carteleras.

36. Las carteleras son de espectáculos.

OJO...

El texto debe indicar claramente causas y efectos.

- **RECETA 28**
ENTRELAZANDO UN TEXTO

Ya tenemos las ideas y tenemos la estructuración. Es hora de escribir.

En este punto es esencial la COHERENCIA (en general), es decir, la forma eficiente de acoplar todas las partes del texto. Puntualmente, debemos lograr que el lector perciba equivalencia y afinidad en el contenido. Pondremos a prueba nuestros mecanismos de organización.

Asimismo, la información debe ser pertinente y suficiente, y debe estar ordenada, bien distribuida, en párrafos, claro está; debemos presentar progresión y continuidad, de modo que las diversas partes del texto estén perfectamente relacionadas, sin rupturas, incongruencias o vacíos; además, debemos mostrar ideas suficientemente desarrolladas, sin excesivas reiteraciones o digresiones innecesarias.[*]

Tenemos algunos mecanismos...

LA REITERACIÓN

Conocida como RECURRENCIA, se trata de la reiteración de un elemento del texto en el mismo texto. Tenemos tres formas:

o **Reiteración léxica**. Se trata de la repetición de una palabra o un concepto.

Ejemplos:[**]

[...] *Al igual que el mundo exterior,* **el alma** *humana se divide en una esfera superior y otra inferior; entre los dos polos de la sensibilidad y de la razón se desenvuelve la historia* **del alma***.*

[...] *Cuando la reproducción de la vida material se realiza bajo el imperio de la mercancía, creando continuamente la miseria de la sociedad de clases, lo bueno, lo bello y lo verdadero trascienden a esta* **vida***. Y si de esta manera se produce todo aquello que es necesario para la conservación y garantía de la* **vida** *material* [...]

---

[*] De manera general, en textos narrativos esto último se logra con la presencia de los mismos personajes y con la continuidad de las acciones y del ambiente; en textos descriptivos, con el orden de la información; y en textos expositivos y argumentativos, por su parte, con las ideas relacionadas de un modo lógico.
[**] MARCUSE, Herbert: *Cultura y sociedad.*

[...] *El temor por **la felicidad**, que impulsó a la filosofía a separar lo bello de lo necesario, mantiene la exigencia de **la felicidad** en una esfera separada. **La felicidad** queda reservada a un ámbito exclusivo, para que al menos pueda existir. **La felicidad** es el placer supremo que el hombre ha de encontrar en el conocimiento filosófico de lo verdadero, lo bueno y lo bello.* [...]

[...] *La verdadera filosofía, diferente y más sabia que aquélla, admite sólo una **felicidad** temporal; siembra las rosas y las flores en nuestra senda y nos enseña a recogerlas". La filosofía idealista admite también que de lo que se trata es de la **felicidad** del hombre. Sin embargo, la ilustración, en su polémica con el estoicismo, recoge precisamente aquella forma de la exigencia de **felicidad** que no cabe en el idealismo y que la cultura afirmativa no puede satisfacer* [...]

[...] *Ellos abstraen toda el **alma** de sus cuerpos; nosotros abstraeremos todo el cuerpo de nuestras **alma**s.* [...]

[...] *En el **mundo** externo el alma no puede desarrollarse libremente. La organización de este **mundo**, a través del proceso capitalista del trabajo, transformó el desarrollo del individuo en competencia económica e hizo depender del mercado la satisfacción de sus necesidades.* [...]

[...] *Exige **exclusividad**. Esta **exclusividad** se manifiesta en la exigencia de fidelidad incondicionada que, partiendo del alma, ha de obligar también a los sentidos.* [...]

[...] *En todos los demás casos **el alma** tiene, sobre todo, la función de elevarnos a los ideales, sin urgir su realización. **El alma** tiene una acción tranquilizadora.* [...]

[...] ***Esta actividad** cultural es juzgada y rechazada desde el punto de vista de las exigencias de la movilización total. **Esta actividad** "no representa otra cosa que el último oasis de la seguridad burguesa.* [...]

o **Sinonimia.** Hablamos de la reiteración mediante los sinónimos. Ejemplos:*

[...] *Las piezas de paño colocadas a derecha e izquierda formaban oscuras columnas, entre las cuales parecía aún más distante el lejano **tabernáculo**. Y en aquella **capilla** consagrada al culto de los encantos femeninos se exponían las confecciones* [...]

[...] *y ahora se daba cuenta, ahora entendía por qué el joven le había causado aquella **impresión** en la calle, en el departamento de sedería, y en aquellos momentos también. Esa **emoción**, que no conseguía desentrañar, le agobiaba cada vez más el ánimo, como un peso excesivo.* [...]

---

* ZOLA, Émile: *El paraíso de las damas.*

[...] —Ya sabrán —explicó— que este invierno van a llevarse mucho para las joven-
citas los vestidos adornados con **puntillas**; así que al ver aquel **encaje** de Valenciennes
tan bonito... [...]

[...] El olor de los guantes de piel de Sajonia, ese **olor** a fiera que parecía endulzar el
almizcle, solía turbarla. A veces lo comentaba, en broma, y confesaba que le agradaba
aquel **aroma** equívoco, donde había un toque de animal en celo caído en la caja de pol-
vos de arroz de una cortesana. [...]

[...] La trataba como si fuese una **niña**, con más compasión que bondad, por la única
razón de que la turbadora mujer que intuía en aquella **chiquilla** humilde y desmañada
había despertado su curiosidad por lo femenino. [...]

[...] le costó un trabajo infinito salir a la calle, cruzando entre el **gentío** que se apeloto-
naba ante la puerta. Aquella **muchedumbre** ávida de muerte crecía por momentos; unos
cuantos niños y mujeres, de puntillas, aguantaban los brutales empujones. [...]

○ **Otras relaciones semánticas.** Se realiza mediante distintos mecanismos de identidad referencial, además de concepto y explicación: lo general por lo particular (en
clasificación o en división), o al revés; efecto por la causa, o al revés; contenedor
por contenido, o al revés; la parte por el todo, o al revés...
Ejemplos:*

[...] Quizá surja **la evidencia de que usted está llamado a ser artista**. De ser así, acepte
ese destino y sopórtelo con toda su carga y grandeza, sin esperar recompensa que pueda
venir de fuera [...]

[...] Me alegró mucho encontrar en su escrito el nombre **del profesor Horacek. Ese
hombre**, tan sabio y amable, me merece un gran respeto y conservo hacia él un agrade-
cimiento que se prolonga con los años. [...]

[...] Llegué a **Roma** hace aproximadamente seis semanas, en un tiempo en el que **la
ciudad** era todavía la Roma vacía, calurosa, desconcertada por la fiebre [...]

[...] **Amar** es una sublime oportunidad para que el individuo madure, para llegar a
ser algo en sí mismo. **Convertirse en un mundo, transformarse en un mundo para sí
por amor a otro**, es una pretensión grande y modesta a la vez, algo que elige y que da
vocación y amplitud. [...]

[...] Y así **se modifican todas las distancias y medidas para quien se convierte en
un solitario**. Muchas de **estas metamorfosis** son súbitas, y como en aquel que repenti-
namente se encuentra en lo alto de un monte, surgen extrañas fantasías, sensaciones tan
extrañas que parecen haber crecido más allá de todo lo soportable. [...]

---

* RILKE, Rainer Maria: *Cartas a un joven poeta.*

[...] *En realidad, quería escribirle esto la víspera de* **Navidad**. *Pero a causa del ininte-rrumpido y múltiple trabajo en que vivo este invierno,* **la antigua fiesta** *transcurrió tan deprisa que apenas he tenido tiempo de realizar las tareas más urgentes y mucho menos para escribir.* [...]

LA SUSTITUCIÓN

Consiste en la recreación de una determinada palabra o frase pero esta vez mediante el empleo de palabras o frases especializadas en estas sustituciones o que puntual-mente asumen esta función.

Tenemos tres formas:

o **Las palabras comodín.** Pueden tener valor nominal (como *cosa*) o verbal (como *hacer*).

Ejemplos:*

[...] *Debo a la conjunción de un espejo y de una enciclopedia* **el descubrimiento de Uq-bar**. [...] **El hecho** *se produjo hará unos cinco años.* [...]

[...] *En el caso elegido* **la masa de adjetivos corresponde a un objeto real; el hecho** *es puramente fortuito.* [...]

[...] *Esa hibridación puede movernos a imaginar* **algún parecido con Chesterton**; *ya comprobaremos que no hay* **tal cosa**. [...]

[...] *Ese hombre le confía que* **su profesión es robar los dientes de oro de los cadá-veres trajeados de blanco que los parsis dejan en esa torre**. *Dice* **otras cosas viles** *y menciona que hace catorce noches que no se purifica con bosta de búfalo.* [...]

[...] *Comprendí, de pronto,* **dos cosas, la primera trivial, la segunda casi increíble**: *la música venía del pabellón, la música era china.* [...]

[...] *Ryan investiga* **el asunto (esa investigación es uno de los hiatos del argumento)** *y logra descifrar el enigma.* [...]

[...] *—Les di buenos consejos —declaró—, que nunca están de más y no cuestan nada. Les dije, entre* **otras cosas, que el hombre no debe derramar la sangre del hombre**. [...]

---

* BORGES, Jorge Luis: *Ficciones.*

○ **Pronombres.** Sustituyen elementos ya aparecidos o que están por aparecer en el texto.*
Ejemplos:**

> [...] *Cuando leemos a* **Chaucer**, *nos deslizamos hasta* **él** *imperceptiblemente a través de la corriente de las vidas de nuestros ancestros y, más adelante* [...]
>
> [...] *A continuación vino la lucha con* **la traducción de Strauss, la cual**, *deprimente y* «*aletargante del espíritu*» *de por sí, no parece que pudiera mitigarse con las tareas femeninas habituales de llevar la casa* [...]
>
> [...] *Pero podemos suponer que* **Sófocles** *no los usó para expresar algo externo a la acción de la obra, sino para cantar las alabanzas de alguna virtud o las bellezas de algún lugar allí mencionado.* **Él** *selecciona lo que desea enfatizar y canta acerca de la blanca Colono y su ruiseñor, o del amor no conquistado en una pugna.* [...]
>
> [...] *Era un observador minucioso e imperturbable, educado en esa* «*absoluta lealtad a* **sus sentimientos y emociones**», **los cuales**, *escribió Conrad,* «*un autor debería mantener bajo control en sus más exaltados momentos de creación*». [...]
>
> [...] **Roxana**, *una dama de la misma convicción, da razones con mayor sutileza en contra de la esclavitud del matrimonio.* **Ella** «*había iniciado algo nuevo en el mundo —le dijo el comerciante—* [...]
>
> [...] *Sólo a* **su hermana mayor** *le escribía con libertad; sólo a* **ella** *le confiaba sus esperanzas y, si es cierto el rumor, la única gran decepción de su vida* [...]
>
> [...] **El primer volumen de su vida** *es un documento especialmente deprimente. En* **él** *la vemos alzándose con quejidos y empeño del tedio intolerable de la mezquina sociedad de provincias* [...]

○ **Proadverbios.** Sirven para sustituir situaciones modales, temporales, locativas...
Ejemplos:***

> [...] *Me sentía bien* **bajo la mesa**. *Nadie parecía darse cuenta de que yo estaba* **allí**. [...]
>
> [...] *La montó tras él y en mitad del camino John vio de repente* **un garaje vacío**. *Se metió* **allí**, *cerró la puerta y violó a la chica.* [...]

---

* Podemos utilizar pronombres PERSONALES [*él, ella, ello, ellos, ellas*], DEMOSTRATIVOS [*éste, ése y aquél*, con sus femeninos y sus plurales], reflexivos [*me, te, se, nos*], recíprocos [*nos, se*], relativos [la información secundaria pero importante de la receta 18], indefinidos [*nadie, alguien, nada, algo, quien(es)quiera, alguno(s), algo, ninguno, cualquiera*] y posesivos [*mío(s), mía(s), tuyo(s)*...].
** WOOLF, Virginia: *El lector común*.
*** BUKOWSKI, Charles: *La senda del perdedor*.

[...] *Yo seguí allí* **de pie**.
    —Gracias, estoy bien **así**. *[...]*
[...] *Cayó al* **suelo**. *Se quedó* **allí**. *[...]*
[...] **No hablaba mucho**, *pero* **yo tampoco hablaba mucho** *y* **así** *nos iba bien. [...]*
[...] *Para mí era perfecto, porque me quedaba solo en* **el lugar**. *Ellos cerraban* **la casa**, *pero yo sabía cómo introducirme. Abría la puerta de rejilla con un cartón. [...]*

LA ELIPSIS

Podemos hacer ciertas supresiones en un texto. Tenemos tres formas:

o **Nominal**. Omitimos un nombre o un pronombre.

En este punto cabe el SUJETO TÁCITO.

Ejemplos:*

[...] **El coronel** *se quedó callado un instante:* **tuvo** *la clara sensación de oír una gota que caía en medio del desierto.* **Miró** *al cielo seco. [...]*
    [...] **el viejo** *supo que entraba a las inquietas tierras de Chihuahua y el Río Grande, dejando atrás el refugio de El Paso fundado con ciento treinta colonos y siete mil cabezas de ganado.* **Abandonaba** *el refugio consagrado de los fugitivos de norte y sur [...]*
    [...] *Volaron en círculo los zopilotes y* **el viejo** *levantó la cabeza.* **Bajó** *la mirada, alerta [...]*
    [...] *Es* **mi padre. Desapareció** *durante la guerra entre España y los Estados Unidos. [...]*
    [...] *Pero* **él** *sabía que el premio, como siempre, no era para los valientes, sino para los jóvenes: morir o escribir, amar o morir.* **Cerró** *los ojos con miedo [...]*
    [...] **Arroyo** *no comprendía.* **Creyó** *que habían condenado este pueblo a muerte por darle cuartel a los revolucionarios. [...]*

---

* FUENTES, Carlos: *Gringo viejo.*

No obstante, la omisión va más allá:*

[...] *Nadie supuso que **los mundos** más viejos del espacio fueran fuentes de peligro para nosotros, o si pensó en ellos, fue sólo para desechar como imposible o improbable la idea de que {estos mundos} pudieran estar habitados. [...]*

[...] *pero ahora sabemos que aun en su región ecuatorial la **temperatura** del mediodía no llega a ser la {temperatura} que tenemos nosotros en nuestros inviernos más crudos. [...]*

[...] *Las primeras ediciones de los diarios vespertinos habían sorprendido a Londres con enormes **titulares**, como el {titular} que sigue [...]*

[...] *De haber descrito **el rayo** un círculo completo, es seguro que {el rayo} me hubiera alcanzado por sorpresa. [...]*

[...] *Oí una serie de **ruidos**, casi como los {ruidos} que predominan en un taller mecánico [...]*

[...] *Todo lo que sea combustible se convierte en llamas al ser tocado por **el rayo**: el plomo corre como agua, el hierro se ablanda, el vidrio se rompe y se funde, y cuando {el rayo} toca el agua, ésta estalla en una nube de vapor. [...]*

o **Verbal** u **oracional**. También por presuponerse en el contexto, el lugar que corresponde a la forma verbal está vacío. La presuposición reside en que el verbo ya fue mencionado poco antes o que se trata de *ser, estar, haber, tener, poder...* Ejemplos:**

[...] *La primavera se anuncia únicamente por la calidad del aire o por los cestos de flores que traen a vender los muchachos de los alrededores; {es} una primavera que venden en los mercados. Durante el verano el sol abrasa las casas resecas y cubre los muros con una ceniza gris [...] En otoño, en cambio, {hay} un diluvio de barro. Los días buenos sólo llegan en el invierno. [...]*

[...] *Nuestros conciudadanos trabajan mucho, pero siempre {trabajan} para enriquecerse. [...]*

[...] *Estos hechos parecerán a muchos naturales y a otros, por el contrario, {parecerán} inverosímiles. [...]*

[...] *El hombre no se había dejado caer de muy alto ni demasiado bruscamente; las vértebras habían resistido. En suma, {tenía} un poco de asfixia. [...]*

---

* Wells, H. G.: *La guerra de los mundos.* Agregamos corchetes, {}, con lo omitido (o lo que sostenga la idea original), para efectos de ilustración.
** Camus, Albert: *La peste.* También, en algunos casos, hemos agregado corchetes.

[...] **había también** los triviales, que le ofrecían bonos de alojamiento o direcciones de pensiones económicas; los metódicos, que hacían llenar una ficha y la archivaban, en seguida; **{había también}** los desbordantes, que levantaban los brazos en alto, y **{había también}** los impacientes, que se volvían a mirar a otro lado; **había**, en fin, los tradicionales, mucho más numerosos que los otros [...]

o **Comparativa**. Por estar presentes en el contexto, omitimos los términos de la comparación.
Ejemplos:[*]

[...] Dorric era casi tan alta como **{lo era}** Roger. [...]

[...] Él había intentado explicarle que ser astronauta ya no exigía demasiado valor, no **{exigía}** más que cualquier transporte aéreo. [...]

[...] —Cuando yo era un muchacho —comenzó— el mundo era más sencillo **{de lo que es ahora}**. [...]

[...] Tanto para los ojos como para el entendimiento de los astrónomos, Marte estaba cada día más cerca **{de nosotros}** [...]

[...] Moriría a causa de lo extremas que eran las temperaturas en Marte, la más alta de las cuales era como la de un caluroso día de primavera, la más fría, **{era}** peor que una noche antártica polar. [...][**]

[...] Tú has tenido tus asuntos y yo **{he tenido}** los míos. [...]

[...] —Entiendo lo que trata de decirnos; su punto de vista es acertado y concuerda con el mío **{mi punto de vista}**. [...]

[...] y la fama de los demás quedó eclipsada. Por encima de la suya **{su fama}** estaba la de Roger. [...]

> Como vemos, el uso de posesivos (*mío, tuyo*...) suele implicar elipsis comparativa. También vemos que hay elipsis verbales; la diferencia es que aquí están en términos de comparación.

---

[*] Pohl, Frederik: *Homo Plus*.
   También, en algunos casos, hemos agregado corchetes.
[**] La coma remplaza al verbo *ser*.

El tópico

Podemos elegir un elemento para que funcione como TÓPICO o TEMA de la oración.

La mejor, si no la única opción recomendable, es anteponer expresiones especializadas, como *en cuanto a, por lo que se refiere a, hablando de, con respecto a, en cuanto a, a propósito de, con referencia a, en/por lo que respecta a...*

Ejemplos:*

[...] **En cuanto a** ti, Christopher, te conocemos de sobra, y más vale callarse. [...]

[...] **Por lo que** a mí **respecta**, desearía que no volvieras a verlo. [...]

[...] **En lo que a** él **respectaba**, no le habría ocultado nada; pero, considerando el sexo y la juventud de su retoño, decidió mostrar un respeto digno de un hombre mejor que él. [...]

[...] **En cuanto a** este otro, tiene un carácter demasiado fuerte, y sería una locura, sabiéndolo, unirme a él para siempre. [...]

[...] Pero, **por lo que respectaba** a Henchard, esta percepción suya le producía también cierta pena filial [...]

[...] **En cuanto a** ése, fue en parte por sus canciones como se encaramó sobre mí hasta hundirme en la ruina... [...]

[...] **Respecto a** la pobre Lucetta, no tomaron ninguna medida de protección, creyendo, como creía la mayoría, que era la principal responsable de aquel escándalo y que, por tanto, debía aguantar el chaparrón como pudiera. [...]

Véase también la receta 25, *para indicar un tema.*

Una variante a esta forma es asignar a un elemento la posición inicial y separarlo de la oración mediante una coma. No obstante, no es recomendable, especialmente si estamos ante el flagelo de la COMA DE SUJETO (receta 14), con la cual se confundiría.

Asimismo, un procedimiento tematizador muy frecuente en la lengua coloquial, no recomendable en la escritura, es la reduplicación léxica. El tema aparece en infinitivo, y después se repite el verbo en forma personal, como en "Dormir lo que se dice dormir, no dormí".

---

* HARDY, Thomas: *El alcalde de Casterbridge.*
En las estructuras *en lo que a alguien respecta,* se trata de opiniones o pensamientos.

LOS CONECTORES

Hay nexos que, más que relacionar oraciones, empalman fragmentos, para dar con el sentido del contexto. Veamos algunos...

adición	*además, asimismo, de igual forma*
advertencia	*cuidado, mira, oye, ojo*
afirmación	*sí, claro, exacto, de acuerdo, sin duda*
aprobación	*bien, bueno, vale, de acuerdo*
asentimiento	*claro, en efecto, vale, bueno, desde luego, por supuesto*
atenuación	*en todo caso, en cierta medida*
autocorrección	*mejor dicho, o sea, quiero decir*
cierre discursivo	*en fin, por último, he dicho, nada más, para terminar, al final*
comienzo discursivo	*primero, para empezar, bien*
conclusión	*en conclusión, en consecuencia, total, en fin, en resumen*
consecuencia	*por ende, por lo tanto, por consiguiente*
culminación	*incluso, para colmo*
digresión	*por cierto, a propósito, entre paréntesis*
duda	*quizá, tal vez, acaso*
ejemplificación	*por ejemplo, así, verbigracia*
énfasis	*claro*
enumeración	*en primer lugar, en segundo lugar...*
evidencia	*por supuesto, desde luego*
explicación	*es decir, o sea, esto es, a saber*
intensificación	*más aún, máxime*

llamada de atención	mire, mira, venga, vamos
oposición	por el contrario, en cambio, no obstante
precisión	en rigor, en realidad
recapitulación	al fin y al cabo
resumen	resumiendo, en resumidas cuentas, en suma, en pocas palabras
transición	por otra parte, por otro lado

Ejemplos:*

[...] Después, empujó la verja del patio y fue hasta el arranque de los escalones levantando la luz por encima de la cabeza para ver qué sucedía.

En efecto, había dos carricoches parados, y el caballo de uno de ellos iba atado a la parte de atrás del otro. [...]

[...] También habría podido ser que la yegua hubiera tomado un atajo mientras él dormía. **En fin,** ese camino tenía que llevar a la larga a algún pueblo... [...]

[...] Pero la rodilla hinchada le dolía; tenía que pararse y sentarse a cada momento, por lo agudo del dolor. **Además,** el lugar donde se encontraba era lo más desolado de la Sologne. [...]

[...] Ha continuado despacio su camino hacia Sainte-Agathe. **En efecto,** sentado en un pilar del puente de los Glacis, el gran Meaulnes nos esperaba con aire de estar rendido. [...]

[...] —¡Pues, sí! —dijo—. **Por otra parte,** comprendo muy bien que todo eso te interese muy poco. [...]

[...] —**En todo caso** —dije—, ya no es tiempo de correr. Ya están en camino hacia Alemania. [...]

---

* Fournier, Alain: *El gran Meaulnes.*

APÉNDICE

EVITANDO VICIOS

Terminaremos nuestro REDACTARIO con un conjunto de vicios que evitar.

En general no suponen errores de comprensión en el lector; se restringen a una mala imagen del redactor. No obstante, nadie que se precie de redactor podría evidenciar cualquiera de estas aberraciones.

RECETA 29
LEÍSMO

Dicho de la manera más sencilla, es escribir *le* cuando corresponde *lo* o *la*. Por extensión, también es el vicio de poner *les* en lugar de *los* o *las*.

Es muy frecuente debido a, obviamente, un desconocimiento de nuestra lengua. A esto se le ha sumado, hoy, la postura cómoda de inclinarse inmediatamente por *les*, como comodín, ante un caso dudoso, y la creencia absurda de que *les* es "incluyente" y *los* y *las* son excluyentes.

Bien, ¿pero cómo saber si va *les* o *los/las*? Vamos a recurrir a la receta 12, específicamente al punto *algo fue hecho por alguien*. Debemos cambiar (o intentar cambiar) la oración a VOZ PASIVA... Si se puede, o si el sentido no se pierde con una supuesta VOZ PASIVA, lo correcto es *lo*, *la*, *los* o *las*. En caso contrario, será *le* o *les*.

	activa				pasiva			Lo correcto:
El aprendiz	*redactó*	*el texto.*	→	*El texto*	*fue redactado*	*por*	*el aprendiz.*	**Lo** redactó. (**el texto**)
(Nosotros)	*haremos*	*las tareas.*	→	*Las tareas*	*serán hechas*	*por*	*nosotros.*	**Las** haremos. (**las tareas**)
El alumno	*saludaba*	*a la profesora.*	→	*La profesora*	*era saludada*	*por*	*el alumno.*	**La** saludó. (**a la profesora**)

Martina	leyó	los ensayos.	→	Los ensayos	fueron leídos	por	Martina.

Los leyó.
(los ensayos)

El niño	escribió	a su padre	→	El padre	fue escrito	por	su hijo.
				⊗			

Le escribió.
(a él)

Como vemos, se pierde el sentido. El padre no fue
escrito; así pues, no puede ser *lo*.

No obstante, el error asoma más cuando nos referimos a personas (*ustedes* o *ellos*) y el sujeto está implícito. Recordemos: si la oración puede ser pasada a voz PASIVA y no pierde el sentido, lo correcto será *lo, la, los* o *las*.

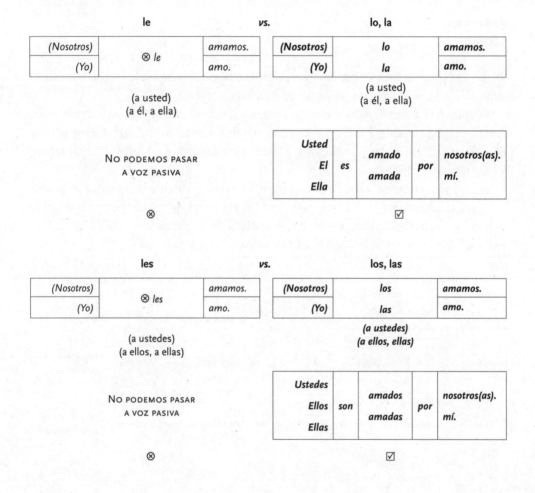

le   *vs.*   **lo, la**

(Nosotros)	⊗ le	amamos.
(Yo)		amo.

(a usted)
(a él, a ella)

(Nosotros)	lo	amamos.
(Yo)	la	amo.

(a usted)
(a él, a ella)

NO PODEMOS PASAR
A VOZ PASIVA

Usted	es	amado	por	nosotros(as).
El		amada		mí.
Ella				

⊗   ☑

les   *vs.*   **los, las**

(Nosotros)	⊗ les	amamos.
(Yo)		amo.

(a ustedes)
(a ellos, a ellas)

(Nosotros)	los	amamos.
(Yo)	las	amo.

(a ustedes)
(a ellos, ellas)

NO PODEMOS PASAR
A VOZ PASIVA

Ustedes	son	amados	por	nosotros(as).
Ellos		amadas		mí.
Ellas				

⊗   ☑

Ejemplos:*

con leísmo, incorrecto	prueba con voz pasiva	original, correcto
⊗ [...] —No creo que *le* mande a ningún sitio [...]	No creo que sea mandado...	☑ [...] —No creo que *lo* mande a ningún sitio [...]
⊗ [...] Si *le* hiciera, dejaría de resultarme placentero. [...]	Si (eso) fuera hecho por mí...	☑ [...] Si *lo* hiciera, dejaría de resultarme placentero. [...]
⊗ [...] Mi mujer *le* hace muy bien [...]	Es hecho muy bien por mi mujer.	☑ [...] Mi mujer *lo* hace muy bien [...]
⊗ [...] ¿Cómo quieres que *le* admire? [...]	¿Cómo quieres que sea admirada?	☑ [...] ¿Cómo quieres que *la* admire? [...]
⊗ [...] Hay una manera de responderle, pero no *le* encuentro. [...]	[...] pero no es encontrada (por mí).	☑ [...] Hay una manera de responderle, pero no *la* encuentro. [...]
⊗ [...] Dorian Gray *le* observó con el extraño interés [...]	Fue observada (una abeja), por Dorian Gray, con el extraño interés...	☑ [...] Dorian Gray *la* observó con el extraño interés [...]
⊗ [...] Se *les* reconoce por eso. [...]	Son reconocidas por eso.	☑ [...] Se *las* reconoce por eso. [...]
⊗ [...] emitir las propias ideas para que *les* devuelva un eco [...]	[...] para que (las ideas) sean devueltas por un eco.	☑ [...] emitir las propias ideas para que *las* devuelva un eco [...]
⊗ [...] Yo mismo tuve ambiciones literarias, pero *les* abandoné hace mucho. [...]	[...] pero fueron abandonadas, por mí, hace mucho.	☑ [...] Yo mismo tuve ambiciones literarias, pero *las* abandoné hace mucho. [...]
⊗ [...] y a dos de ellas no *les* recibe la buena sociedad. [...]	[...] no son recibidas por la buena sociedad.	☑ [...] y a dos de ellas no *las* recibe la buena sociedad. [...]
⊗ [...] Le dije que nunca *les* leía. [...]	[...] nunca eran leídos (los periódicos) por mí.	☑ [...] Le dije que nunca *los* leía. [...]
⊗ [...] Cuando se volvieron a abrir, *les* velaba la niebla de un sueño. [...]	[...] eran velados (sus ojos) por la niebla del sueño.	☑ [...] Cuando se volvieron a abrir, *los* velaba la niebla de un sueño. [...]
⊗ [...] Los salteadores *les* atacarían tres veces [...]	Serían atacados tres veces por los salteadores.	☑ [...] Los salteadores *los* atacarían tres veces [...]
⊗ [...] al hacerse mayores, *les* juzgan, y en ocasiones les perdonan. [...]	Son juzgados, y en ocasiones son perdonados.	☑ [...] al hacerse mayores, *los* juzgan, y en ocasiones los perdonan. [...]

A la inversa, es decir, poner *lo, la, los, las* cuando corresponde *le, les*, sucede muy poco. Se trataría de *loísmo* o *laísmo*. La forma de verificar es la misma.

---

* WILDE, Oscar: *El retrato de Dorian Gray*.
  En la primera columna de los ejemplos, *lo, la, los, las* fueron cambiados por *le, les*. Mil disculpas. Fines didácticos.

Ojo. En ciertas zonas geográficas, el leísmo es aceptado cuando se refiere a personas del sexo masculino y en singular. A pesar de esto, no es recomendado. Al respecto, cabe destacar que obras como el *Quijote* están plagadas de este "vicio", ya que fue escrita cuando el leísmo no era vicio sino una representación fiel del habla propia de la zona.

El leísmo siempre estará incorrecto, en cambio, para nombres femeninos, así como para animales y cosas.

Por otro lado, para descartar de plano un *loísmo* o *laísmo*, podemos recurrir a un diccionario. Los verbos que en la acepción puntual están marcados con *intr.* siempre tendrán *le* o *les*.

RECETA 30
(SE) LOSISMO

Este error sucede en menos ocasiones, porque la situación que lo encarna se presenta en menos ocasiones. No obstante, cada vez que surge dicha situación, el error es prácticamente seguro. Para introducir el error, recordemos la receta 11, específicamente el punto *alguien hace algo*.

La gran mayoría de los mensajes, orales o escritos, asume esta forma:

SUJETO	PREDICADO			
QUIÉN	HACE	QUÉ	A QUIÉN	EN QUÉ CIRCUNSTANCIAS
Él *Ella*	*ha comprado*	*un nuevo libro.* *unos nuevos libros.*		
	Vio	*una película* *unas películas*		*ayer en la tarde.*

Tenemos un QUÉ y un A QUIÉN. Todo QUÉ puede ser cambiado por *lo, la, los, las...*

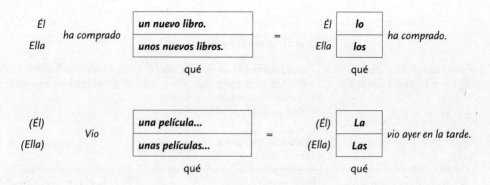

Todo A QUIÉN puede ser cambiado por *le, les*... Y podemos remplazar ambos a la vez, el QUÉ y el A QUIÉN. Pero cuando hacemos esta doble sustitución, *le* o *les* siempre deberá ser cambiado por *se*. ¿Por qué? Simplemente, por eufonía, porque nuestra lengua no permite algunas combinaciones:

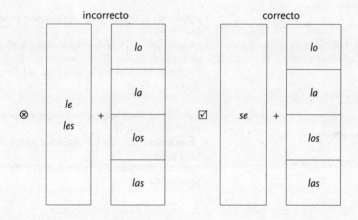

Como vemos, si vamos a utilizar *lo, la, los, las*, no podemos utilizar *le, les*; debemos cambiarlos por *se*.

Hecha la introducción, es momento de toparnos con el error. Primero, recordemos que *los* es el QUÉ, y *se* (originalmente *les*) es el A QUIÉN. Ahora fijémonos en lo siguiente...

incorrecto		correcto

	• ¿**Qué** necesito? **Silencio** (un solo asunto). **Lo** necesito.	
Saben que necesito silencio... ⊗ *No **se los** pediré otra vez.*	• ¿**A quién(es)** se lo pediré? A **ustedes** o a **ellos**. **Les** pediré (algo). Por tanto, ⊗ ***les lo** pediré*, que debe ser cambiado por ☑ ***se lo** pediré...*	*Saben que necesito silencio...* ☑ *No **se lo** pediré otra vez.*

	• ¿**Qué** pedí? **Traer materiales** (un solo asunto). **Lo** pedí.	
Les pedí traer materiales... ⊗ ***Se los** dije más de una vez.*	• ¿**A quién(es)** se lo dije? A **ustedes** o a **ellos**. **Les** dije (algo). Por tanto, ⊗ ***les lo** dije*, que debe ser cambiado por ☑ ***se lo** dije...*	*Les pedí traer materiales...* ☑ *Se **lo** dije más de una vez.*

¿Cuándo está bien *se los*?

	• ¿**Qué** necesito? **Silencio y colaboración** (dos asuntos). **Los** necesito.
Saben que necesito silencio y colaboración... ☑ *No se los pediré otra vez.*	• ¿**A quién(es)** se lo pediré? A **ustedes** o a **ellos**. **Les** pediré (dos asuntos). Por tanto, ⊗ *les los pediré*, que debe ser cambiado por ☑ *se los pediré...*

	• ¿**Qué** pedí? **Traer materiales y llegar temprano** (dos asuntos). **Los** pedí.
Les pedí traer materiales y llegar temprano... ☑ *Se los dije más de una vez.*	• ¿**A quién(es)** se lo dije? A **ustedes** o a **ellos**. **Les** dije (dos asuntos). Por tanto, ⊗ *les los dije*, que debe ser cambiado por ☑ *se los dije...*

Receta 31
Quesuismo

Este vicio es muy fácil de explicar, y también de erradicar. El error, muy común en lengua coloquial, especialmente la oral, consiste en sustituir *cuyo* (*cuya, cuyos, cuyas*) por la secuencia «que su». En la textualidad es un error impresentable.

Podemos remontarnos a la receta 18, específicamente al punto *para indicar información secundaria pero importante*. Veremos que *cuyo* hace referencia al poseedor de lo mencionado a continuación.

incorrecto	correcto
⊗ *Ella es una alumna que sus ganas contagian.*	☑ *Ella es una alumna cuyas ganas contagian.*

Las ganas pertenecen a la alumna.

⊗ *Tengo un amigo que su padre es astronauta.*	☑ *Tengo un amigo cuyo padre es astronauta.*

El padre es del amigo.

Ejemplos:*

incorrecto, con *quesuismo*	**correcto, original**
⊗ *[...] acariciando la cabeza tosca puesta sobre sus rodillas, con una mano* **que su** *suave tacto no habían logrado destruir todo el fregar de platos y todo el trabajo doméstico. [...]*	☑ *[...] acariciando la cabeza tosca puesta sobre sus rodillas, con una mano* **cuyo** *suave tacto no habían logrado destruir todo el fregar de platos y todo el trabajo doméstico. [...]*
⊗ *[...] Este año iba a ser una plantación de girasoles,* **que sus** *semillas habían de dar de comer a la gallina Muñuda y su familia de polluelos. [...]*	☑ *[...] Este año iba a ser una plantación de girasoles,* **cuyas** *semillas habían de dar de comer a la gallina Muñuda y su familia de polluelos. [...]*
⊗ *[...] y para la señorita Crocker,* **que sus** *ojos curiosos no perderían falta y* **que su** *lengua murmuradora tendría tema para rato. [...]*	☑ *[...] y para la señorita Crocker,* **cuyos** *ojos curiosos no perderían falta y* **cuya** *lengua murmuradora tendría tema para rato. [...]*
⊗ *[...] ¿Qué haremos cuando no podamos comer más? —preguntó Laurie,* **que su** *repertorio quedaba agotado con la merienda. [...]*	☑ *[...] ¿Qué haremos cuando no podamos comer más? —preguntó Laurie,* **cuyo** *repertorio quedaba agotado con la merienda. [...]*
⊗ *[...] instintivamente se volvió al Amigo, fuerte y tierno,* **que su** *amor paternal rodea a sus hijos pequeños. [...]*	☑ *[...] instintivamente se volvió al Amigo, fuerte y tierno,* **cuyo** *amor paternal rodea a sus hijos pequeños. [...]*

En ciertos casos extremos, el *quesuismo* se convierte en *queelismo* («que el») o *quelaísmo* («que la»).

---

* ALCOTT, Louisa May: *Mujercitas.*
  El QUESUISMO de la columna izquierda corresponde a una herejía. Fines didácticos.

Receta 32
Queísmo y dequeísmo

Debemos saber que hay ciertos verbos, en ciertos usos, que exigen el uso de PREPO-SICIÓN:

Contar **con** (alguien)	Beneficiarse **de, con**
Acordarse **de**	Estar de acuerdo **con**
Ceñirse **a**	Asegurarse **de**

Hay también secuencias, como *antes de que* o *después de que*, que exigen un *de*. Pues bien, de manera sencilla, el *queísmo* consiste en omitir la preposición (especialmente *de*) antes de *que*.

incorrecto, con queísmo	correcto
⊗ No me acordaba **que** eras tan alegre.	☑ No me acordaba **de que** eras tan alegre.
⊗ Estábamos seguros **que** así estaba correcto.	☑ Estábamos seguros **de que** así estaba correcto.
⊗ Llegamos antes **que** cerraran.	☑ Llegamos antes **de que** cerraran.

Es fácil saber si va *de* o no va. Simplemente hacemos una pregunta que tenga como respuesta la oración en cuestión.

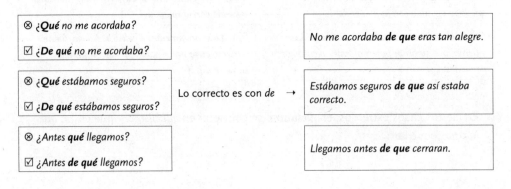

Ejemplos:*

incorrecto, con queísmo	prueba con pregunta	correcto, original
⊗ [...] Estoy segura **que** te caerá mucho mejor —decía con ojos cariñosos [...]	¿**De qué** está segura?	☑ [...] Estoy segura **de que** te caerá mucho mejor —decía con ojos cariñosos [...]
⊗ [...] Sin embargo, Kiyoaki seguía convencido **que** en el fondo de este mundo [...]	¿**De qué** seguía convencido?	☑ [...] Sin embargo, Kiyoaki seguía convencido **de que** en el fondo de este mundo [...]
⊗ [...] La abadesa, aunque consciente **que** algo iba mal, no dijo nada y sonrió. [...]	¿**De qué** estaba consciente?	☑ [...] La abadesa, aunque consciente **de que** algo iba mal, no dijo nada y sonrió. [...]
⊗ [...] pero una vez se da cuenta **que** esa mujer es una cualquiera [...]	¿**De qué** se da cuenta?	☑ [...] pero una vez se da cuenta **de que** esa mujer es una cualquiera [...]
⊗ [...] El marqués estaba enterado **que** su esposa lo sabía. [...]	¿**De qué** estaba enterado?	☑ [...] El marqués estaba enterado **de que** su esposa lo sabía. [...]
⊗ [...] Después **que** cada uno realizó cinco tiros, su padre se retiró [...]	¿Después **de qué** su padre se retiró?	☑ [...] Después **de que** cada uno realizó cinco tiros, su padre se retiró [...]
⊗ [...] Lo mejor sería convencerla **que** yo no tengo más respeto por la dignidad femenina que mi padre. [...]	¿**De qué** sería mejor convencerla?	☑ [...] Lo mejor sería convencerla **de que** yo no tengo más respeto por la dignidad femenina que mi padre. [...]

El *dequeísmo*, por su parte, es agregar erróneamente *de* antes de *que*.

incorrecto, con dequeísmo	correcto
⊗ No quiero **de que** lo olvides.	☑ No quiero **que** lo olvides.
⊗ Nos dijo **de que** el queísmo es fácil de erradicar.	☑ Nos dijo **que** el queísmo es fácil de erradicar.
⊗ Prefiero **de que** no me des la respuesta.	☑ Prefiero **que** no me des la respuesta.

Hagamos las preguntas:

---

* MISHIMA, Yukio: *Nieve de primavera*.
Ya sabemos: los errores, con fines didácticos, van por parte del autor de este libro.

☑ *¿Qué no quiero?*
⊗ *¿De qué no quiero?*

No quiero que lo olvides.

☑ *¿Qué nos dijo?*
⊗ *¿De qué nos dijo?*

Lo correcto es sin *de* →

Nos dijo que el queísmo es fácil de erradicar.

☑ *¿Qué prefiero?*
⊗ *¿De qué prefiero?*

Prefiero que no me des la respuesta.

Ejemplos:*

incorrecto, con dequeísmo	prueba con pregunta	correcto, original
⊗ [...] *y un buen día se supo de que la isla habíala adquirido un tal míster Owen.* [...]	*¿Qué supo?*	☑ [...] *y un buen día se supo que la isla habíala adquirido un tal míster Owen.* [...]
⊗ [...] *¡Y pensar de que, a vuelo de pájaro, la isla del Negro estaba tan cerca!* [...]	*¿Y pensar qué?*	☑ [...]*¡Y pensar que, a vuelo de pájaro, la isla del Negro estaba tan cerca!* [...]
⊗ [...] *«La abeja Laboriosa» insinuaba delicadamente de que aquélla era una morada digna de una reina.* [...]	*¿Qué insinuaba?*	☑ [...] *«La abeja Laboriosa» insinuaba delicadamente que aquélla era una morada digna de una reina.* [...]
⊗ [...] *Merry Weather deslizó de que la isla había sido comprada por una pareja deseosa de pasar allí su luna de miel.* [...]	*¿Qué deslizó?*	☑ [...] *Merry Weather deslizó que la isla había sido comprada por una pareja deseosa de pasar allí su luna de miel.* [...]
⊗ [...] *Jonas afirmaba de que la isla del Negro había caído en manos del Almirantazgo británico que quería dedicarla a muy secretas experiencias* [...]	*¿Qué afirmaba?*	☑ [...] *Jonas afirmaba que la isla del Negro había caído en manos del Almirantazgo británico que quería dedicarla a muy secretas experiencias* [...]
⊗ [...] *Creo entender de que la directora la conoce personalmente.* [...]	*¿Qué creo entender?*	☑ [...] *Creo entender que la directora la conoce personalmente.* [...]
⊗ [...] *—Está bien entendido de que no exigirá de mí ningún trabajo ilegal, ¿no es cierto?* [...]	*¿Qué está bien entendido?*	☑ [...] *—Está bien entendido que no exigirá de mí ningún trabajo ilegal, ¿no es cierto?* [...]
⊗ [...] *Quiero creer de que se acordará de mí.* [...]	*¿Qué quiero creer?*	☑ [...] *Quiero creer que se acordará de mí.* [...]

---

* AGATHA, Christie: *Diez negritos.*
  Columna izquierda modificada para fines didácticos, cabe destacar.

RECETA 33
GERUNDISMO E INFINITIVISMO

GERUNDISMO

No es para nada infrecuente encontrarnos con el error de un GERUNDIO mal utilizado. Es bastante común, de hecho, especialmente en el periodismo (el malo, claro está) y también en documentales televisivos, en redes sociales... El vicio del gerundio mal utilizado, especialmente el que implica posteridad, es llamado GERUNDISMO.

Comencemos recordando qué es el GERUNDIO: una forma no personal* terminada en *-ando*, *-endo* y que tiene carácter adverbial (modifica a, en este caso, un verbo o una oración).

Sabido esto, podemos ver, en líneas generales, tres usos correctos del gerundio...

○ **Modal**
   Indica la manera en que sucede lo indicado por el verbo principal. Indica un CÓMO.

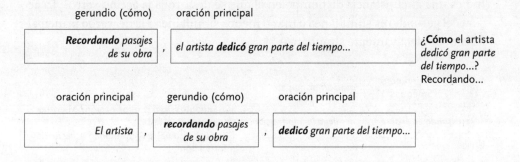

Como vemos, el gerundio funciona como las circunstancias de la receta 23. De hecho, lo es. Así pues, podría ir en varias posiciones.

Para cerciorarnos de la corrección, podemos preguntar *cómo* o *de qué manera/ modo*: cómo dedicó gran parte del tiempo...

---

* Que sea impersonal implica que está mal decir, por ejemplo, ⊗ *yo caminando*, ⊗ *tú leyendo*, ⊗ *él durmiendo*... Al ser impersonales, los gerundios no se asocian directamente a personas (*yo, tú, él*..., el hijo, la madre, el Sol, el perro, los años, las sillas...).

Veamos más...

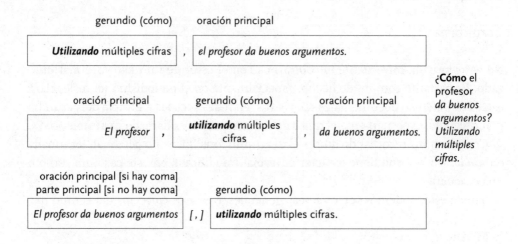

- ○ **Temporal**

  Indica una circunstancia de tiempo en el que se desarrolla la acción verbal. La acción del gerundio es simultánea o más o menos simultánea a la del verbo principal. Puede ser efectivamente simultáneo...

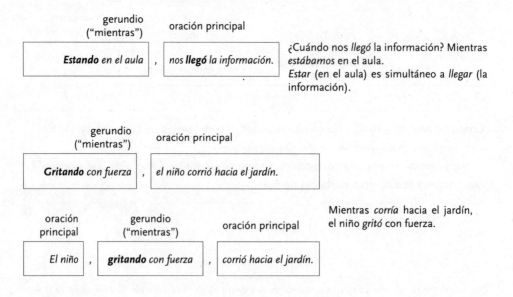

oración principal	gerundio ("mientras")	
El niño corrió hacia el jardín	, **gritando** con fuerza	De la misma manera, mientras *corría* hacia el jardín, el niño *gritó* con fuerza.

También funciona como las circunstancias de la receta 23. Por lo mismo, cuidado con las que van al final; ya sabemos que a veces nos veremos obligados a separarlas con comas, como en el último ejemplo.

Para cerciorarnos, podemos preguntar *cuándo*: cuándo ocurrió la acción... Al ser simultáneos, debemos pensar en un "mientras".

También puede ser un poco previo...

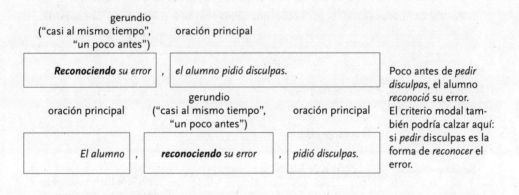

gerundio ("casi al mismo tiempo", "un poco antes")	oración principal
Reconociendo su error	, el alumno pidió disculpas.

oración principal	gerundio ("casi al mismo tiempo", "un poco antes")	oración principal
El alumno	, **reconociendo** su error	, pidió disculpas.

Poco antes de *pedir disculpas*, el alumno *reconoció* su error. El criterio modal también podría calzar aquí: si *pedir* disculpas es la forma de *reconocer* el error.

También funciona como las circunstancias de la receta 23. Eso sí, no puede ir al final, ya que el gerundio indicaría posteridad.

Para cerciorarnos, podemos preguntar *cuándo*: cuándo ocurrió la acción... Al ser un poco anterior, debemos pensar en un "previo a".

Y también puede ser un poco posterior, muchas veces como consecuencia directa e inmediata...

gerundio
("casi al mismo tiempo",   oración principal
"un poco después")

| *Resbaló en la pista* | , | *golpeándose la cabeza contra el hielo.* |

Poco después de *resbalar*, se golpeó a cabeza. Es, además, una consecuencia directa.

gerundio
("casi al mismo tiempo",   oración principal
"un poco después")

| *Nuestra compañera no vino* | , | *obligándonos a improvisar con su parte.* |

El *verse obligados...* es una consecuencia directa de que la compañera no haya ido.

En este caso, el GERUNDIO siempre deberá ir al final. No obstante, su uso no es totalmente aceptado; y, por tanto, siempre será mejor reformular las oraciones:

Resbaló en la pista, y (producto de esto) se golpeó la cabeza contra el hielo.

Nuestra compañera no vino, por lo cual nos vimos obligados a improvisar con su parte.

○ **Causal**

Indica una causa. Así de sencillo.

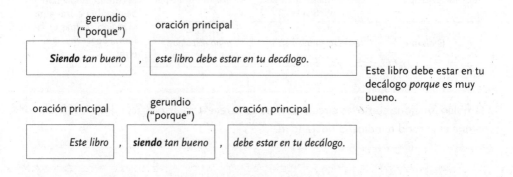

gerundio
("porque")   oración principal

| *Siendo tan bueno* | , | *este libro debe estar en tu decálogo.* |

Este libro debe estar en tu decálogo *porque* es muy bueno.

oración principal   gerundio
("porque")   oración principal

| *Este libro* | , | *siendo tan bueno* | , | *debe estar en tu decálogo.* |

En este caso, el GERUNDIO no puede ir al final.

Para cerciorarnos, podemos preguntar *por qué*: por qué este libro debe estar entre tu decálogo...

Ahora bien, simplemente para completar el cuadro, incluiremos un cuarto caso, uno que no genera confusiones.

○ **Para grupos verbales (acciones en curso o progresivas)**
Este GERUNDIO, de suma sencillez, informa sobre el estado de un proceso o de una acción en curso.

acción en desarrollo	*estar*		*estar caminando, estar pensando...*
	andar		*andar haciendo, andar especulando...*
progresión y acumulación gradual en el desarrollo de una acción	*ir*		*ir llegando, ir terminando...*
proceso en retrospectiva	*venir*	+ gerundio	*venir haciendo, venir poniendo...*
	llevar		*llevar diciendo, llevar trabajado...*
acción que no se interrumpe o cambia	*continuar*		*continuar creyendo, continuar contando...*
	seguir		*seguir leyendo, seguir viendo...*
acción que ocupa un espacio de tiempo expreso	*pasar(se)**		*pasar escuchando, pasar riendo*

> Hay otros usos, en total tela de juicio, como el CONDICIONAL y el CONCESIVO.

Y pues bien, conocidos los usos correctos del GERUNDIO, vamos al grano: ¿cómo suele presentarse el GERUNDISMO? Veamos...

○ **Para acciones posteriores**
Es el más común. La acción del gerundio es posterior a la del verbo principal y únicamente introduce una sucesión temporal; es decir, «acontece A y acontece B».

---

* En el sentido de pasar(se) el tiempo.

gerundio posterior

Comencé a trabajar ahí en 1995 ,	⊗ **siendo** muy feliz durante 10 años.	El ser muy feliz durante 10 años es simplemente posterior al de haber comenzado a trabajar.

gerundio posterior

La ambulancia llegó rápidamente al lugar ,	⊗ **encontrando** dos heridos.	El encontrar dos heridos es posterior al de haber llegado rápidamente.

¿Cómo lo solucionamos?

1. Lo más sencillo implica agregar *y* y luego cambiar el gerundio de posteridad por un verbo conjugado:

   ☑ *Comencé a trabajar ahí en 1995 **y fui** muy feliz durante 10 años.*
   ☑ *La ambulancia llegó rápidamente al lugar **y encontró** dos heridos.*

2. Podemos cambiar el verbo principal por un gerundio (simple o compuesto, según convenga) y luego agregar una coma, poner el sujeto y cambiar el gerundio de posteridad por un verbo conjugado:

   ☑ *Habiendo comenzado a trabajar ahí en 1995, **fui** muy feliz durante 10 años.*
   ☑ *Habiendo llegado rápidamente al lugar, la ambulancia **encontró** dos heridos.*

   Ojo... No siempre es posible esta opción. Y a veces podría parecer que está mal, porque no es una fórmula usual.

Ejemplos:*

incorrecto, con *gerundismo*	correcto, original
⊗ [...] *Briant recorrió dichos departamentos, **observando** que el agua no penetraba ni por encima ni por debajo de la línea de flotación.* [...]	☑ [...] *Briant recorrió dichos departamentos **y observó** que el agua no penetraba ni por encima ni por debajo de la línea de flotación.* [...]
⊗ [...] *Luego se inclinó a babor, **quedando** inmóvil en medio del hervor de las aguas.* [...]	☑ [...] *Luego se inclinó a babor **y quedó** inmóvil en medio del hervor de las aguas.* [...]
⊗ [...] *Ya en lo alto, tomó el anteojo, **dirigiendo** la visual hacia el Este.* [...]	☑ [...] *Ya en lo alto, tomó el anteojo **y dirigió** la visual hacia el Este.* [...]
⊗ [...] *El muchacho limpió el anteojo, **mirándolo** de nuevo...* [...]	☑ [...] *El muchacho limpió el anteojo **y miró** de nuevo...* [...]

---

* VERNE, Julio: *Dos años de vacaciones.*
  La columna izquierda fue modificada para fines didácticos.

⊗ [...] *Briant, en previsión de que el aire estuviera viciado, encendió un puñado de hierba seca,* **arrojándolo** *al interior* [...]	☑ [...] *Briant, en previsión de que el aire estuviera viciado, encendió un puñado de hierba seca* **y lo arrojó** *al interior* [...]
⊗ [...] *Cansadísimos después de tan laborioso día, cenaron con gran apetito,* **durmiendo** *sin despertarse hasta la mañana siguiente.* [...]	☑ [...] *Cansadísimos después de tan laborioso día, cenaron con gran apetito* **y durmieron** *sin despertarse hasta la mañana siguiente.* [...]

○ **Para cualidades de un nombre**

Sucede en general por la intención de querer impresionar... utilizando incorrecciones aprendidas de pésimas fuentes. Hay otras formas correctas de hacerlo... El gerundio no sirve para dar características de algo o alguien; no es un adjetivo.

gerundio de cualidad

Ella ha demostrado ser una gran estudiante	,	⊗ **teniendo** *siempre tiempo para sus compañeros.*	El hecho de *tener siempre tiempo para sus compañeros* es una característica de ella.

¿Cómo lo solucionamos?

1. Podemos recurrir a la receta 17, específicamente al punto *para añadir información sobre un nombre*. Consiste en poner una coma, agregar un *que* y cambiar el gerundio por un verbo conjugado:

   ☑ *Ella ha demostrado ser una gran estudiante,* **que tiene siempre tiempo** *para sus compañeros.*

2. Podemos recurrir a la receta 18, específicamente al punto *para indicar información secundaria pero importante*. Hay aquí tres opciones:
   a. Ponemos una coma, agregamos un relativo (*la cual, quien...*) y cambiamos el gerundio por un verbo conjugado:

      ☑ *Ella ha demostrado ser una gran estudiante,* **la cual tiene** *siempre tiempo para sus compañeros.*

      Ojo... No siempre es posible esta opción.
   b. Ponemos una coma, agregamos un sustantivo que defina al sujeto (en este caso repetimos *alumna* o ponemos *persona, mujer...*), agregamos un *que* y terminamos cambiando el gerundio por un verbo conjugado:

      ☑ *Ella ha demostrado ser una gran estudiante,* **persona que tiene siempre tiempo** *para sus compañeros.*

c. Ponemos una coma, agregamos algunas de las fórmulas de *apéndice: formular para comenzar oraciones secundarias pero importantes* y reformulamos, con un verbo conjugado, todo lo que involucra gerundio:

☑ *Ella ha demostrado ser una gran estudiante,* **para quien siempre habrá tiempo para sus compañeros.**

Tenemos las excepciones de *hirviendo* y *ardiendo*, que pueden funcionar como adjetivos: *olla de* **agua hirviendo**, por ejemplo.

Ejemplos:*

incorrecto, con *gerundismo*	correcto, original
⊗ *[...] Era Guillermo un abogado joven,* **comenzando a prosperar** y **abriéndose** *camino poco a poco. [...]*	☑ *[...] Era Guillermo un abogado joven,* **que comenzaba** *a prosperar y se abría camino poco a poco. [...]*
⊗ *[...] Seppi era un muchacho serio y entusiasta, dotado de animación y de expresividad,* **contrastando con** *la manera de ser de Nicolás y con la mía. [...]*	☑ *[...] Seppi era un muchacho serio y entusiasta, dotado de animación y de expresividad,* **que contrastaba** *con la manera de ser de Nicolás y con la mía. [...]*
⊗ *[...] Esto hizo enloquecer de dolor y de vergüenza a la madre,* **abandonando** *sus tareas y* **recorriendo** *diariamente la población [...]*	☑ *[...] Esto hizo enloquecer de dolor y de vergüenza a la madre,* **que abandonó** *sus tareas y recorrió diariamente la población [...]*
⊗ *[...] Vinieron luego las guerras egipcias, las guerras griegas, las guerras romanas,* **dejando** *la tierra empapada con horrendos manchones de sangre [...]*	☑ *[...] Vinieron luego las guerras egipcias, las guerras griegas, las guerras romanas,* **que dejaron** *la tierra empapada con horrendos manchones de sangre [...]*
⊗ *[...] esto agradó muchísimo al joven,* **dejando** *de beber y* **comenzando** *con actividad sus preparativos. [...]*	☑ *[...] esto agradó muchísimo al joven,* **que dejó** *de beber y* **comenzó** *con actividad sus preparativos. [...]*

○ **Para particiones**

En general, sucede por lo mismo que el GERUNDISMO anterior. Este GERUNDIO toma una fracción de lo planteado en la oración principal.

---

* TWAIN, Mark: *El forastero misterioso.*
La columna izquierda fue modificada para fines didácticos.

gerundio partitivo

| Varios amigos llegaron a su fiesta | , | ⊗ **siendo** *Roberto el primero en llegar.* | Roberto es parte del grupo de amigos. |

gerundio partitivo

| Los alumnos de este grupo son muy buenos | , | ⊗ **destacando** *Alejandro.* | Alejandro es parte del grupo. |

¿Cómo lo solucionamos?

1. Podemos recurrir a la receta 18, específicamente al punto *para indicar información secundaria pero importante.* Utilizamos una fórmula como «de los cuales».
   - ☑ *Varios amigos llegaron a su fiesta,* **de los cuales** *Roberto el primero en llegar.*
   - ☑ *Los alumnos de este grupo son muy buenos,* **de los cuales** *destaca Alejandro.*

2. Podemos también recurrir a la receta 18, pero al punto *apéndice: fórmulas para comenzar oraciones secundarias pero importantes.* Utilizamos una fórmula que contenga «entre».
   - ☑ *Varios amigos llegaron a su fiesta,* **entre los cuales** *Roberto* **fue** *el primero en llegar.*
   - ☑ *Los alumnos de este grupo son muy buenos,* **entre los cuales** *destaca Alejandro.*

Ejemplos:*

incorrecto, con *gerundismo*	correcto, original
⊗ [...] *La Tierra sufre cada año un millón de seísmos,* **dándose**, *por lo menos, diez de carácter catastrófico y un centenar menos catastróficos, pero de graves consecuencias. [...]*	☑ [...] *La Tierra sufre cada año un millón de seísmos,* **entre los cuales se dan**, *por lo menos, diez de carácter catastrófico y un centenar menos catastróficos, pero de graves consecuencias. [...]*
⊗ [...] *Seaborg y un grupo de investigadores de la Universidad de California,* **destacando** *Albert Ghiorso, siguieron obteniendo, uno tras otro, nuevos elementos transuránicos. [...]*	☑ [...] *Seaborg y un grupo de investigadores de la Universidad de California,* **entre los cuales** *destacaba Albert Ghiorso, siguieron obteniendo, uno tras otro, nuevos elementos transuránicos. [...]*

---

* Asimov, Isaac: *Introducción a la ciencia.*
La columna izquierda fue modificada para fines didácticos.

⊗ [...] Se halló que esos fragmentos eran «pirroles», moléculas constituidas por anillos de cinco átomos, **siendo** cuatro de carbono y uno de nitrógeno. [...]	☑ [...] Se halló que esos fragmentos eran «pirroles», moléculas constituidas por anillos de cinco átomos, **de los cuales** cuatro **eran** de carbono y uno de nitrógeno. [...]
⊗ [...] Los químicos, por supuesto, han elaborado los dieciséis, **existiendo** sólo unos pocos realmente en la Naturaleza. [...]	☑ [...] Los químicos, por supuesto, han elaborado los dieciséis, **de los cuales** sólo unos pocos **existen** realmente en la Naturaleza. [...]

Infinitivismo

Se trata de un vicio que proviene de la oralidad y que, lamentablemente, viene proliferando con gran intensidad desde hace unos años. Lo ha hecho en gran medida gracias a los medios de comunicación en los cuales hay oralidad, los que tienen presentadores, conductores, animadores, etc. Por cierto, otro nombre prudente para este vicio podría ser TARZANISMO.

¿En qué consiste? En iniciar una oración (?) con un infinitivo, es decir, un verbo terminado en -*ar*, -*er*, -*ir*.

incorrecto, con infinitivismo	posibilidades correctas (de acuerdo a lo que el redactor quiso decir)
⊗ Saludar afectuosamente a nuestros amigos.	☑ **Saludo** afectuosamente a nuestros amigos.
	☑ **Saludemos** afectuosamente a nuestros amigos.
	☑ **Saludaré** afectuosamente a nuestros amigos.
	☑ **Quiero/deseo/me gustaría saludar** afectuosamente a nuestros amigos.
	☑ **Voy a saludar** afectuosamente a nuestros amigos.
	☑ **Es hora de saludar** afectuosamente a nuestros amigos.
	☑ **No olvidemos saludar** afectuosamente a nuestros amigos.
	☑ **Debemos saludar** afectuosamente a nuestros amigos.
	☑ **No puedo/podemos dejar de saludar** afectuosamente a nuestros amigos.

Ejemplos:*

incorrecto, con *infinitivismo*	correcto, original
⊗ [...] **Desaconsejar** *a los lectores de este libro consultar esa obra para una mayor información* [...]	☑ [...] **Desaconsejaría** *a los lectores de este libro consultar esa obra para una mayor información* [...]
⊗ [...] **Admitir** *que me irrité bastante cuando recibí su extensa lista de cosas* [...]	☑ [...] **Debo admitir** *que me irrité bastante cuando recibí su extensa lista de cosas* [...]
⊗ [...] **Aceptar** *que el tiempo no está completamente separado e independiente del espacio* [...]	☑ [...] **Debemos aceptar** *que el tiempo no está completamente separado e independiente del espacio* [...]
⊗ [...] **Usar** *algo con una longitud de onda mucho más pequeña.* [...]	☑ [...] **Necesitamos usar** *algo con una longitud de onda mucho más pequeña.* [...]
⊗ [...] **Admitir** *que al escribir este artículo estaba motivado, en parte, por mi irritación contra Bekenstein* [...]	☑ [...] **Debo admitir** *que al escribir este artículo estaba motivado, en parte, por mi irritación contra Bekenstein* [...]
⊗ [...] **Utilizar** *el principio de economía y eliminarlos de la teoría* [...]	☑ [...] **Debemos**, *por lo tanto,* **utilizar** *el principio de economía y eliminarlos de la teoría* [...]
⊗ [...] **Subrayar** *que esta idea de que tiempo y espacio deben ser finitos y sin frontera es exactamente una* propuesta [...]	☑ [...] **Me gustaría subrayar** *que esta idea de que tiempo y espacio deben ser finitos y sin frontera es exactamente una* propuesta [...]
⊗ [...] **Darle** *sentido a lo que vemos a nuestro alrededor* [...]	☑ [...] **Queremos darle** *sentido a lo que vemos a nuestro alrededor* [...]
⊗ [...] **Señalar**, *no obstante, que la mayoría de los artículos que aparecieron en defensa de Newton estaban escritos originalmente por su propia mano* [...]	☑ [...] **Hay que señalar**, *no obstante, que la mayoría de los artículos que aparecieron en defensa de Newton estaban escritos originalmente por su propia mano* [...]

---

* HAWKING, Stephen: *Historia del tiempo*. La columna izquierda fue modificada para fines didácticos.

GLOSA DE LA ADVERTENCIA INICIAL

Esta obra es "tildista"; e insta a serlo. El libro utiliza tilde en el adverbio *sólo* y en los demostrativos cuando son pronombres (*éste, ése* y *aquél*, más sus femeninos y plurales). No es un acto de rebeldía, al menos no de rebeldía irracional o antojadiza, sino un acto de consecuencia y de fidelidad desde y hacia mis ya curtidas labores de docente y de editor.

Gracias al ejercicio de estos dos oficios, durante muchos años ininterrumpidos, he logrado reforzar la total convicción de que el *tildismo* es, en contraste con su discrepante, un excelente procedimiento para aprender. Y créanme que, cual científico con su espíritu de tal, una y otra vez he intentado vulnerar esta apreciación. No se trata de capricho ni de romanticismo, por tanto.

En el ámbito instructivo, particularmente en la enseñanza del lenguaje escrito, he verificado concretamente que los pronombres demostrativos con tilde representan una excelente estrategia didáctica, un método que permite distinguir categorías gramaticales y, sobre todo, establecer relaciones entre palabras, a nivel sintáctico y semántico. Esto es sustancial para la inteligencia lingüística y esencial para el ordenamiento intelectual. Asimismo, he corroborado la ventaja sustancial de diferenciar "solamente" de "en soledad". Quitar no siempre es simplificar. A la larga (y no tan larga), esto termina por obstaculizar la formación, especialmente en quienes sucumben ante el primer escollo de la redacción: escasa pericia o problemas para saber lo que quieren decir. Sí, es el primer escollo. Comprobado, no con proyecciones en papeles, sí con personas de carne y hueso, con alumnos de distintas esferas y edades y con escritores noveles. Además, como veremos (o ya vimos) en el mismo libro —refiriéndonos ligeramente a una de las tesis discrepantes—, el mensaje debe tener un sentido completo en sí; no podemos esperar que el contexto, en una especie de presuposición superlativa, nos resuelva la ambigüedad. Ni podemos apelar a la prosodia de la oralidad (y a sus otros tantos acompañantes en la empresa de la comunicación) para obtener la figuración de los sentidos, en una suerte de adivinación venturosa, de carambola. Rehuir con la reformulación tampoco es el camino, no aquí, no en la redacción, no al menos para complacer premisas que se alejan de los propósitos de la comunicación escrita.

En el ejercicio de mi labor de corrección y edición de textos, por su parte, además de analista del lenguaje escrito, he acreditado la premisa de que no hay casos raros o rebuscados, especialmente si lo que busco es homologar el estilo de un texto. Es o no es. Punto. Si en un texto deshacemos con una tilde las ambigüedades (situación a veces inevitable), no tenemos más camino que seguir por esa senda hasta el final de dicho texto, y, por supuesto, rectificar el criterio hacia atrás. En caso contrario, desde este eje en adelante el texto en sí será una ambigüedad, a menos que, de la manera más afortunada, cada *solo* sea un adjetivo, por ejemplo. Y si hay ambigüedad y no podemos deshacerla porque la palabra en verdad no debería llevar tilde, otra vez el texto en sí será inevitablemente una ambigüedad. Así pues, tengo motivos. Y en esta apreciación me secunda (o yo secundo a) un ostensible grupo de intelectuales, escritores, académicos... Incluso puedo mencionar a la Academia Mexicana de la Lengua.

Como ven, me centro en un requisito sumamente útil en la redacción, en la enseñanza de la redacción, de manera general, y en la elaboración de textos. Sobre otras esferas no me pronuncio. Bueno, no tanto...

A ver, lo *diacrítico* debería apegarse a su etimología, es decir, a "que distingue", y hacerlo con fines útiles, no restringidos a requisitos limitantes establecidos románticamente (éstos sí) por un juez-parte: que sean monosílabos y que distingan lo átono de lo tónico. En todo caso, quien, a pesar de estas revelaciones, siga dudando o sintiéndose mal por "desobedecer" una "regla", entienda que a partir de 2010 la Academia dice "a partir de ahora se podrá prescindir de la tilde en esta forma". "Se podrá" es muy distinto a "se deberá" (o similar). Es más, tal cual está expresado, se advierte que no poner dicha tilde es una facultad, un permiso (por ende, no una regla). Además, la Academia remata con "la recomendación general es, pues, la de no tildar nunca estas palabras". Es una recomendación. Y, bueno, si esto siguiera siendo poco, no olvidemos que superiores de importantes departamentos de la Academia han sostenido que quienes estén desoyendo estas recomendaciones no faltan a la regla, ya que, según ellos, se trataba de "aconsejar". Por lo demás, recordemos que, como dijo el lexicógrafo, filólogo y lingüista español Manuel Seco, la Academia es una «institución humana y no divina».

Siguiendo con la glosa, en segundo lugar, esta obra es "comista", al menos en un asunto exclusivo; y también insta a serlo. Me refiero puntualmente a casos determinados de "coma aclaratoria", es decir, coma entre sujeto y predicado. Este asunto, además, es tratado en el libro, con los rótulos de "la coma bienhechora" y "la coma heroína". Ante esto, no olvidemos que la pauta moderna —y sensata— sobre el uso de coma establece que la finalidad de ésta (y de los demás signos de puntuación) es facilitar la identificación de las unidades sintáctico-semánticas en la oración, así como la comprensión del significado de los mensajes. De este modo, este uso, muchas veces subjetivo, tomaría este criterio, tal cual lo hacía, sin voces disidentes, hasta hace no hace mucho. En este contexto, el bibliólogo, tipógrafo, ortógrafo, ortotipógrafo y lexicógrafo español José Martínez de Sousa, en su *Diccionario de ortografía de la lengua española*, de 1995 ("ayer" en el mundo lingüístico), menciona lo siguiente: *También es correcto colocar una coma entre el sujeto y el verbo en casos de sujeto muy extenso y explicativo*. Cito también a la bibliotecaria, filóloga y lexicógrafa española María Moliner, en su *Diccionario de uso del español*, en 1967 (no hace mucho en términos lingüísticos): *[Puede usarse coma] en cualquier caso en que el sentido o la expresión lo hacen necesario; aunque sea entre el sujeto y su verbo, caso de regla negativa más que fija. [...] Con esto podemos colegir un uso "para evitar ambigüedades" (más allá de si es entre sujeto y predicado)*.

En tercer lugar, esta obra utiliza tilde en la o cuando ésta se encuentra junto a cifras. ¿El motivo? Puedo dar fe de que, en ciertos formatos y con ciertas tipografías, esta o sí podría ser confundida con un cero. Palabra de hombre de letras, de hombre de libros. También pensemos en personas con problemas visuales, ¿no?

Ambos puntos, el *tildismo* (por partida doble) y el *comismo*, asumen por sobre todo un respeto al lector. Abogo, por tanto, por un fomento a la legibilidad, a la lectura fluida, tanto con este asunto como con los que no causan controversia. Como "redactólogo", me preocupo de la forma y del fondo del mensaje, pero también de la dificultad que la lectura significará y la fluidez que, por tanto, asumirá. Abogo por un *ars bene dicendi* por sobre un *ars recte dicendi*, y por qué no, un *ars honeste dicendi*. Intercedo por una lengua culta dirigida por la praxis de las buenas costumbres, enfocadas en los lectores, que es en quienes debemos centrarnos.

PALABRAS FINALES

En la actualidad, en pleno siglo XXI, persiste la tristísima realidad de la redacción como una asignatura pendiente para un gran número de personas. Nuestro estilo de vida aparentemente cómodo, globalizado, rápido, con aplicaciones por doquier (algunas de ellas de redacción [!]), no mejorará esta situación. Y no tiene por qué hacerlo...

Y es que, primero, la redacción es compleja si la apreciamos desde una vista panorámica que proyecte los procesos que en ella intervienen: ortografía, gramática, semántica... y, especialmente, pragmática, ¡y lógica también!, como el soporte máximo detrás de lo lingüístico. Obviamente, no hay que ser lingüista, filólogo, licenciado en letras, o académico en general, para tener una redacción decorosa. Es más, la educación formal no asegura erradicar el mal de la no-redacción; este mal no distingue grado académico o nivel socioeconómico, ni nada, edad, sexo, nacionalidad... Muchas tesis doctorales están repletas de fecundos y valiosísimos conocimientos, aunque también desparpajados en un hatajo de hojas; abogados, sociólogos, ¡lingüistas! o ¡periodistas! podrían no gozar del beneficio de la redacción. Los casos abundan. Vaya.

Segundo, una inmensa mayoría de los aspirantes a redactores tiene un pésimo soporte; fueron educados con base en verdaderas estulticias. Y ahí han estado vegetando, tratando de obtener frutos a partir de mecanismos y herramientas patrañeros. Y lo que es peor: las nuevas generaciones seguirán en este tenor, ya que profesores de asignaturas de comunicación son parte del problema: no se actualizan, y a veces ni siquiera están capacitados; inculcan errores; hoy aún hay profesores que enseñan a escribir (?) hablando de pausas (para punto, punto y coma, coma). Como si las dichosas pausas rigieran la escritura, como si la redacción se basara en proyectar el texto en la oralidad y, luego, detectar dónde pronunciamos pausas, cortas o largas, para decidir, basándonos en un criterio subjetivo de temporalidad, si requerimos utilizar tal o cual signo.

Tercero, las redes sociales en general han llegado para entorpecer aún más la enmienda. Son en sí un diseminador de malas costumbres. Destronaron a la televisión. Ahí, en las redes, todo lo malo se convierte en patrón, ya que el incauto deja su mala semilla y ratifica su error gracias a los errores de los demás. Y así sigue el círculo vicioso. Igualmente, podemos ver, por ejemplo, especialmente en la red del "libro de cara", cómo pululan las páginas de ortografía. ¿Confiables? Para nada. Totalmente desaconsejables. Algunas sí transmiten alguna que otra información acertada sobre el uso de ciertas letras o de ciertas palabras; nada más. Es insuficiente. Y es contraproducente si contemplamos todos los errores que nos entregan a cambio de aquellos insignificantes aciertos. Muchos de sus adictos ni siquiera saben que han sido timados. Lo único que han obtenido es un poco de dopamina y un espejismo. Vaya.

En vista de todo esto, ¿realmente es posible que alguien, ante tanta mala influencia, pueda redactar con propiedad? Difícil. O de plano imposible, al menos si no tiene una inteligencia lingüística superlativa o si no tiene el entrenamiento adecuado, con temas y puntos que realmente ayuden a mejorar el proceso. En este escenario irrumpe *Redactario*.

Como si el panorama no fuese ya desolador, tenemos inconvenientes adicionales. Por ejemplo, hay muchos mitos que derribar en torno a la redacción, mitos aceptados como verdades irrefutables. Algunos son totalmente técnicos, como ya evidencié; otros, de apreciación. En lo segundo me refiero puntualmente a la lectura. A ver, mucho se habla de los beneficios de la lectura: "a redactar se aprende leyendo", dicen por ahí. No obstante, dicha aseveración, si bien no es errónea, es inexacta o no absoluta. Ayuda, claro que ayuda; pero la lectura no es una pócima mágica, y menos si tampoco sabemos leer.

Sí, la gran mayoría realmente no sabe leer, no entiende lo que está frente a sus ojos; simplemente se dedica a asimilar palabra por palabra, intentando hacerlo con una rapidez considerable, y a ir estableciendo pausas —cortas, no tan cortas y un poco menos cortas— y ciertas entonaciones cada vez que aparece un signo de puntuación. Pues bien, eso no es leer. Ahí, por tanto, el mito se desploma. Eso no ayuda en nada a la redacción. Hay incluso instituciones gubernamentales u otras relacionadas con éstas que aún miden el nivel de comprensión de lectura de acuerdo a la cantidad de palabras repasadas en cierto tiempo, como si la comprensión de lectura fuera sinónimo de celeridad; y hay profesores que lo hacen de acuerdo con las entonaciones, como si la comprensión de lectura fuera sinónimo de declamación. Por otro extremo, están los que sí saben leer, o al menos tienen un nivel decoroso, pero que además no siempre tienen la habilidad lingüística necesaria para ir al otro lado de la vereda, a la redacción. Así pues, al igual que con el binomio escucha-habla, en el que escuchar no asegura perfección en el hablar, la lectura (lectura de verdad efectiva) no asegura la escritura. Sí podría ser un factor decisivo en el manejo de la redacción (escribir... lo sucedido, acordado o pensado con anterioridad); pero debemos añadir dos componentes indispensables en el proceso: primero, el orden y la naturaleza del lenguaje escrito y, segundo, la pericia suficiente para detectar patrones, asimilarlos y hacerlos propios. Ahora bien, al hablar de patrones no me refiero a puntos complejos. Para nada. En este escenario irrumpe *Redactario*.

No sigamos equivocándonos. Va, pues, este llamado a las autoridades: rectifiquen el rumbo. Y va, pues, este otro llamado a quienes quieren redactar bien: busquen buenos ejemplos; más allá de manuales, busquen buenas lecturas, con ediciones impecables. Salvo exiguas y respetables excepciones, medios y redes sociales no sirven como buenos ejemplos.

Eric A. Araya

Si desea enviar sugerencias u opiniones para las siguientes ediciones de esta obra,
puede hacerlo al correo redactario.ea@gmail.com

Si requiere mayor información o comunicación con el autor,
puede acudir a la página http://www.eaaraya.com/

BIBLIOGRAFÍA

AKUTAGAWA, Ryonusuke: *Kappa*, Ático de los Libros, Barcelona, 2010.

ALCOTT, Louise M.: *El mantel de Tabby*, Acme, Buenos Aires, 1985.

_____: *Mujercitas*, Lumen, Barcelona, 2011.

ALLENDE, Isabel: *La casa de los espíritus*, Plaza & Janés, Barcelona, 1995.

_____: *La ciudad de las bestias*, Plaza & Janés, Barcelona, 2003.

_____: *Retrato en sepia*, Plaza & Janés, Barcelona, 2002.

AMADO, Jorge: *Doña Flor y sus dos maridos*, Alianza, Madrid, 1981.

_____: *Gabriela, clavo y canela*, Quinteto, Barcelona, 2003.

AMICIS, Edmundo de: *Corazón*, Losada, Buenos Aires, 2012.

ANCONA, Eligio: *La cruz y la espada*, 2.ª edición, Aurea, Barcelona, 2006.

ANDERSON, Poul: *La espada rota*, Anaya, Madrid, 1992.

AQUINO, Tomás de: *Escritos políticos*, Universidad Central de Venezuela, Caracas, 1962.

ARAYA, Eric: *El Cazatlaloques*, Eólica, Querétaro, 2015.

ARENDT, Hannah: *La condición humana*, Paidós Ibérica, Barcelona, 1993.

ARISTÓTELES: *Metafísica*, Alianza, Madrid, 2014.

_____: *Moral a Eudemo*, Espasa-Calpe, Buenos Aires, 1976.

ARLT, Roberto: *El jorobadito*, Tolemia, Gualeguaychú, 2008.

ASIMOV, Isaac: *Bóvedas de acero*, Martínez Roca, Barcelona, 1990.

_____: *Cien preguntas básicas sobre la ciencia*, Alianza, Madrid, 1997.

_____: *Introducción a la ciencia*, Plaza & Janés, Barcelona, 1985.

ATWOOD, Margaret: *El cuento de la criada*, Seix Barral, Barcelona, 1987.

AUEL, Jean M.: *El clan del oso cavernario*, 32.ª edición, Maeva, Madrid, 2011.

AUSTEN, Jane: *La abadía de Northanger*, Alba, Barcelona, 2010.

—: *Orgullo y prejuicio*, Alianza, Madrid, 2004.

—: *Sentido y sensibilidad*, Plutón Ediciones, Barcelona, 2013.

AUSTER, Paul: *4 3 2 1*, Seix Barral, Barcelona, 2017.

AZUELA, Mariano: *Los de abajo*, 16.ª edición, Cátedra, Madrid, 2003.

BALZAC, Honoré de: *Eugenia Grandet*, Siruela, Madrid, 2010.

_____: *Papá Goriot*, Planeta, Barcelona, 1985.

BARKER, Clive: *El ladrón de días*, Grijalbo, Barcelona, 1993.

BARRIE, J. M.: *Lady Nicotina*, Trama, Madrid, 2003.

_____: *Peter Pan*, Edhasa, Barcelona, 2005.

BAUDRILLARD, Jean: *De la seducción*, Siglo XXI, Madrid, 2010.

_____: *El sistema de los objetos*, 5.ª edición, Cátedra, Madrid, 2005.

BECKETT, Samuel: *Malone muere*, 5.ª edición, Alianza, Madrid, 1997.

BÉDIER, Joseph: *La historia de Tristán e Isolda*, El Acantilado, Barcelona, 2011.

BENEDETTI, Mario: *Buzón del tiempo*, Seix Barral/Espasa-Calpe, Buenos Aires, 1999.

BERNARDI, Katia: *Las chicas que soñaban con el mar*, Grijalbo, Barcelona, 2017.

BERTRAND, Russell: *Autoridad e individuo*, Fondo de Cultura Económica, México, 2005.

BIERCE, Ambrose: *Diccionario del diablo*, Edimat, Madrid, 2007.

BISHOP, Michael: *El eslabón perdido*, Grijalbo, Barcelona, 1995.

BORGES, Jorge Luis: *Ficciones*, 25.ª edición, Alianza, Madrid, 1996.

_____: *La memoria de Shakespeare*, Alianza, Madrid, 2008.

BRADBURY, Ray: *Fahrenheit 451*, Plaza & Janés, Barcelona, 2000.

BRIN, David: *Marea estelar*, Acervo, Barcelona, 1987.

BRONTË, Charlotte: *Jane Eyre*, Planeta, Barcelona, 1995.

BRONTË, Emily: *Cumbres borrascosas*, Valdemar, Madrid, 2004.

BROWN, Dan: *El Código Da Vinci*, Umbriel, Madrid, 2004.

BRYSON, Bill: *Una breve historia de casi todo*, RBA Libros, Barcelona, 2008.

BUKOWSKI, Charles: *Cartero*, 4.ª edición, Anagrama, Barcelona, 1989.

_____: *La senda del perdedor*, 12.ª edición, Anagrama, Barcelona, 2005.

BULGÁKOV, Mijaíl: *Corazón de perro*, Alfaguara, México, 1989.

BURGESS, Anthony: *La naranja mecánica*, Minotauro, Barcelona, 1998.

CALVINO, Italo: *El barón rampante*, Siruela, Madrid, 2018.

_____: *Por qué leer los clásicos*, Tusquets, Barcelona, 1992.

CAMUS, Albert: *El extranjero*, Alianza/Emecé, Madrid, 2005.

_____: *La peste*, Edhasa, Barcelona, 1983.

CANETTI, Elias: *Masa y poder*, Siruela, Madrid, 2018.

CANIN, Ethan: *El otro lado del mar*, Alianza, Madrid, 2013.

CANTÙ, Cesare: *Compendio de la historia universal, Versión española de Juan B. Enseñat*, 3.ª edición, Garnier Hermanos, París, 1888.

CARD, Orson Scott: *La memoria de la tierra*, Punto de lectura, Barcelona, 2000.

CARROL, Lewis: *Alicia en el país de las maravillas*, Vicens Vives, México, 2012.

CELA, Camilo José: *La familia de Pascual Duarte*, Destino, Barcelona, 2002.

CERVANTES SAAVEDRA, Miguel de: *La Galatea*, Alianza, Madrid, 1996.

_____: *El ingenioso hidalgo don Quijote de la Mancha*, Alfaguara, Madrid, 2007.

CHARRIÈRE, Henry: *Papillon*, Plaza & Janés, Barcelona, 1996.

CHODERLOS DE LACLOS, Pierre: *Las amistades peligrosas*, Tusquets, Barcelona, 1989.

CHRISTIE, Agatha: *Diez negritos*, Molino, Barcelona, 1985.

_____: *El pudding de Navidad*, Molino, Barcelona, 1999.

CICERÓN, Marco Tulio: *Sobre la naturaleza de los dioses*, Gredos, Barcelona, 1999.

CLANCY, Tom: *La caza del Octubre Rojo*, Plaza & Janés, Barcelona, 1993.

_____: *Órdenes ejecutivas*, Planeta, Barcelona, 1998.

CLARKE, Arthur C.: *3001: Odisea final*, Plaza & Janés, Barcelona, 1997.

_____: *Las arenas de Marte*, Edhasa, Barcelona, 1986.

_____: *2001: Una odisea espacial*, Plaza & Janés, Barcelona, 1990.

CLAVELL, James: *Shōgun*, Plaza & Janés, Barcelona, 1994.

CLEMENT, Hal: *Misión de gravedad*, Ediciones B, Barcelona, 1993.

COLLINS, Wilkie: *Marido y mujer*, Alba, Barcelona, 2002.

CONAN DOYLE, Arthur: *Las aventuras de Sherlock Holmes*, Molino, Barcelona, 1993.

_____: *El signo de los cuatro*, Anaya Infantil y Juvenil, Madrid, 2002.

CONRAD, Joseph: *Tifón*, Granica, Buenos Aires, 1985.

COOK, Robin: *Coma*, Ultramar, Barcelona, 1990.

CORNWELL, Patricia: *Último reducto*, Ediciones B, Brcelona, 2001.

CORTÁZAR, Julio: *Las armas secretas*, 17.ª edición, Cátedra, Madrid, 2004.

_____: *Historias de cronopios y de famas*, Edhasa, Barcelona, 1984.

_____: *Rayuela*, 17.ª edición, Cátedra, Madrid, 1989.

CRICHTON, Michael: *Punto crítico*, Plaza & Janés, Barcelona, 1997.

CRUZ, SOR JUANA INÉS DE LA: *Polémica*, Selección y presentación de Mirla Alcibíades, Biblioteca Ayacucho, Caracas, 2004.

CURLEY, Marianne: *Los elegidos*, Salamandra, Barcelona, 2003.

DARÍO, Rubén: *Azul*, 5.ª edición, Cátedra, Madrid, 2006.

DARWIN, Charles: *El origen de las especies*, Akal, Madrid, 2009.

_____: *El viaje de un naturalista alrededor de mundo*, Grech, Madrid, 1989.

DEFOE, Daniel: *Robinson Crusoe*, Cátedra, Madrid, 2003.

DELEUZE, Gilles: *Lógica del sentido*, Paidós Ibérica, Barcelona, 1994.

DICK, Philip K.: *La transmigración de Timothy Archer*, Minotauro, Barcelona, 2012.

DICKENS, Charles: *Grandes esperanzas*, Alba, Barcelona, 1998.

_____: *El grillo del hogar*, 7.ª edición, Espasa, Madrid, 1981.

_____: *Relatos de fantasmas*, Algar, Alcira, 2012.

DOSTOYEVSKI, Fiódor: *El adolescente*, 6.ª edición, Juventud, Barcelona, 2006.

_____: *Crimen y castigo*, 12.ª edición, Edaf, Madrid, 1985.

_____: *Los hermanos Karamazov*, DeBolsillo, Madrid, 2003.

_____: *Memorias del subsuelo*, Cátedra, Madrid, 2013.

Dumas, Alejandro: *El Conde de Montecristo*, Anaya Infantil y Juvenil, Madrid, 2007.

———: *El hombre de la máscara de hierro*, CS, Buenos Aires, 1998.

———: *La reina Margot*, Cátedra, Madrid, 2006.

———: *El vizconde de Bragelonne*, Edhasa, Barcelona, 2008.

Eco, Umberto: *Historia de las tierras y los lugares legendarios*, Lumen, Barcelona, 2013.

———: *El nombre de la rosa*, 17.ª edición, Lumen, Barcelona, 1987.

Eça de Queirós, José Maria: *El Crimen del padre Amaro*, Alianza, Madrid, 2008.

Einstein, Albert: *Sobre la teoría de la relatividad*, Debate, Madrid, 1998.

Eliot, George: *Middlemarch*, Alba, Barcelona, 2000.

Ellroy, James: *La dalia negra*, Martínez Roca, Barcelona, 1989.

Engels, Friedrich: *Dialéctica de la naturaleza*, Vosa, Madrid, 1990.

———: *El origen de la familia, la propiedad privada y el Estado*, Alianza, Madrid, 2008.

Escohotado, Antonio: *Historia general de las drogas*, Espasa, Madrid, 1999.

Esquivel, Laura: *Como agua para chocolate*, Grijalbo, Barcelona, 1995.

Farmer, Philip José: *Carne*, Dronte, Buenos Aires, 1976.

Faulkner, William: *Santuario*, Alfaguara, México, 1992.

Flaubert, Gustave: *Madame Bovary*, Tusquets, Barcelona, 1993.

Fournier, Alain: *El gran Meaulnes*, Ediciones B, Barcelona, 1991.

Follet, Ken: *Alto riesgo*, DeBolsillo, Madrid, 2003.

Freud, Sigmund: *Tótem y tabú*, Alianza, Madrid, 1996.

Fromm, Erich: *El arte de amar*, edición de lujo, Paidós Ibérica, Barcelona, 1980.

Fuentes, Carlos: *Gringo viejo*, 5.ª edición, Fondo de Cultura Económica, México, 1990.

———: *La silla del águila*, Alfaguara, Madrid, 2003.

Galeano, Eduardo: *Las venas abiertas de América Latina*, Siglo xxi, Madrid, 1980.

García Márquez, Gabriel: *El amor en los tiempos del cólera*, Plaza & Janés, Barcelona, 1997.

———: *Cien años de soledad*, 40.ª edición conmemorativa, Literatura Random House, Barcelona, 2007.

———: *Doce cuentos peregrinos*, Plaza & Janés, Barcelona, 1997.

———: *La mala hora*, Plaza & Janés, Barcelona, 1993.

———: *Obra periodística 1. Textos costeños*, Literatura Random House, Barcelona, 1991.

———: *Ojos de perro azul*, Plaza & Janés, Barcelona, 1997.

———: *El otoño del patriarca*, Plaza & Janés, Barcelona, 1997.

García Pavón, Francisco: *Historias de Plinio*, Soubriet, Tomelloso, 1996.

Gogol, Nicolai: *Almas muertas*, Edaf, Madrid, 2001.

Gombrich, Ernst H.: *Breve historia del mundo*, Península, Barcelona, 2014.

GRAVES, Robert: *El vellocino de oro*, Edhasa, Barcelona, 2002.

GREY, Zane: *Al oeste del Pecos*, Planeta, México, 1987.

GRISHAM, John: *El Informe Pelícano*, 2.ª edición, Planeta, México, 1993.

_____: *Legítima defensa*, Planeta, México, 1997.

GROSSMAN, Vasili: *Vida y destino*, DeBolsillo, México, 2009.

HARDY, Thomas: *El alcalde de Casterbridge*, Alba, Barcelona, 2009.

HAWKING, Stephen: *El universo en una cáscara de nuez*, Crítica, Barcelona, 2002.

_____: *Historia del tiempo*, Crítica, Barcelona, 1999.

HEINLEIN, Robert A.: *Ciudadano de la galaxia*, Ediciones B, Barcelona, 1989.

_____: *Puerta al verano*, La factoría de ideas, Madrid, 2002.

_____: *Tropas del espacio*, Martínez Roca, Barcelona, 1989.

HEMINGWAY, Ernest: *Adiós a las armas*, Noguer y Caralt, Barcelona, 1999.

_____: *Al romper el alba*, Planeta, México, 2001.

HERBERT, Frank: *Hijo de Dune (Las crónicas de Dune 3)*, DeBolsillo, Madrid, 2017.

HESSE, Hermann: *Lobo estepario*, Edhasa, Barcelona, 2004.

_____: *Siddharta*, Época, Madrid, 1999.

HOBSBAWM, Eric: *La era del capital*, Crítica, Barcelona, 2004.

HOLDSTOCK, Robert: *Muertes en el laberinto*, Martínez Roca, Barcelona, 1993.

HUXLEY, Aldous: *Un mundo feliz*, 4.ª edición, Edhasa, Barcelona, 2004.

JALIL YIBRÁN, Yibrán: *Espíritus rebeldes*, Ramos Majos, Barcelona, 1982.

JAMES, Henry: *Los embajadores*, 2.ª edición, Montesinos, Barcelona, 1989.

_____: *Retrato de una dama*, Cátedra, Madrid, 2007.

JOYCE, James: *Retrato del artista adolescente*, 4.ª edición, Lumen, Barcelona, 1986.

_____: *Ulises*, Lumen, Barcelona, 2010.

JUNG, C. G.: *Recuerdos, sueños, pensamientos*, Seix Barral, Barcelona, 1966.

KAFKA, Franz: *Carta al padre*, Brontes, Barcelona, 2011.

KANEALLY, Thomas: *El arca de Schindler*, Ediciones B, Barcelona, 1994.

KANT, Immanuel: *Lógica*, Akal, Madrid, 2000.

_____: *Metafísica de las costumbres*, 4.ª edición, Tecnos, Madrid, 2005.

KING, Stephen: *Pesadillas y alucinaciones II*, DeBolsillo, Madrid, 2002.

_____: *La torre oscura I*, Punto de Lectura, Madrid, 2000.

_____: *La torre oscura III*, Punto de Lectura, Madrid, 2000.

KIPLING, Rudyard: *El libro de la selva*, Alborada, Madrid, 1987.

KOCH, Stephen: *El fin de la inocencia: Willi Münzenberg y la seducción de los intelectuales*, Tusquets, Barcelona, 1997.

Koontz, Dean R.: *Riesgo mortal*, Ediciones B, Barcelona, 1992.

———: *Tictac*, Planeta, México, 1998.

Kundera, Milan: *La vida está en otra parte*, 9.ª edición, Seix Barral, Barcelona, 1997.

Lafferty, R. A.: *Llegada a Easterwine*, Acervo, Barcelona, 1976.

Landero, Luis: *Juegos de la edad tardía*, Tusquets, Barcelona, 1983.

Lee, Harper: *Matar un ruiseñor*, Plaza & Janés, Barcelona, 1996.

Lem, Stanislav: *Solaris*, Minotauro, Barcelona, 2003.

Leroux, Gastón: *El fantasma de la ópera*, Valdemar, Madrid, 2013.

Lewis, C. S.: *Esa horrenda fortaleza*, Minotauro, Barcelona, 2006.

Lillo, Baldomero: *Subterra*, Mono Azul, Sevilla, 2008.

———: *Sub Sole*, Eneida, Madrid, 2009.

London, Jack: *Colmillo Blanco*, Molino, Barcelona, 1986.

———: *El valle de la luna*, Siglo Veinte, Buenos Aires, 1953.

Macinnes, Helen: *La red del cazador*, Ultramar, Madrid, 1974.

Malinowski, Bronislaw: *Crimen y costumbre en la sociedad salvaje*, Planeta DeAgostini, Barcelona, 1985.

Mankell, Henning: *Un ángel impuro*, Tusquets, Barcelona, 2012.

Marco Aurelio: *Meditaciones*, Iberonet, Alicante, 1995.

Marcuse, Herbert: *Cultura y sociedad*, Sur, Buenos Aires, 1968.

Marqués de Sade: *Justine o Los infortunios de la virtud*, Tusquets, Barcelona, 1994.

Martín Gaite, Carmen: *Nubosidad variable*, Anagrama, Barcelona, 1996.

Miller, Arthur: *Las brujas de Salem | El crisol*, Tusquets, Barcelona, 1997.

Mishima, Yukio: *Nieve de primavera*, 4.ª edición, Noguer y Caralt, Barcelona, 2005.

Montesquieu: *El espíritu de las leyes*, Tecnos, Madrid, 1980.

Morris, Desmond: *El mono desnudo*, Plaza & Janés, Barcelona, 1992.

Murakami, Haruki: *Tokio Blues. Norwegian Wood*, 12.ª edición, Tusquets, Barcelona, 2012.

Mutis, Álvaro: *Empresas y tribulaciones de Maqroll el Gaviero*, Alfaguara, Madrid, 2001.

Nerval, Gerard de: *La mano encantada*, SD Edicions, Barcelona, 2012.

Neville, Katherine: *El ocho*, Ediciones B, Barcelona, 1999.

Nietzsche, Friedrich: *De mi vida. Escritos autobiográficos y de juventud (1856-1869)*, Valdemar, Madrid, 1997.

———: *Ecce homo*, Tecnos, Madrid, 2017.

Nodier, Charles: *Cuentos visionarios*, Siruela, Madrid, 1989.

ORTEGA Y GASSET, José: *La rebelión de las masas*, Planeta-De Agostini, Barcelona, 1993.

ORWELL, George: *La marca*, Destino, Barcelona, 1982.

PAZ, Octavio: *El arco y la lira*, Fondo de Cultura Económica, México, 1972.

_____: *El laberinto de la soledad*, Cátedra, Madrid, 2004.

PÉREZ-REVERTE, Arturo y PÉREZ-REVERTE, Carlota: *El capitán Alatriste*, Punto de Lectura, Madrid, 2006.

PETERS, Ellis: *La virgen de hielo*, Literatura Random House, Barcelona, 2001.

PLATÓN: *Apología de Sócrates*, Gredos, Barcelona, 2014.

POE, Edgar Allan: *Los crímenes de la Rue Morgue*, Alianza, Madrid, 1994.

POHL, Frederik: *Homo Plus*, Ediciones B, Barcelona, 2000.

POWERS, Tim: *Las puertas de Anubis*, Martínez Roca, Barcelona, 1991.

PROUST, Marcel: *En busca del tiempo perdido 1. Por el camino de Swann*, Alianza, Madrid, 2013.

PUÉRTOLAS, Soledad: *La rosa de plata*, Espasa-Calpe, Buenos Aires, 2003.

PUSHKIN, Alexandr: *La hija del capitán*, Edaf, Madrid, 1999.

PUZO, Mario: *Los Borgia: la primera gran familia del crimen*, Planeta, Barcelona, 2002.

_____: *El Padrino*, Punto de lectura, Madrid, 2002.

QUEEN, Ellery: *Los cuatro Johns*, Plaza & Janés, Barcelona, 2000.

RADIGUET, Raymond: *El diablo en el cuerpo*, Pre-textos, Valencia, 2002.

RANCIÈRE, Jacques: *El maestro ignorante*, Laertes, Barcelona, 2003.

RILKE, Rainer Maria: *Cartas a un joven poeta*, Alianza, Madrid, 1997.

_____: *Primavera sagrada y otros cuentos de Bohemia*, Funambulista, Madrid, 2006.

ROSALES, Saúl: *Autorretrato con Rulfo*, Fondo Estatal para la Cultura y las Artes de Coahuila, Saltillo, 1997.

ROUSSEAU, Jean-Jacques: *Emilio, o De la educación*, Alianza, Madrid, 1995.

RULFO, Juan: *Pedro Páramo*, Turner, México, 2006.

SABATO, Ernesto: *Sobre héroes y tumbas*, Seix Barral, Barcelona, 1981.

_____: *El túnel*, Booket, Madrid, 2001.

_____: *Uno y el universo*, Seix Barral, Barcelona, 1982.

SAGAN, Carl: *El cerebro de Broca*, Crítica, Barcelona, 1999.

_____: *Miles de millones*, DeBolsillo, Madrid, 2000.

SÁNCHEZ FERLOSIO, Rafael: *El Jarama*, 14.ª edición, Destino, Barcelona, 1982.

SARAMAGO, José: *La caverna*, Alfaguara, Madrid, 2000.

_____: *Ensayo sobre la ceguera*, Punto de Lectura, Madrid, 2000.

SARTRE, Jean Paul: *La náusea*, Losada, Buenos Aires, 2008.

SCHULZ, Kathryn: *En defensa del error*, Siruela, Madrid, 2015.

SIMENON, Georges: *El ahorcado de "Saint-Pholien" | Una confidencia de Maigret | Maigret viaja*, Orbis, Barcelona, 1985.

SHECKLEY, Robert: *La séptima víctima (No tocado por manos humanas)*, Edhasa, Barcelona, 1997.

SCHELLER, Max: *La idea del hombre y la historia*, La Pléyade, Buenos Aires, 1989.

SHELLEY, Mary W.: *Frankenstein*, Brontes, Barcelona, 2007.

SKÁRMETA, Antonio: *El cartero de Neruda*, Plaza & Janés, Barcelona, 1996.

SMITH, Clark Ashton: *Los mundos perdidos*, Edaf, Madrid, 1991.

STERLING, Bruce: *La caza de hackers. Ley y desorden en la frontera electrónica*, Ajec, Granada, 2008.

STEVENSON, Robert L.: *La isla del tesoro*, Anaya Infantil y Juvenil, Madrid, 2011.

STEWART, George: *La tierra permanece*, Minotauro, Barcelona, 1995.

STOKER, Bram: *La casa del juez*, Planeta, México, 2012.

_____: *Drácula*, 4.ª edición, Plaza & Janés, Barcelona, 1993.

SWIFT, Jonathan: *Los viajes de Gulliver*, Alianza, Madrid, 2014.

TABORI, Paul: *Historia de la estupidez humana*, Siglo Veinte, Buenos Aires, 1966.

THOREAU, Henry David: *Walden*, Cátedra, Madrid, 2005.

TOLKIEN, J. R. R.: *El Silmarillion*, Minotauro, Barcelona, 2002.

TOLSTÓI, León: *Resurrección*, 4.ª edición, Juventud, Barcelona, 1998.

TRIGO, Felipe: *El médico rural*, Turner, Madrid, 1978.

TURGUÉNEV, Iván: *Aguas primaverales*, Magisterio Español, Barcelona, 1975.

TWAIN, Mark: *Las aventuras de Huckleberry Finn*, Alianza, Madrid, 2013.

_____: *El forastero misterioso*, Anaya, Madrid, 1985.

_____: *El robo del elefante blanco y otros cuentos*, Andrés Bello, Santiago, 1986.

UNAMUNO, Miguel de: *Niebla*, 9.ª edición, Cátedra, Madrid, 2007.

VALLEJO, Fernando: *La Rambla paralela*, Alfaguara, México, 2002.

VARGAS LLOSA, Mario: *La civilización del espectáculo*, Alfaguara, Madrid, 2012.

_____: *La guerra del fin del mundo*, Alfaguara, Madrid, 2000.

_____: *El hablador*, 5.ª edición, Seix Barral, Barcelona, 1997.

VERNE, Julio: *Una ciudad flotante*, Molino, Barcelona, 1984.

_____: *Dos años de vacaciones*, Molino, Barcelona, 1985.

_____: *Las Indias Negras*, Molino, Barcelona, 1984.

_____: *La vuelta al mundo en 80 días*, Anaya Infantil y Juvenil, Madrid, 2002.

VIDAL, Gore: *Mesías*, Minotauro, Barcelona, 1990.

VONNEGUT, Kurt: *Galápagos*, Minotauro, Barcelona, 1988.
_____: *Matadero cinco*, Anagrama, Barcelona, 1987.

WEBER, Max: *Política y ciencia*, Leviatán, Buenos Aires, 2006.
_____: *Sociología de la religión*, Istmo, Madrid, 1997.
WELLS, H. G.: *La guerra de los mundos*, Alianza, Madrid, 2005.
_____: *La máquina del tiempo*, Alianza, Madrid, 2005.
WILDE, Oscar: *Intenciones*, Taurus, Madrid, 2000.
_____: *El retrato de Dorian Gray*, Valdemar, Madrid, 2005.
WOOLF, Virginia: *Flush*, Destino, Barcelona, 1991.
_____: *El lector común*, Lumen, Barcelona, 2009.
_____: *La señora Dalloway*, Alianza, Madrid, 2012.
WYNDHAM, John: *Los cucos de Midwich*, Acento, Madrid, 1997.

YOURCENAR, Marguerite: *Memorias de Adriano*, Edhasa, Barcelona, 1999.

ZOLA, Émile: *Germinal*, Espasa-Calpe, Buenos Aires, 2010.
_____: *El paraíso de las damas*, Alba, Barcelona, 1999.
ZORRILLA, José: *Don Juan Tenorio*, Crítica, Barcelona, 2001.
ZWEIG, Stefan: *Carta de una desconocida*, El Acantilado, Barcelona, 2002.
_____: *Magallanes*, Juventud, Barcelona, 1998.
_____: *María Antonieta*, 15.ª edición, Juventud, Barcelona, 2002.

RESPUESTAS

1

[...] *Tú has visto morir sólo a tu madre. Yo los veo diñarla a diario en el Mater y el Richmond y con las tipas fuera en la sala de disección. Es algo bestial y nada más. Simplemente no importa. Tú no quisiste arrodillarte a rezar por tu madre cuando te lo pidió en su lecho de muerte. ¿Por qué? Porque tienes esa condenada vena jesuítica, sólo que inyectada al revés. Para mí todo es una farsa bestial. Sus lóbulos cerebrales dejan de funcionar. Llama al médico Sir Peter Teazle y coge margaritas de la colcha. Síguele la corriente hasta que todo se acabe. La contrariaste en su última voluntad y en cambio te molestas conmigo porque no lloriqueo como una plañidera cualquiera de casa Lalouette. ¡Qué absurdo! Supongo que lo diría. No quise ofender la memoria de tu madre. [...]*

[...] *Sentado a su lado, Stephen resolvía el problema. Demuestra por álgebra que el espectro de Shakespeare es el abuelo de Hamlet. Sargent miraba de reojo a través de sus gafas caídas. Los palos de hockey traqueteaban en el trastero: el golpe hueco de una pelota y voces en el campo. [...]*

Buena parte era PUNTO.

[...] *Una noche hacia las once los despertó el ruido de un caballo que se paró justo en la misma puerta. La muchacha abrió la claraboya del desván y habló un rato con un hombre que estaba en la calle. Venía en busca del médico; traía una carta. Anastasia bajó las escaleras tiritando y fue a abrir la cerradura y los cerrojos uno tras otro. El hombre dejó su caballo y entró inmediatamente detrás de ella. Sacó de su gorro de lana con borlas una carta envuelta en un trapo y se la presentó cuidadosamente a Carlos, quien se apoyó sobre la almohada para leerla. [...]*

[...] *Algunos días charlaba con una facundia febril; a estas exaltaciones sucedían de pronto unos entorpecimientos en los que se quedaba sin hablar, sin moverse. Lo que la reanimaba un poco entonces era frotarse los brazos con un frasco de agua de Colonia.*

Como se estaba continuamente quejando de Tostes, Carlos imaginó que la causa de su enfermedad estaba sin duda en alguna influencia local, y, persistiendo en esta idea, pensó seriamente en ir a establecerse en otro sitio.

Desde entonces, Emma bebió vinagre para adelgazar, contrajo una tosecita seca y perdió por completo el apetito. [...]

Buena parte tenía comas.

2

[...] *Es muy profundo.* **Pero** *nadie sabe dónde se encuentra.* [...]

[...] —*Pero nadie puede encontrarlo.* **Así que** *ten cuidado y no te apartes del camino.* [...]

[...] *Hay un pozo muy hondo por alguna parte.* **Pero** *nadie sabe encontrarlo.* [...]

[...] *El mapa más detallado puede no servirnos en algunas ocasiones por esta misma razón.* **Pero** *ahora lo sé.* [...]

[...] *Cada mañana se levantaba a las seis usando el «Que tu reinado...» como despertador.* **Así que** *no puede decirse que aquella ceremonia ostentosa de izamiento de la bandera no sirviera para nada.* [...]

[...] *Ya has visto que detrás de casa está la montaña.* **Así que** *las piernas se me han ido fortaleciendo poco a poco.* [...]

[...] *Siempre llevaba la cartera forrada y era distinguido.* **Así que** *todo el mundo lo respetaba* [...]

[...] *Comprenderás que haya engordado tres kilos desde que llegué.* **Es decir**, *estoy en el peso ideal. Gracias al ejercicio y a comer bien a horas fijas.* [...]

3

El criterio del escritor fue el siguiente:

[...] *Algún día acabarán.* **Y** *cuando todo haya terminado, bastará con que reconsideremos el asunto. Bastará con que pensemos qué debemos hacer a partir de entonces.* **Y** *ese día tal vez seas tú quien me ayude a mí. No tenemos por qué vivir haciendo balance. Si tú ahora me necesitas a mí, me utilizas sin más. ¿Por qué eres tan terca? Relájate. Estás tensa y por eso te lo tomas así. Si te relajas, te sentirás más ligera.* [...]

[...] —*¡No, hombre! No pido tanto. Lo que quiero es simple egoísmo. Un egoísmo perfecto. Por ejemplo: te digo que quiero un pastel de fresa, y entonces tú lo dejas todo y vas a comprármelo. Vuelves jadeando y me lo ofreces. «Toma, Midori. Tu pastel de fresa», me dices.* **Y** *te suelto: «¡Ya se me han quitado las ganas de comérmelo!».* **Y** *lo arrojo por la ventana. Eso es lo que yo quiero.* [...]

4

La respuesta la tiene usted. Perdón.

5

[...] *las ciencias se diversifican de acuerdo a estos diversos órdenes que es propio a la razón considerar.* **Y así,** *a la filosofía natural corresponde conocer el orden de las cosas que la razón humana considera pero no produce* [...]

[...] *también a la metafísica la comprendemos dentro de la filosofía natural.* **Y en cambio,** *el orden que la razón al considerar produce en su propio acto, corresponde a la filosofía racional* [...]

[...] *y el orden que los principios tienen entre sí y con respecto a las conclusiones.* **Y por otra parte,** *el orden que la razón al considerar produce en las cosas exteriores constituidas por la razón humana, pertenece a las artes mecánicas. Y de este modo, y en consecuencia, es propio de la filosofía moral, acerca de la cual versa la presente obra, considerar las operaciones humanas* [...]

[...] *Esto resulta igualmente manifiesto a quien considere el orden de la divina providencia, que dispone perfectamente todas las cosas.* **Y en efecto,** *la perfección proviene en las cosas de la perfección de su causa* [...]

[...] *el orden de la potestad desciende de Dios, según el Apóstol allí mismo indica.* **Y por tanto,** *en cuanto las potestades proceden de Dios* [...]

6

[...] *las ciencias se diversifican de acuerdo a estos diversos órdenes que es propio a la razón considerar.* **Y, así,** *a la filosofía natural corresponde conocer el orden de las cosas que la razón humana considera pero no produce* [...]

[...] *también a la metafísica la comprendemos dentro de la filosofía natural.* **Y, en cambio,** *el orden que la razón al considerar produce en su propio acto, corresponde a la filosofía racional* [...]

[...] *y el orden que los principios tienen entre sí y con respecto a las conclusiones.* **Y, por otra parte,** *el orden que la razón al considerar produce en las cosas exteriores constituidas por la razón humana, pertenece a las artes mecánicas.* **Y, de este modo,** *y en consecuencia, es propio de la filosofía moral, acerca de la cual versa la presente obra, considerar las operaciones humanas* [...]

[...] *Esto resulta igualmente manifiesto a quien considere el orden de la divina providencia, que dispone perfectamente todas las cosas.* **Y, en efecto,** *la perfección proviene en las cosas de la perfección de su causa* [...]

[...] *el orden de la potestad desciende de Dios, según el Apóstol allí mismo indica.* **Y, por tanto,** *en cuanto las potestades proceden de Dios* [...]

7

Las opciones son diversas. Aquí hay una:

[...] *hay que perder un tiempo considerable en darse citas e ir de un lugar a otro, sin saber de verdad si lo único que aún funciona es el micrófono escondido donde menos lo pienses. Lo primero, **en todo caso,** se presta a una indeseada intimidad.* [...]

[...] *sin saber de verdad si lo único que aún funciona es el micrófono escondido donde menos lo pienses. Lo primero, **en todo caso,** se presta a una indeseada intimidad.* [...]

[...] *Sus principios no se avenían con la práctica imperial. Hasta el día de hoy, **en cambio,** "Séneca", en su nativo solar andaluz, significa "sabio", "filósofo".* [...]

[...] *La importancia de México y de Latinoamérica es que no sabemos administrar nuestras finanzas. Somos, **en consecuencia,** importantes porque les creamos problemas a los demás.* [...]

[...] *Puede ser tan corrupto como quiera. El poder sobre él, **sin embargo,** es nuestro* [...]

[...] *Sus ojos me dijeron que, una de dos: o se aburrían o no entendían. La masa de papel que entraba día con día, **además,** era tal que apenas daba tiempo de archivar.* [...]

8

Muy sencillo:

o ¿A qué se suman los fragmentos ennegrecidos? A lo anterior, lo subrayado.

[...] *Ninguna mujer respetable de Basílica habría permitido que su hija sirviera en casa de Rasa si allí residía un chico de catorce. Para colmo, <u>desde los doce años Nafai crecía sin cesar</u> **y no daba indicios de detenerse, aunque ya se acercaba a los dos metros de altura.** * [...]

[...] *Padre era tan fiel que las mujeres habían desistido de visitarlo para sugerirle que estarían disponibles cuando expirase el contrato. Claro que <u>Madre se mantenía igualmente fiel</u> **y aún había muchos hombres que la adulaban con obsequios e insinuaciones.** * [...]

o ¿A qué se oponen los fragmentos ennegrecidos? A lo anterior, lo subrayado.

[...] *—Mentirías mejor si practicaras con más frecuencia —dijo Tía Rasa—. Ve a la cama, mi dulce vidente. <u>Luet obedeció</u>, **pero durmió poco.** * [...]

[...] *Era momento de mencionar el precio. <u>Elemak aguardó</u>, **pero Gaballufix no dijo nada.** * [...]

o ¿Consecuencia de qué son los fragmentos ennegrecidos? A lo anterior, lo subrayado.

[...] *Hubo otro chequeo retinal en la puerta interior. Como eran ciudadanos y los ordenadores mostraban que no traían nada ni habían comprado nada en los puestos, <u>no hubo que registrarlos en busca de lo que un eufemismo denominaba «préstamos no autorizados»</u>, **así que poco después entraron en la ciudad**.* [...]

[...] *Enfiló hacia la balaustrada para contemplar el paisaje que estaba prohibido a los ojos de los hombres. <u>Tía Rasa no lo siguió</u>, **así que Luet y Hushidh también se quedaron detrás de los biombos**.* [...]

9

Éste es el criterio del escritor:

[...] *¡Me convertiré en Conde de los Trolls de Inglaterra (quizá alguna noche en rey de todo Trollheim),* **y** *acudiré a darte caza con todas las fuerzas de que disponga! ¡También tú, al igual que los hombres, los elfos y cualquiera que se interponga en mi camino, sentirás mi ira,* **y** *jamás descansaré hasta que no haya despellejado viva a quien me partió el corazón con una sombra!* [...]

[...] *Muchos roncaban en el suelo, junto a los perros; otros aullaban y discutían, rodeados de espectadores, más dispuestos a azuzarlos que a tranquilizarlos.* [...]

[...] *Valgard extrajo el hacha de la cabeza de Steingrim y se quedó inmóvil, amenazante en la luz llena de humo, con los ojos que parecían copos de hielo glaciar. Preguntó en voz baja* [...]

[...] *Valgard saltó por encima de él y cogió a Freda de una muñeca.* [...]

[...] *Los saqueadores abusaron de ellas y después las dejaron marchar.* [...]

[...] *Sólo se preguntó, de pasada, si no tendrían un antepasado común —algún danés que hubiese pasado un verano en Inglaterra cien años antes—,* **y** *ya no volvió a acordarse de la cuestión.* [...]

10

Éste es el criterio del escritor:

[...] *No tengo ningún inconveniente en bailar y espero tener el honor de hacerlo con todas mis bellas primas.* [...]

[...] *Cuatro sobrinas de la señora Jenkinson se colocaron muy bien gracias a mí,* **y** *el otro día mismo recomendé a otra joven de quien me hablaron por casualidad* [...]

[...] *en efecto, estuvo pendiente de sus sobrinos y habló con ellos especialmente con Darcy* [...]

[...] *La última velada la pasaron allí,* **y** *Su Señoría volvió a hacer minuciosas preguntas sobre los detalles del viaje, les dio instrucciones sobre el mejor modo de arreglar los baúles* [...]

[...] *lo desharé en cuanto lleguemos a casa y veré si puedo mejorarlo algo.* [...]

[...] *Dentro de quince días ya no estarían allí,* **y** *esperaba que así se libraría de Wickham para siempre.* [...]

[...] *Los Gardiner durmieron en Longbourn aquella noche y a la mañana siguiente partieron con Elizabeth en busca de novedades y esparcimiento.* [...]

[...] *El señor Bennet no contestó,* **y,** *ensimismados todos en sus pensamientos, continuaron en silencio hasta llegar a la casa.* [...]

11

El criterio de la autora es el siguiente:

[...] *Tal vez Nacha sólo escuchó las palabras que todos callaron. Esa noche fue imposible que Tita conciliara el sueño; no sabía explicar lo que sentía. Lástima que en aquella época no se hubieran descubierto los hoyos negros en el espacio* [...]

[...] *tomó distraídamente una copa de licor de Noyó que encontró en su camino y se sentó junto a Paquita Lobo, vecina del rancho. El poner distancia entre Pedro y ella de nada le sirvió; sentía la sangre correr abrasadoramente por sus venas. Un intenso rubor le cubrió las mejillas y por más esfuerzos que hizo no pudo encontrar un lugar donde posar su mirada.* [...]

[...] *Cuando los revolucionarios llegaron, encontraron a Mamá Elena en la entrada de la casa. Bajo las enaguas escondía su escopeta; a su lado estaban Rosalío y Guadalupe. Su mirada se encontró con la del capitán que venía al mando y éste supo inmediatamente, por la dureza de esa mirada, que estaban ante una mujer de cuidado.* [...]

12

El sujeto está ennegrecido o {cuando es tácito} con corchetes:

- ***José masculló*** *algo en el fondo de la bodega, mas {} no apareció.*
- *Entonces **su amo** acudió en su busca.*
- *{} Quedé solo con la perra y con otros dos mastines que me miraban atentamente.*
- *{} No me moví, temeroso de sus colmillos, pero {} pensé que la mímica no les molestaría y {} les hice unas cuantas muecas.*

- *{} La repelí y {} me di prisa a refugiarme tras de la mesa, acto que puso en acción a todo el ejército canino.*
- *Hasta **seis demonios** en cuatro patas confluyeron desde todos los rincones en el centro de la sala.*
- ***Mis talones y los faldones de mi levita** fueron los más atacados.*
- *{} Quise defenderme con el hurgón de la lumbre, pero no bastó y tuve que pedir auxilio a voz en cuello.*
- ***Heathcliff y José** subían con desesperada calma.*
- ***La sala** era un infierno de ladridos y gritos, pero **ellos** no se apresuraban nada en absoluto.*
- *Por suerte, **una rolliza criada** acudió más deprisa, arremangadas las faldas, rojas las mejillas por la cercanía del fogón, desnudos los brazos y en la mano una sartén [...]*

13

[...] *Todo esto **era visto** con su mirada seductora y falsa **por** el duque de Alençon.* [...]

   [...] *La escala **fue atraída** hacia sí por Guillonne y **fue sujetada** sólidamente {**por él**}.* [...]

   [...] *El nuevo personaje que acabamos de presentar **fue mirado** con sus ojos turbios {**por él/ella**}.* [...]

   [...] *La suya **fue prendida** por La Hurière a su casco.* [...]

   [...] ***Fue puesto** sobre la barandilla, **fue balanceado** un instante en el vacío y **fue arrojado** a los pies de su amo.* [...]

   [...] *Un rugido de furia **fue lanzado** por Carlos y su arcabuz **fue cogido** con mano temblorosa {**por él**}* [...]

   [...] *Una rápida ojeada sobre el grupo **fue lanzada** por Margarita* [...]

14

Esta construcción sólo se da con verbos que admiten un *qué*, un *algo*: *sacar (algo), buscar (algo), pedir (algo), cuidar (algo), tener (algo), preparar (algo), romper (algo), necesitar (algo), encender (algo), preparar (algo)...* Siempre se trata de un *él/ella/ello/ellos/ellas* que hace *algo*.

Si el *algo* es singular, el verbo será singular: *se vende casa de campo.* Se vende 1.

Si el *algo* es plural, el verbo será plural: *se venden casas de campo.* Se venden 2 ó más.

El sujeto es el *algo*, y normalmente denota cosa, aunque puede denotar también persona indeterminada: *se buscan profesores para colegio nuevo.*

15

[...] *Pero se rechazó con el batiente de la puerta la cabeza de la presa* [...]

[...] *Se miraba con espanto a «aquella criminal»* [...]

[...] *Se vestía a la niña* [...]

[...] *Se ejercían ahora con el hijo las funciones de ama de llaves.* [...]

[...] *Se había declarado entonces que suprimiría la cena y que por tanto que no contase con cenar en casa.* [...]

[...] *Se declaró al presidente que él era el elegido* [...]

[...] *Se ha demostrado, en efecto, que la muerte del comerciante Smielkov fue causada por envenenamiento.* [...]

16

No es lo mismo que mostró la apostilla 14. Hay coincidencias, eso sí. Primero, no sólo se da con verbos que admiten un *qué*, un *algo*, sino también con los que no lo admiten (de estado o de existencia, de acciones humanas voluntarias o involuntarias, de posición o movimiento): *gritar* [no se grita algo], *llegar* [no se llega algo], *venir* [no se viene algo], *dormir* [no se duerme algo], *sonreír* [no se sonríe algo]... y también con los copulativos (*ser, estar* y *parecer*) cuando tienen un *algo/alguien* precedido de *a*, por ser persona determinada (articulada con *el, la, los, las*): *se busca a los culpables*. El verbo siempre será en singular: *busca* (jamás *buscan*).

17

En general:

- Si el nombre sobre el que recae la acción del verbo expresa cosa, debemos usar PASIVA REFLEJA; por consiguiente, si este nombre es plural, el verbo ha de ir también en plural:
  Se reparan zapatos.
  Se produjeron anomalías.
  Se renovarán los trabajos de pavimentación.
- Si el nombre expresa persona y no va precedido de la *a*, empleamos también PASIVA REFLEJA:
  Se necesitan trabajadores para la faena.
  Se contratarán más trabajadores para el nuevo tramo.
  Se necesitan especialistas en informática.

- Si el nombre expresa persona y va precedido de *a*, debemos emplear IMPERSONAL CON *SE*; por consiguiente, el verbo irá siempre en singular (aunque el nombre sea plural):

  Entre los gitanos se respeta mucho a los ancianos.

  Se entrevistó a los candidatos para el puesto.

  Se busca a quienes presenciaron lo ocurrido.

  La PASIVA REFLEJA sí tiene sujeto (*zapatos, anomalías, los trabajos de pavimentación, trabajadores para la faena, más trabajadores para el nuevo tramo, especialistas en informática*).

18

Comprobemos con los ejemplos. Asignemos más un elemento.

Un elemento (el original)...	Si añadimos otro elemento...
☑ [...] *Se quiere ahorrar esa "vergüenza" a la humanidad.* [...]	⊗ [...] *Se **quieren** ahorrar esa "vergüenza"* **y esa deshonra a la humanidad.** [...]
☑ [...] *Se comprende, por tanto, que Morgan la concibiese como el estadio de desarrollo inmediatamente anterior al matrimonio sindiásmico y le atribuyese una difusión general en los tiempos primitivos.* [...]	⊗ [...] *Se **comprenden**, por tanto, que Morgan la concibiese como el estadio de desarrollo* [...] **y que él también** [...]
☑ [...] *Se inventó el Estado.* [...]	⊗ [...] *Se **inventaron** el Estado* **y la democracia.** [...]
☑ [...] *Se dice que salieron a campaña trescientos seis Fabios* [...]	⊗ [...] *Se **dicen** que salieron a campaña trescientos seis Fabios* **y que después** [...]

Vemos, en el segundo caso, que aparece incluso un supuesto sujeto, equivocado, por cierto, ya que la oración es impersonal: *ellos*.

19

El asunto puede ser poco complejo, porque involucra un asunto pragmalingüístico.

porque

Con coma (uso explicativo, lógico o *de la enunciación*)		Sin coma (uso pragmático: puro o *del enunciado*)
Indica la causa que tiene el redactor para hacer una afirmación o suposición. **¿Por qué lo dice?**		Expresa la causa del hecho afirmado por el redactor. **¿Por qué sucedió, por qué es así?**
Has triunfado, ***porque te esforzaste.***	/	*Has triunfado* ***porque te esforzaste.***
Sostengo o supongo que has triunfado y añado el motivo para afirmarlo o suponerlo. **¿Por qué lo digo?** Porque te esforzaste.		Afirmo que has triunfado y añado la causa del triunfo. **¿Por qué has triunfado?** Porque te esforzaste.
No lo haces, ***porque no quieres.***	/	*No lo haces* ***porque no quieres.***
Sostengo que has triunfado y añado el motivo para afirmarlo o suponerlo. **¿Por qué lo digo?** Porque no quieres.		Afirmo que no haces algo y añado la causa de aquel hecho. **¿Por qué no lo haces?** Porque no quieres.

para (que)

Con coma (uso explicativo, lógico o de la enunciación)		Sin coma (uso pragmático: puro o del enunciado; uso especificativo)
Indica la finalidad que tiene el redactor para hacer una afirmación (que parece consejo). **¿Para qué lo dice?**		Expresa la finalidad del hecho afirmado por el redactor o especifica una característica (utilidad) de algo. **¿Cuál es la finalidad de...?**, específicamente, **¿para qué sirve...?**
Tienes que estudiar, ***para que te vaya bien.***	/	*Tienes que estudiar* ***para que te vaya bien.***
Manifiesto algo (que tienes que estudiar) y sumo la intención que tengo al decirlo. **¿Para qué lo digo?** Para que te vaya bien.		Manifiesto una situación (que tienes que estudiar) y añado su finalidad. **¿Cuál es la finalidad de estudiar?** Que te vaya bien.
Encontramos la solución, ***para que te quedes tranquilo.***	/	*Encontramos la solución* ***para que te quedes tranquilo.***
Manifiesto algo (que encontramos la solución) y sumo la intención que tengo al decirlo. **¿Para qué lo digo?** Para que te quedes tranquilo.		Expongo un "algo" y especifico su finalidad. **¿Qué encontramos?** La solución para que te quedes tranquilo. **¿Para qué sirve la solución?** Para que te quedes tranquilo.

20

Debemos considerar que, en general, el fragmento previo al contexto podría mezclarse con el comienzo del contexto. Veamos...

	con coma	sin coma
*Blanche se iba a la India para ser institutriz al servicio de **un juez, bajo la tutela de la esposa de éste** [...]*	Sería institutriz bajo la tutela de la esposa del juez.	El juez estaba bajo la tutela...
*Daba órdenes a uno de los criados encargados **del jardín, con el tono y la actitud que la identificaban como señora de la casa** [...]*	Daba órdenes con el tono...	El jardín tiene un tono y una actitud... El sentido común nos indicaría que no es así.
*Se sentó en silencio en **una silla, en el otro extremo de la habitación**. [...]*	Se sentó en el otro extremo...	La silla está en otro extremo... En la práctica es lo mismo; pero en la escritura no.
*Miró a **su marido, apretando con fuerza la cortina rota**. [...]*	Ella apretaba la cortina con fuerza.	El marido estaba apretando la cortina con fuerza.
*Arrancó unas cuantas briznas de la hierba con que cubrieron **la tumba, cuando creía que no le miraba nadie**. [...]*	Arrancó unas cuantas briznas cuando creía que no le miraba nadie.	Cubrieron la tumba cuando creía que no le miraba nadie.

21

Sucede cuando antes de *que* hay un sustantivo. En general, el *que* podría ser considerado una especificación del sustantivo anterior: *un recuerdo que..., el teléfono que..., el ruido que..., el gusto que..., la fe que..., los resultados que...*

Con los adjetivos y adverbios no suele suceder, aunque hay también excepciones: *el mosquito estaba **tan** cerca de mis brazos sabrosos..., estaban **tan** seguros de no tener nada **en común**...*

22

Podemos toparnos con evidentes errores...

SMITH, Clark Ashton: *Los mundos perdidos.*

ZWEIG, Stefan: *Carta de una desconocida.*

[...] ***Releyendo esas narraciones muchos años después,*** *descubro la razón por la que han estado conmigo durante tanto tiempo: poseen, ante todo, una convicción sensual.* [...]

[...] ***Leyendo con ansioso cuidado la configuración general de las estrellas,*** *descubrió el aviso de una gran catástrofe que estaba a punto de caer sobre Averoigne.* [...]

[...] *No he podido olvidar aquella manera inquieta y a la vez tímida de dar limosna,* ***huyendo de la gratitud****.* [...]

En el primer libro, *releyendo* y *leyendo* son causas.
En el segundo, *huyendo* funciona como adjetivo.

23

A todas luces, el punto I A no tiene sentido.

Esta obra se imprimió y encuadernó
en el mes de agosto de 2021,
en los talleres de Impregráfica Digital, S.A. de C.V.,
Av. Coyoacán 100–D, Col. Del Valle Norte,
C.P. 03103, Benito Juárez, Ciudad de México.